Der Abbruch rettender Kausalität

Europäische Hochschulschriften
Publications Universitaires Européennes
European University Studies

Reihe II
Rechtswissenschaft

Série II Series II
Droit
Law

Bd./Vol. 2808

PETER LANG
Frankfurt am Main · Berlin · Bern · Bruxelles · New York · Wien

Axel Winter

Der Abbruch rettender Kausalität

PETER LANG
Europäischer Verlag der Wissenschaften

Die Deutsche Bibliothek - CIP-Einheitsaufnahme

Winter, Axel:

Der Abbruch rettender Kausalität / Axel Winter. - Frankfurt am Main ; Berlin ; Bern ; Bruxelles ; New York ; Wien : Lang, 2000
(Europäische Hochschulschriften : Reihe 2, Rechtswissenschaft ; Bd. 2808)
Zugl.: München, Univ., Diss., 1999
ISBN 3-631-35779-6

D 19
ISSN 0531-7312
ISBN 3-631-35779-6

Meinen lieben Eltern

VORWORT

Wenige wissenschaftliche Gebiete zeichnen sich in solch augenfälliger Weise durch eine Verbindung von hochabstrakter Dogmatik einerseits und konkreter Individualbezogenheit andererseits aus wie das der Rechtswissenschaft. Das Teilgebiet der Strafrechtslehre stellt dabei einen eklatanten Berührungspunkt zwischen geisteswissenschaftlicher Theorie und der alltäglichen Sanktionierung von Verstößen gegen die Regeln der Gemeinschaft dar. Dies um so mehr, als es weit mehr von moralischen Grundgedanken geprägt ist und sein muß als das allgemeine Zivil- und selbst das Staats- und Verwaltungsrecht. Letztere lassen sich zum weitaus größten Teil als organisatorische Systeme auffassen, die wiederum im Prinzip auswechselbar sind. Ein Blick auf vergleichbare Kodifizierungen in unserem Kulturkreis zeigt dies. Entscheidender Anknüpfungspunkt ist dabei lediglich eine, wenn auch überaus wichtige, Grundentscheidung über tragende Prinzipien und Ausmaß der Regelung. Das Strafrecht ist dagegen nicht lediglich ein reines Organisationsregelwerk, es stellt vielmehr ein von der Gemeinschaft festgesetztes Mindestmaß an Verhaltensregeln dar, ohne die eine Gesellschaftsordnung undenkbar wäre. Aus diesem Grunde hat sich die Gemeinschaft auch einen Strafanspruch bei Zuwiderhandlung gegeben, der regelmäßig das weitaus Schmerzhafteste für den Betroffenen darstellt. Denn „wohl in keinem anderen Bereich greifen Staat und Rechtsordnung so offenkundig und so gravierend in Selbstbestimmung und Wohlergehen des einzelnen ein wie im Bereich der Strafe“[i].

Die Grundlagen der Strafbarkeiten sind bekannt und im Grunde unbestritten. Es sei jedoch zum Bewußtsein gebracht, daß es ihrer sehr wenige sind, von denen doch so viel abhängt. Und genau deshalb fasziniert ein Teilbereich, in dem es auf der einen Seite allein um Handlungen, Tun oder Nichttun, auf der anderen dagegen um keine oder verhältnismäßig geringe oder womöglich lebenslange Haft geht. Obwohl es in der Strafrechtsdogmatik weitaus praktisch relevantere Streitfragen gibt, fesseln den Juristen doch immer wieder die scheinbar kleinen, am Rande des strafrechtlichen Alltags stehende Probleme, zeigen sie doch mitunter in anschaulicher Weise den krassen pönalen Qualitätssprung, der allein durch unterschiedliche dogmatische Sichtweisen verursacht oder gerade noch vermieden wird.

Während in der Praxis verständlicherweise das Augenmerk zumeist auf die Effektivität und mitunter auch auf die Praktikabilität des Strafrechts gerichtet ist, bleibt es der Forschung und Lehre und mithin einer Arbeit wie dieser vorbehalten, exakte Abgrenzungskriterien herauszuarbeiten und zu definieren, die im Hinblick auf den verfassungsrechtlichen Bestimmtheitsgrundsatz zum einen,

---

[i] Hoerster in: Recht und Moral, Einl. 4. Kap., S. 214.

zum anderen aufgrund der immensen Wirkungen auf das Anforderungsprofil des `perfekten´ Bürgers mit Sicht auf das staatliche Strafmonopol nicht genau genug herausgestellt werden können. Dies zu tun ist das Ziel dieser Arbeit, da nach Ansicht des Verfassers die durchaus zahlreichen Diskussionsbeiträge und Abhandlungen zur zu behandelnden Problematik noch nicht unter diesem speziellen Blickwinkel zusammenfassend gewürdigt und noch nicht mit einem allseits anerkannten einheitlichen Lösungsweg, wie immer er auch beschaffen sein mag, versehen worden ist.

Die vorliegende Arbeit will sich damit beschäftigen und ist maßgeblich durch den Gedanken getragen, mit dem entsprechenden Blick für die tatsächlich großartigen Auswirkungen eine dogmatisch konsequente Lösungsmöglichkeit zu erarbeiten.

Den Anstoß zu dieser Thematik verdankt die Arbeit u.a. einer der vielen lehrreichen Vorlesungen von Herrn Rechtsanwalt Dr. Gunter Widmaier, der es aufgrund seiner revisionsrechtlichen Praxis verstand, den Blick für die scheinbar kleinen Ungereimtheiten des deutschen Strafrechts vor allem aus praktischer Sicht zu schärfen.

Zu Dank verpflichtet bin ich Herrn Prof. Dr. Klaus Volk, der die Arbeit begleitet hat und dem sie ihr jetztiges Bild mitverdankt, vor allem aber auch meinen Kollegen der Kanzlei Seelig & Preu, Bohlig in München, die mir die Möglichkeit gegeben haben, diese Arbeit neben meiner anwaltlichen Tätigkeit fertigzustellen.

Insbesondere aber danke ich meiner Familie und meinen Freunden, ohne deren Unterstützung und Zuspruch ich wohl noch nicht zum Abschluß gelangt wäre. Hervorheben möchte ich ausdrücklich Herrn Christian Werndl-Laue und meine liebe Freundin, Frau Johana Stojković, die mit Akribie die Korrekturlesung vorgenommen haben.

München, im September 1998 *Axel Winter*

INHALTSÜBERSICHT

Zweiter Abschnitt
Der vorsätzliche Abbruch bestehender Rettungskausalitäten

Dritter Abschnitt
Der fahrlässige Abbruch einer Rettungskausalität

INHALTSVERZEICHNIS

Zweiter Abschnitt
Der vorsätzliche Abbruch bestehender Rettungskausalitäten

Dritter Abschnitt
Der fahrlässige Abbruch einer Rettungskausalität

LITERATURVERZEICHNIS

A N D R O U L A K I S, Nikolaos: Studien zur Problematik der unechten Unterlassungsdelikte, München, Berlin 1963 (zit. Androulakis, Studien)

A R Z T, Gunther: Zur Garantenstellung beim unechten Unterlassungsdelikt (2. Teil, 21 Hälfte), in: JA 1980, S. 553 ff. (zit. Arzt, JA 1980)

- Zur Garantenstellung beim unechten Unterlassungsdelikt (2. Teil, 2. Hälfte), in: JA 1980, S. 712 ff. (zit. Arzt, JA 1980)

A U E R, Alfons/ M E N Z E L, Hartmut/ E S E R, Albin: Zwischen Heilauftrag und Sterbehilfe, Köln, Berlin, Bonn, München 1997 (zit. Auer, Heilauftrag und Sterbehilfe)

B A U M A N N, Jürgen: Strafrecht, Allgemeiner Teil, 9. Aufl., Bielefeld 1985 (zit. Baumann, Strafrecht AT)

B A U M A N N, Jürgen/ B O C H N I K, Hans Joachim/ B R A U N E C K, Anne-Eva/ C A L L I E S, Rolf-Peter/ C A R S T E N S E N, Gert/ E S E R, Albin/ J E N S E N, Hans-Peter/ K A U F M A N N, Arthur/ K L U G, Ulrich/ K O C H, Hans-Georg/ v . L U T T E R O T T I, Markus/ P E R E L S, Michael/ R O L I N S K I, Klaus/ R O X I N, Claus/ S C H Ö C H, Heinz/ S C H Ö N E, Wolfgang/ S C H Ü L E R - S P R I N G O R U M, Horst/ S C H R E I B E R, Hans-Ludwig/ T H E Y S S E N, Johannes/ W A W E R S K I, Jürgen/ W O L F S - L A S T, Gabriele/ Z Ü L I C H, Klaus-Joachim: Alternativentwurf eines Gesetzes über Sterbehilfe, Stuttgart 1986 (zit. AE Sterbehilfe)

B A U M A N N, Jürgen/ W E B E R, Ulrich/ M I T S C H, Wolfgang: Strafrecht Allgemeiner Teil, 10. Aufl., München 1995 (zit. Baumann-*Bearbeiter*, Strafrecht AT)

B E R T E L, Christian: Begehungs- oder Unterlassungsdelikt?, in: JZ 1965, S. 53 ff. (zit. Bertel, JZ 1965)

B E R N S M A N N, Klaus: Der Umgang mit irrevisibel bewußtlosen Personen und das Strafrecht, in: ZRP 1996, S. 87 ff. (zit. Bernsmann, ZRP 1996)

B I N D I N G, Karl: Die Normen und ihre Übertretung, Bd. 1, Aalen 1991 (Neudruck der 4. Aufl. Leipzig 1922) (zit. Binding, Normen)

B L E I, Hermann: Garantenpflichtbegründung beim unechten Unterlassen, in: Festschrift für Hellmuth Mayer, hrsg. von Friedrich Geerds, Wolfgang Naucke, Berlin 1965, S. 119 ff. (zit. Blei, Mayer-FS)

- Strafrecht (I. Allgemeiner Teil), München 1983 (zit. Blei, Strafrecht I)

B O C K E L M A N N, Paul: Strafrecht des Arztes, Stuttgart 1968 (zit. Bokkelmann, Strafrecht des Arztes)

B R A M M S E N, Joerg: Die Entstehungsvoraussetzungen der Garantenpflichten, Berlin 1986 (zit. Brammsen, Entstehungsvoraussetzungen der Garantenpflichten)

D A H M, Franz-Josef: Ärztliche Entscheidung unter Reanimationsbedingungen aus rechtlicher Sicht und „passive“ Euthanasie, Diss., Bochum 1978 (zit. Dahm, Diss. 1978)

D E D E S, Christos: Die Arten der Unterlassungsdelikte, in: GA 1977, S. 230 ff. (zit. Dedes, GA 1977)

D E I C H M A N N, Marco: Vormundschaftsgerichtlich genehmigtes Töten durch Unterlassen?, in: MDR 1995, S. 983 ff. (zit. Deichmann, MDR 1995)

D E N C K E R, Friedrich: Zum Erfolg der Tötungsdelikte - Besprechung des BGH-Urteils vom 12.2.1992 - 3 StR 481/81 -, in: NStZ 1992, S. 311 ff. (zit. Dencker, NStZ 1992)

D Ö L L I N G, Dieter: Zulässigkeit und Grenzen der Sterbehilfe, in: MedR 1987, S. 6 ff. (zit. Dölling, MedR 1987)

D Ö R N E R, Heinrich: Zur Dogmatik der Schutzgesetzverletzung - BGH, NJW 1982, 1037 und NJW 1985, 134, in: JuS 1987, S. 522 ff. (zit. Dörner, JuS 1987)

D Ö R N E R, Klaus: Hält der BGH die „Freigabe der Vernichtung lebensunwerten Lebens“ wieder für diskutabel?, in: ZRP 1996, S. 93 ff. (zit. Dörner, ZRP 1996)

D Ü T Z, Wilhelm: Zur privatrechtlichen Bedeutung unterlassener Hilfeleistung (§ 323 c StGB), in: NJW 1970, S. 1822 ff. (zit. Dütz, NJW 1970)

E B E R T, Udo: Strafrecht: Ärztlicher Eifer, in: JuS 1976, S. 319 ff (zit. Ebert, JuS 1976)

- Strafrecht, Allgemeiner Teil, 2. Aufl., Heidelberg 1993 (zit. Ebert, Strafrecht AT)

E L S, Hans v.: Zur Auslegung des § 221 StGB, in: NJW 1967, S. 966 f. (zit. v. Els, NJW 1967)

E N G I S C H, Karl: Bespr. v. Kaufmann, Armin: Die Dogmatik der Unterlassungsdelikte, in: JZ 1962, S. 189 ff. (zit. Engisch, JZ 1962)

- Tun und Unterlassen, in: Festschrift für Wilhelm Gallas, hrsg. von Karl Lackner, Heinz Leferenz, Eberhard Schmidt, Jürgen Welp, Ernst Amadeus Wolff, Berlin, New York 1973, S.163 ff. (zit. Engisch, Gallas-FS)

- Konflikte, Aporien und Paradoxien bei der rechtlichen Beurteilung der ärztlichen Sterbehilfe, in: Festschrift für Eduard Dreher, hrsg. von Hans-Heinrich Jeschek und Hans Lüttger, Berlin, New York 1977, S. 311 ff. (zit. Engisch, Dreher-FS)

- Einführung in das juristische Denken, 8. Aufl., Stuttgart, Berlin, Köln, Mainz 1983 (zit. Engisch, Einführung in das juristische Denken)

E S E R, Albin: Freiheit zum Sterben - Kein Recht auf Tötung, in: JZ 1986, S. 786 ff. (zit. Eser, JZ 1986)

F R I S C H, Wolfgang: Tatbestandsmäßiges Verhalten und Zurechnung des Erfolgs, Heidelberg 1988 (zit. Frisch, Tatbestandsmäßiges Verhalten)

F Ü N F S I N N, Helmut: Der Aufbau des fahrläsigen Verletzungsdelikts durch Unterlassen im Strafrecht, Frankfurt am Main, Bern, New York 1985 (zit. Fünfsinn, Fahrlässiges Verletzungsdelikt)

G E I L E N, Gerd: Neue juristisch-medizinische Grenzprobleme, in: JZ 1968, S. 145 ff. (zit. Geilen, JZ 1968)

- Das Leben des Menschen in den Grenzen des Rechts, in: FamRZ 1968, S. 121 ff. (zit. Geilen, FamRZ 1968)

G Ö S S E L, Karl Heinz: Zur Lehre vom Unterlassungsdelikt, in: ZStW 1984, S. 321 ff. (zit. Gössel, ZStW 1984)

G R Ü N W A L D, Gerald: Das unechte Unterlassungsdelikt - Seine Abweichungen vom Handlungsdelikt -, Diss., Göttingen 1956 (zit. Grünwald, Diss. 1956)

- Der Vorsatz des Unterlassungsdelikts, in: Festschrift für Hellmuth Mayer, hrsg. von Friedrich Geerds, Wolfgang Naucke, Berlin 1965, S. 281 ff. (zit. Grünwald, Mayer-FS)

H A F T, Fritjoft: Strafrecht Allgemeiner Teil, 7. Aufl., München 1996 (zit. Haft, Strafrecht AT)

H E I N E, Günter: Sterbehilfe als rechtliches Problem: Die Situation in der Schweiz, in: JR 1986, S. 314 f. (zit. Heine, JR 1986)

H E R Z B E R G, Rolf Dietrich: Die Unterlassung im Strafrecht und das Garantenprinzip, Berlin, New York 1972 (zit. Herzberg, Unterlassung im Strafrecht)

- Der Versuch beim unechten Unterlassungsdelikt, in: MDR 1973, S. 89 ff. (zit. Herzberg, MDR 1973)

- Der Fall Hackethal: Strafbare Tötung auf Verlangen?, in: NJW 1986, S. 1635 ff. (zit. Herzberg, NJW 1986)

- Gedanken zur actio libera in causa: Straffreie Deliktsvorbereitung als „Begehung der Tat" (§§ 16, 20, 34 StGB)?, in: Festschrift für Spendel, hrsg. von Manfred Seebode, Berlin, New York 1992, S. 219 ff. (zit. Herzberg, Spendel-FS)

- Gedanken zum strafrechtlichen Handlungsbegriff und zur „vortatbestandlichen“ Deliktsverneinung, in: GA 1996, S. 1 ff. (zit. Herzberg, GA 1996)

- Das vollendete vorsätzliche Begehungsdelikt als qualifiziertes Versuchs-, Fahrlässigkeits- und Unterlassungsdelikt, in: JuS 1996, S. 377 ff. (zit. Herzberg, JuS 1996)

- Sterbehilfe als gerechtfertigte Tötung im Notstand?, in: NJW 1996, S. 3043 ff. (zit. Herzberg, NJW 1996)

H I R S C H, Joachim: Behandlungsabbruch und Sterbehilfe, in: Festschrift für Karl Lackner, hrsg. von Wilfried Küper iVm. Ingeborg Puppe und Jörg Tenckhoff, Berlin, New York 1987, S.597 ff. (zit. Hirsch, Lackner-FS)

H O R N , Eckhart: Anm. zu BGH v. 30.9.1991 - 1 StR 339/91, in: JR 1992, S. 248 f. (zit. Horn, JZ 1992)

H R U S C H K A, Joachim: Über Tun und Unterlassen und über Fahrlässigkeit, in: Festschrift für Paul Bockelmann, hrsg. von Arthur Kaufmann, Günter Bemmann, Detlef Krauss, Klaus Volk, München 1979, S. 421 ff. (zit. Hruschka, Bockelmann-FS)

- Strafrecht nach logisch-analytischer Methode, 2. Aufl., Berlin, New York 1988 (zit. Hruschka, Strafrecht)

J A K O B S, Günther: Strafrecht Allgemeiner Teil, 2. Aufl., Berlin, New York 1991 (zit. Jakobs, Strafrecht AT)

J E R O U S C H E K, Günter: Die Rechtsfigur der actio libera in causa: Allgemeines Zurechnungsprinzip oder verfassungswidrige Strafbarkeitskonstruktion?, in: JuS 1997, S. 385 ff. (zit. Jerouschek, JuS 1997)

J E S C H E C K, Hans-Heinrich: Lehrbuch des Strafrechts, Allgemeiner Teil, 4. Aufl., Berlin (zit. Jescheck, Strafrecht AT)

J E S C H E C K, Hans-Heinrich/ R U S S, Wolfgang/ W I L L M S, Günther (Hrsg.); Strafgesetzbuch, Leipziger Kommentar, 1. Bd., 10. Aufl., Berlin, New York 1985 (zit. LK-*Bearbeiter*, StGB)

J O E R D E N, Jan: Tod schon bei „alsbaldigem“ Eintritt des Hirntodes? - Anmerkungen zu einer These von Dencker -, in: NStZ 1993, S. 268 ff. (zit. Joerden, NStZ 1993)

K A H L O, Michael: Das Bewirken durch Unterlassen bei drittvermitteltem Ret-tungsgeschehen, in: GA 1987, S. 66 ff. (zit. Kahlo, GA 1987)

K A U F M A N N, Armin: Die Dogmatik der Unterlassungsdelikte, Göttingen 1959 (zit. Armin Kaufmann, Dogmatik)

K A U F M A N N, Arthur: Die Bedeutung hypothetischer Erfolgsursachen im Strafrecht, in: Festschrift für Eberhard Schmidt, hrsg. von Paul Bockelmann, Wilhelm Gallas, Aalen 1971 (Neudruck der Ausgabe Göttingen 1961), S. 200 ff. (zit. Arthur Kaufmann, Schmidt-FS)

K A U F M A N N, Arthur/ H A S S E M E R, Winfried: Der praktische Fall, Strafrecht: Der überfallene Spaziergänger, in: JuS 1964, S. 151 ff. (zit. Arthur Kaufmann/ Hassemer, JuS 1964)

K I E N A P F E L, Diethelm: Strafrecht Allgemeiner Teil, 3. Aufl., Berlin, New York 1983 (zit. Kienapfel, Strafrecht AT)

K I T Z I N G E R, Friedrich: Ort und Zeit der Handlung im Strafrecht, München 1902 (zit. Kitzinger, Ort und Zeit)

K R A C K, Ralf: Unvollendete Hilfeleistung als Straftat, in: JuS 1995, S. 88 (zit. Krack, JuS 1995)

K R E Y, Volker: Grundfälle zu den Straftaten gegen das Leben, in: JuS 1971, S. 248 ff. (zit. Krey, JuS 1971)

K Ü H L, Kristian: Strafrecht Allgemeiner Teil, München 1994 (zit. Kühl, Strafrecht AT)

K Ü P E R, Wilfried: Noch einmal: Rechtfertigender Notstand, Pflichtenkollision und übergesetzliche Entschuldigung, in: JuS 1971, S. 474 ff. (zit. Küper, JuS 1971)

- Grund- und Grenzfragen der rechtfertigenden Pflichtenkollision im Strafrecht, Berlin 1979 (zit. Küper, Grund- und Grenzfragen)

- Die Aussetzung (§ 221 Abs. 1 StGB) als konkretes Gefährdungsdelikt - Zur Gefährdungsstruktur des „Aussetzens“ und „Verlassens“ -, in: Jura 1994, S. 513 ff. (zit. Küper, Jura 1994)

K Ü P P E R, Georg: Grenzen der normativierenden Strafrechtsdogmatik, Berlin 1990 (zit. Küpper, Grenzen)

K U T Z E R, Klaus: Strafrechtliche Grenzen der Sterbehilfe, in: NStZ 1994, S. 110 ff. (zit. Kutzer, NStZ 1994)

- ZRP-Rechtsgespräch: Wir brauchen keine neuen Gesetze zur Sterbehilfe, in: ZRP 1997, S. 117 ff. (zit. Kutzer, ZRP 1997)

L A C K N E R, Karl/ K Ü H L, Kristian: Strafgesetzbuch (Komm.), 22. Aufl., München 1997 (zit. Lackner, StGB)

L A M P E, Ernst-Joachim: Die Kausalität und ihre strafrechtliche Funktion, in: GedS für Armin Kaufmann, hrsg. von Gerhard Dornseifer, Eckhard Horn, Georg Schilling, Wolfgang Schöne, Eberhard Struensee, Diethart Zielinski, Köln, Berlin, Bonn, München 1989, S. 189 ff. (zit. Lampe, Kaufmann-GedS)

L A N D A U, Peter: Die strafrechtliche Verantwortlichkeit aus Eigentum und Besitz bei den unechten Unterlassungsdelikten, Diss., Münster 1976 (zit. Landau, Diss. 1976)

L A N D S C H E I D T, Christoph: Zur Problematik der Grantenpflichtten aus verantwortlicher Stellung in bestimmten Räumlichkeiten: zugleich ein Beitrag zur Gefahrenquellenverantwortlichkeit im Rahmen der unechten Unterlassungsdelikte, Berlin 1985 (zit. Landscheidt, Zur Problematik der Garantenpflichten)

L E O N A R D Y, Helmut: Sterbehilfe, in: DRiZ 1986, S. 281 ff. (zit. Leonardy, DRiZ 1986)

M A I W A L D, Manfred: Grundlagenprobleme der Unterlassungsdelikte, in: JuS 1981, S. 473 ff. (zit. Maiwald, JuS 1981)

- Zur Leistungsfähigkeit des Begriffs „erlaubtes Risiko“ für die Strafrechtssystematik, in: Festschrift für Hans-Heinrich Jescheck, 1. Hbd., hrsg. von Theo Vogler, Berlin, 1985, S. 405 ff. (zit. Maiwald, Jescheck-FS)

M A U R A C H, Reinhart: Fragen der actio libera in causa, in: JuS 1961, S. 373 ff. (zit. Maurach, JuS 1961)

M A U R A C H, Reinhart/ G Ö S S E L, Heinz/ Z I P F, Heinz: Strafrecht, Allgemeiner Teil, Teilbd. 2, 7. Aufl., Heidelberg 1987 (zit. Maurach/ Gössel, Strafrecht AT)

M E R K E L, Adolf: Kriminalistische Abhandlungen, Bd. I, Leipzig 1867 (zit. Merkel, Kriminalistische Abhandlungen I)

M E T Z G E R, Edmund: Strafrecht, I. Allgemeiner Teil, 9. Aufl., München, Berlin 1960 (zit. Metzger, Strafrecht AT)

M E Y E R - B A H L B U R G, Hartwig: Beitrag zur Erörterung der Unterlassungsdelikte um echte und unechte Unterlassungsdelikte, Diss., Hamburg 1962 (zit. Meyer-Bahlburg, Diss. 1962)

- Die Garantenstellung bei den Unterlassungsdelikten, in: GA 1966, S. 203 ff. (zit. Meyer-Bahlburg, GA 1966)

- Unterlassen durch Begehen, in: GA 1968, S. 49 ff. (zit. Meyer-Bahlburg, GA 1968)

M I T S C H, Wolfgang: Unvollendete Hilfeleistung als Straftat - BGH, NJW 1993, 2628, in: JuS 1994, S. 555 ff. (zit. Mitsch, JuS 1994)

O T T O, Harro: Grundkurs Strafrecht - Allgemeine Strafrechtslehre, 4. Aufl., Berlin, New York 1992 (zit. Otto, GK Strafrecht AT)

- Grundkurs Strafrecht - Die einzelnen Delikte, 3. Aufl., Berlin, New York 1991 (zit. Otto, GK Strafrecht BT)

- Garantenpflicht aus abgebrochener Rettungshandlung, in: JK 1994, StGB 13/24 (zit. Otto, JK 1994)

O T T O, Harro/ B R A M M S E N, Joerg: Die Grundlagen der strafrechtlichen Haftung des Garanten wegen Unterlassens (I), in: Jura 1985, S. 530 ff. (zit. Otto/ Brammsen, Jura 1985)

- Die Grundlagen der strafrechtlichen Haftung des Garanten wegen Unterlassens (II), in: Jura 1985, S. 592 ff. (zit. Otto/ Brammsen, Jura 1985)

- Die Grundlagen der strafrechtlichen Haftung des Garanten wegen Unterlassens (Schluß), in: Jura 1985, S. 646 ff. (zit. Otto/ Brammsen, Jura 1985)

o . V . : Medizinisch-ethische Richtlinien für die ärztliche Betreuung sterbender und zelebral schwerst geschädigter Patienten, in: NJW 1996, S. 767 ff. (zit. SAMW, NJW 1996)

o . V . : Recht und Moral - Texte zur Rechtsphilosophie, hrsg. von Norbert Hoerster, Stuttgart 1987 (zit. Recht und Moral)

O V E R B E C K, Alfred Freiherr von: Unterlassung durch Begehung, in: GS 88 (1922), S. 319 ff. (zit. Overbeck, GS 88)

P A L A N D T, Otto: Bürgerliches Gesetzbuch (Komm.), 56. Aufl., München 1997 (zit. Palandt-*Bearbeiter*)

P H I L I P P S, Lothar: Der Handlungsspielraum, Frankfurt am Main 1974 (zit. Phillips, Handlungsspielraum)

P H I L I P P S, Lothar/ B O H L E Y, Peter: Ein EKG für Trimmel, in: Jura 1993, S. 256 ff. (zit. Phillps/ Bohley, Jura 1993)

P R E I S E N D A N Z, Holger: Strafgesetzbuch (Komm.), 30. Aufl., Berlin 1978 (zit. Preisendanz, StGB)

P U P P E, Ingeborg: Der Erfolg und seine kausale Erklärung im Strafrecht, in: ZStW 92, 1980, S. ff. (zit. Puppe, ZStW 1980)

R A D B R U C H, Gustav: Der Handlungsbegriff in seiner Bedeutung für das Strafrechtssystem, Darmstadt 1967 (Neudruck der Aufl. Berlin 1903) (zit. Radbruch, Handlungsbegriff)

R A N F T, Otfried: Rechtsprechungsübersicht zu den Unterlassungsdelikten - Teil 1, in: JZ 1987, S. 859 ff. (zit. Ranft, JZ 1987)

- Rechtsprechungsübersicht zu den Unterlassungsdelikten - Teil 2, in: JZ 1987, S. 908 ff. (zit. Ranft, JZ 1987)

- Zur Unterscheidung von Tun und Unterlassen im Strafrecht, in: JuS 1963, S. 340 ff. (zit. Ranft, JuS 1963)

R E B M A N N, Kurt/ S Ä C K E R, Franz Jürgen: Münchner Kommentar zum Bürgerlichen Gesetzbuch, 3. Aufl., Bd. 8, 1992 (zit. MüKo-*Bearbeiter*)

R O X I N, Claus: An der Grenze von Begehung und Unterlassung, in: Festschrift für Karl Karl Engisch, hrsg. von Paul Bockelmann, Arthur Kaufmann, Ulrich Klug, Frankfurt a. M. 1969, S. 380 ff. (zit. Roxin, Engisch-FS)

- Die Sterbehilfe im Spannungsfeld von Suizidteilnahme, erlaubtem Behandlungsabbruch und Tötung auf Verlangen, in: NStZ 1987, S. 345 ff. (zit. Roxin, NStZ 1987)

- Täterschaft und Tatherrschaft, 5. Aufl., Berlin, New York 1990 (zit. Roxin, Täterschaft und Tatherrschaft)

- Strafrecht Allgemeiner Teil, Band I (Grundlagen, Der Aufbau der Verbrechenslehre), München 1992 (zit. Roxin, Strafrecht AT)

R U D O L P H I, Hans-Joachim/ H O R N, Eckhard/ S A M S O N, Erich: Systematischer Kommentar zum Strafgesetzbuch, Bd. 1, Allgemeiner Teil, Frankfurt am Main 1977 (zit. SK-*Bearbeiter*)

- Examensklausur Strafrecht, in: Jura 1979, S. 39 ff. (zit. Rudolphi, Jura 1979)

S A M S O N, Erich: Begehung und Unterlassung, in: Festschrift für Hans Welzel, hrsg. von Günter Stratenwerth, Armin Kaufmann, Gerd Geilen, Hans Joachim Hirsch, Hans-Ludwig Schreiber, Günther Jakobs und Fritz Loos, Berlin, New York 1974, S. 579 ff. (zit. Samson, Welzel-FS)

- Probleme strafrechtlicher Produkthaftung, in: StV 1991, S. 182 ff. (zit. Samson, StV 1991)

S A U E R, Wilhelm: Das Unterlassungsdelikt, in: GS 114 (1940), S. 279 ff. (zit. Sauer, GS 114)

S A X, Walter: Zur rechtlichen Problematik der Sterbehilfe durch vorzeitigen Abbruch einer Intensivbehandlung, in: JZ 1975, . 137 ff. (zit. Sax, JZ 1975)

S C H E F F L E R, Uwe: Zur Strafbarkeit von „Gaffern", in: NJW 1995, S.232 ff. (zit. Scheffler, NJW 1995)

S C H L Ü C H T E R, Ellen: Grundfälle zur Lehre von der Kausalität - Zweiter Teil -, in: JuS 1976, S. 793 ff. (zit. Schlüchter, JuS 1976)

S C H M I D H Ä U S E R, Eberhard, Strafrecht, Allgemeiner Teil, Tübingen 1982 (zit. Schmidhäuser, Strafrecht AT)

S C H Ö C H, Heinz: Beendigung lebenserhaltender Maßnahmen, in: NStZ 1995, S. 153 ff. (zit. Schöch, NStZ 1995)

S C H Ö N E, Wolfgang: Unterlassene Erfolgsabwendungen und Strafgesetz, Köln, Berlin, Bonn, München 1974 (zit. Schöne, Unterlassene Erfolgsabwendung)

S C H Ö N K E, Adolf/ S C H R Ö D E R, Horst: Strafgesetzbuch (Komm.), 25. Aufl., München 1997 (zit. Sch-Sch-*Bearbeiter*)

S C H R E I B E R, Hans-Ludwig: Das Recht auf den eigenen Tod - zur gesetzlichen Neuregelung der Sterbehilfe, in: NStZ 1986, S. 337 ff. (zit. Schreiber, NStZ 1986)

S C H R Ö D E R, Horst: Grundprobleme des Rücktritts vom Versuch, in: JuS 1962, S. 81 ff. (zit. Schröder, JuS 1962)

S C H Ü N E M A N N, Bernd: Grund und Grenzen der unechten Unterlassungsdelikte, Göttingen 1971 (zit. Schünemann, Grund und Grenzen)

- Anm. zu BGH, StV 1985, S. 229, in: StV 1985, S. 229 ff. (zit. Schünemann, StV 1985)

S E E L M A N N, Kurt: Probleme der Unterscheidung von Handeln und Unterlassen im Strafrecht, in: JuSL 1987, S. 34 ff. (zit. Seelmann, JuSL 1987)

- „Unterlassene Hilfeleistung“ oder: Was darf das Strafrecht?, in: JuS 1995, S. 281 ff. (zit.: Seelmann, JuS 1995)

S E I F E R T, Karl-Heinz/ H Ö M I G, Dieter: Grundgesetz für die Bundesrepublik Deutschland, 3. Aufl., Baden-Baden 1988 (zit. Seifert/ Hömig, GG)

S I E B E R, Ulrich: Die Abgrenzung von Tun und Unterlassen bei der "passiven" Gesprächsteilnahme, in: JZ 1983, S. 431 ff. (zit. Sieber, JZ 1983)

S I M S O N, Gerhard: Euthanasie als Rechtsproblem, in: NJW 1964, S. 1153 ff. (zit. Simson, NJW 1964)

S P E N D E L, Günter: Zur Unterscheidung von Tun und Unterlassen, in: Festschrift für Eberhard Schmidt, hrsg. von Paul Bockelmann, Wilhelm Gallas, Aalen 1971 (Neudruck der Ausgabe Göttingen 1961), S. 183 ff. (zit. Spendel, Schmidt-FS)

- Zur Dogmatik der unechten Unterlassungsdelikte, in: JZ 1973, S. 137 ff. (zit. Spendel, JZ 1973)

S T E F F E N, Erich: Wieviele Tode stirbt der Mensch?, in: NJW 1997, S. 1619 f. (zit. Steffen, NJW 1997)

S T O F F E R S, Kristian: Die Formel „Schwerpunkt der Vorwerfbarkeit“ bei der Abgrenzung von Tun und Unterlassen?, Berlin 1992 (zit. Stoffers, Schwerpunkt der Vorwerfbarkeit)

- Die Rechtsfigur „Unterlassen durch Tun“ (Teil 1), in: JA 1992, S. 138 ff. (zit. Stoffers, JA 1992)

- Die Rechtsfigur „Unterlassen durch Tun“ (Teil 2), in: JA 1992, S. 177 ff. (zit. Stoffers, JA 1992)

- Der praktische Fall - Strafrecht: Fehlschlag mit Folgen, in: JuS 1993, S. 837 ff. (zit. Stoffers, JuS 1993)

- Einbruch mit ungeahnten Folgen, in: JA 1994, Heft 6, S. 35 ff. (zit. Stoffers, JA 1994, Heft 6)

S T R A T E N W E R T H, Günter: Strafrecht Allgemeiner Teil I (Die Straftat), 3. Aufl., Köln, Berlin, Bonn, München 1981 (zit.: Stratenwerth, Strafrecht AT)

S T R E E, Walter: Garantenstellung kraft Übernahme, in: Festschrift für Hellmuth Mayer, hrsg. von Friedrich Geerds, Wolfgang Naucke, Berlin 1965, S. 145 ff. (zit. Stree, Mayer-FS)

S T R U E N S E E, Eberhard: Handeln und Unterlassen, Begehungs- und Unterlassungsdelikt, in: Festschrift für Walter Stree und Johannes Wessels, hrsg. von Wilfried Küper, Jürgen Welp, Heidelberg 1993, S. 133 ff. (zit. Struensee, Stree/ Wessels-FS)

T E N C K H O F F, Jörg: Strafrecht: Ein mißgünstiger Nachbar, in: JuS 1976, S. 526 ff. (zit. Tenckhoff, JuS 1976)

T R Ö N D L E, Herbert: Strafgesetzbuch (Komm.), 48. Aufl., München 1997 (zit. Tröndle, StGB)

U L S E N H E I M E R, Klaus: Strafbarkeit des Garanten bei Nichtvornahme der einzig möglichen, aber riskanten Rettungshandlung - BGH bei *Dallinger*, MDR 1971, 361, in: JuS 1972, S. 252 ff. (zit.: Ulsenheimer, JuS 1972)

- Arztstrafrecht in der Praxis, Heidelberg 1988 (zit. Ulsenheimer, Arztstrafrecht)

V O G E L, Joachim: Die versuchte „passive Sterbehilfe“ nach BGH MDR 1995, 80, in: MDR 1995, S. 337 ff. (zit. Vogel, MDR 1995)

V O L K, Klaus, Zur Abgrenzung von Tun und Unterlassen, in: Festschrift für Herbert Tröndle, hrsg. von Hans-Heinrich Jescheck, Theo Vogler, Berlin, New York 1989, S. 219 ff. (zit. Volk, Tröndle-FS)

W A S S E R M A N N, Rudolf: Kommentar zum Strafgesetzbuch, Neuwied, Kriftel, Berlin 1990 (zit. AK-*Bearbeiter*)

W E L P, Jürgen: Vorausgegangenes Tun als Grundlage einer Handlungsäquivalenz der Unterlassung, Berlin 1968 (zit. Welp, Vorausgegangenes Tun)

W E L Z E L, Hans: Das Deutsche Strafrecht, 11. Aufl., Berlin 1969 (zit. Welzel, Strafrecht)

W E S S E L S, Johannes: Strafrecht Allgemeiner Teil, 26. Aufl., Heidelberg 1996 (zit. Wessels, Strafrecht AT)

- Strafrecht Besonderer Teil - 1, 21. Aufl., Heidelberg 1997 (zit. Wessels, Strafrecht BT 1)

W I L H E L M, Endrik: Die Konkurrenz zwischen Begehungs- und Unterlassungsdelikten, Diss. Münster 1992 (zit. Wilhelm, Diss. 1992)

W O L F F, Ernst: Kausalität von Tun und Unterlassen, Heidelberg 1965 (zit. Wolff, Kausalität von Tun und Unterlassen)

Z I M M E R M A N N, Reinhard: Der Sterbende und sein Arzt - Gedanken zur Euthanasieproblematik, in: NJW 1977, S. 2101 ff. (zit. Reinhard Zimmermann, NJW 1977)

Z I M M E R M A N N, Theo: Zur Problematik der unechten Unterlassungsdelikte, in: NJW 1952, S. 1321 f. (zit. Theo Zimmermann, NJW 1952)

QUELLENVERZEICHNIS

AE-Sterbehilfe	Alternativentwurf eines Gesetzes über Sterbehilfe
BGB	Bürgerliches Gesetzbuch vom 18. August 1896
BGBl. I, II, III	Bundesgesetzblatt Teil I, II, III
BGHSt	Entscheidungen des Bundesgerichtshofes in Strafsachen (zitiert nach Band und Seite)
BT-Drucks.	Drucksache des Deutschen Bundestags (zitiert nach Wahlperiode und Nummer)
BVerfGE	Entscheidungen des Bundesverfassungsgerichts (zitiert nach Band und Seite)
BtG	Gesetz zur Reform des Rechts der Vormundschaft für Volljährige vom 12. September 1990
BtMG	Gesetz über den Verkehr mit Betäubungsmitteln in der Fassung der Bekanntmachung vom 1. März 1994
GG	Grundgesetz für die Bundesrepublik Deutschland vom 23. Mai 1949
RGSt	Entscheidungen des Reichsgerichts in Strafsachen (ziteiert nach Band und Seite)
StGB	Strafgesetzbuch in der Fassung der Bekanntmachung vom 10. März 1987

RECHTSPRECHUNGSVERZEICHNIS

Gericht	Urteil v./ Beschl. v.	Aktenzeichen/ i. S.	Fundstelle	Textseite
RG	23.10.1882	Rep. 2103/82	RGSt 7, S. 111 ff.	94
RG	20.05.1898	Rep. 1718/98	RGSt 31, S. 165 ff.	63
RG	14.04.1916	II 54/16	RGSt 50, S. 37 ff.	20
RG	18.03.1941	1 D 752/40	RGSt 75, S. 161 ff.	60
BGH	17.02.1954	GSSt 3/53	BGHSt 6, S. 46 ff.	3, 42
BGH	01.03.1955	5 StR 583/54	BGHSt 7, S. 211 ff.	39
BGH	27.10.1955	4 StR 35355	MDR 1956, S. 10	65
OLG Hamm	21.09.1956	3 Ss 996/56	VRS, Bd. 12, S. 45 f.	65
OLG Stuttgart	17.10.1958	1 Ss 605/58	FamRZ 1959, S. 74 f.	3
OLG Hamm	21.04.1959	1 Ss 85/59	NJW 1959, S. 1551	39
OLG Hamm	22.05.1959	3 Ss 341/59	NJW 1959, S. 1979 f.	116
BGH	10.07.1959	4 StR 216/59	NJW 1959, S. 1979	3
BGH	25.11.1959	4 StR 424/59	BGHSt 14, S. 24 ff.	3
OLG Celle	04.05.1961	1 Ss 12/61	NJW 1961, S. 1939 ff.	65
BGH	24.02.1966	1 StR 587/65	BGHSt 21, S. 44 ff.	4, 125
BayObLG	19.09.1972	RReg. 3 St 114/72	NJW 1973, S. 770 ff.	85
BGH	07.11.1972	1 StR 489/72	JZ 1973, S. 173 f.	39, 91, 98
BGH	05.12.1974	4 StR 529/74	BGHSt 26, S. 35 ff.	60, 64, 124
OLG Karlsruhe	07.02.1980	1 Ss 319/79	GA 1980, 429 ff.	3
BGH	22.12.1981	1 StR 698/81	MDR 1982, S. 448	64
BGH	10.02.1982	3 StR 398/81	JZ 1983, S. 462 f.	38
BGH	24.02.1982	3 Str 34/82	BGHSt 30, S. 391 ff.	152
BGH	27.05.1983	3 StR 153/83	NStZ 1983, S. 454 f.	125
BGH	03.05.1984	4 StR 266/84	StV 1985, S. 229	39
BGH	04.07.1984	3 StR 96/84	NStZ 1985, S. 119 ff.	101
BGH	03.04.1985	2 StR 63/85	NStZ 1985, S. 409	60
BGH	15.10.1986	2 StR 311/86	JA 1987, S. 210 ff.	161

Gericht	Urteil v./ Beschl. v.	Aktenzeichen/ i. S.	Fundstelle	Textseite
LG Ravensburg	03.12.1986	3 Kls 31/86	NStZ 1987, S. 229 ff.	4, 87
BGH	06.07.1990	2 StR 549/89	BGHSt 37, S. 107 ff.	40
BGH	08.07.1987	2 StR 269/87	NJW 1987, S. 2940	39
OLG Köln	19.07.1990	2 Zs 126/89(31)	NJW 1991, S. 764 f.	161
BGH	08.05.1991	3 StR 467/90	NStZ 1992, S. 34 ff.	105
OLG Düsseldorf	24.06.1991	5 Ss 206/91 - 68/91 I	NStZ 1991, S. 531	161
BGH	30.09.1991	1 StR 339/91	JR 1992, S. 246 ff.	124, 125
BGH	22.06.1993	1 StR 264/93	NJW 1993, S. 2628	60, 62, 63, 65
BVerfG	16.06.1994	2 BvR 1157/94	NJW 1994, S. 2414	31
BVerfG	06.07.1994	2 BvR 855/94	NVwZ 1995, S. 94	31
BGH	13.09.1994	1 StR 357/94	NJW 1995, S. 204 ff.	4, 93, 94, 95, 96, 144
BGH	15.11.1996	3 StR 79/96	NJW 1997, S. 807 ff.	104, 105
OLG Frankfurt a.M	15.07.1998	20 W 224/98		95, 97

ABKÜRZUNGSVERZEICHNIS

a.A.	=	andere Ansicht
a.a.O.	=	am angegebenen Ort
Abs.	=	Absatz
Abschn.	=	Abschnitt
AE	=	Alternativentwurf
a.F.	=	alte Fassung
AK	=	Alternativkommentar zum Strafgesetzbuch (*-Bearbeiter*)
a.l.i.c.	=	actio libera in causa
allg.M.	=	allgemeine Meinung
Alt.	=	Alternative
Anh.	=	Anhang
Anm.	=	Anmerkung
Art.	=	Artikel
AT	=	Allgemeiner Teil
Aufl.	=	Auflage
Az.	=	Aktenzeichen
BayObLG	=	Bayerisches Oberstes Landesgericht
Bd.	=	Band
Beisp.	=	Beispiel
beispielsw.	=	beispielsweise
Beschl.	=	Beschluß
BGB	=	Bürgerliches Gesetzbuch
BGH	=	Bundesgerichtshof
BGHSt	=	Entscheidungen des Bundesgerichtshofs in Strafsachen
BT	=	Besonderer Teil
BT-Drucks.	=	Drucksache des Deutschen Bundestags (zit. nach Wahlperiode und Nummer)
BVerfG	=	Bundesverfassungsgericht
BVerfGE	=	Entscheidungen des Bundesverfassungsgerichts
bzw.	=	beziehungsweise
Darst.	=	Darstellung
Def.	=	Definition
ders.	=	derselbe
d.h.	=	das heißt
Diss.	=	Dissertation
DRiZ	=	Deutsche Richterzeitung (Zeitschrift)
Einl.	=	Einleitung

Erg.	=	Ergebnis
etc.	=	et cetera
evtl.	=	eventuell
FamRZ	=	Zeitschrift für das gesamte Familienrecht (Zeitschrift)
FS	=	Festschrift
f.	=	folgende
ff.	=	fortfolgende
Fn.	=	Fußnote
GA	=	Goltdammers's Archiv (Zeitschrift)
GedS	=	Gedächtnisschrift
GG	=	Grundgesetz für die Bundesrepublik Deutschland
ggf.	=	gegebenenfalls
GK	=	Grundkurs
GoA	=	Geschäftsführung ohne Auftrag
GS	=	Der Gerichtssaal (Zeitschrift)
Hbd.	=	Halbband
h.M.	=	herrschende Meinung
hrsg.	=	herausgegeben
Hrsg.	=	Herausgeber
h.Rspr.	=	herrschende Rechtsprechung
i.d.F.	=	in der Fassung
i.d.R.	=	in der Regel
i.d.S.	=	in diesem Sinne
i.e.S.	=	im engeren Sinn
i.S.	=	im Sinne
i.Ü.	=	im Übrigen
iVm.	=	in Verbindung mit
i.w.S.	=	im weiteren Sinn
JA	=	Juristische Arbeitsblätter (Zeitschrift)
JK	=	Jura Kartei
JöR	=	Jahrbuch des öffentlichen Rechts (Zeitschrift)
JR	=	Juristische Rundschau (Zeitschrift)
Jura	=	Juristische Ausbildung (Zeitschrift)
JuS	=	Juristische Schulung (Zeitschrift)
JuSL	=	JuS-Lernbogen (Zeitschrift)
JZ	=	Juristenzeitung (Zeitschrift)
Komm.	=	Kommentar
krit.	=	kritisch
LG	=	Landgericht
Lit.	=	Literatur

LK	=	Leipziger Kommentar zum Strafgesetzbuch (- *Bearbeiter*)
m.	=	mit
MDR	=	Monatsschrift für deutsches Recht (Zeitschrift)
MedR	=	Medizinrecht (Zeitschrift)
m.E.	=	meines Erachtens
MüKo	=	Münchner Kommentar zum Bürgerlichen Gesetzbuch (- *Bearbeiter*)
m.w.N.	=	mit weiteren Nachweisen
Nachw.	=	Nachweis(e)
n.F.	=	neue Fassung
NJW	=	Neue Juristische Wochenschrift (Zeitschrift)
Nr.	=	Nummer
NStZ	=	Neue Zeitschrift für Strafrecht (Zeitschrift)
NVwZ	=	Neue Zeitschrift für Verwaltungsrecht (Zeitschrift)
o.g.	=	oben genannt
OLG	=	Oberlandesgericht
o.V.	=	ohne Verfasser
Palandt	=	Palandt, Kurzkommentar zum Bürgerlichen Gesetzbuch (-*Bearbeiter*)
Rdnr.	=	Randnummer
RG	=	Reichsgericht
RGSt	=	Entscheidungen des Reichsgerichts in Strafsachen
Rspr.	=	Rechtsprechung
S./ s.	=	Satz, Seite/ siehe
SAMW	=	Schweizerische Akademie der Medizinischen Wissenschaften
Sch-Sch-	=	Schönke-Schröder, Strafgesetzbuch (- *Bearbeiter*)
SK	=	Systematischer Kommentar zum Strafgesetzbuch (- *Bearbeiter*)
sog.	=	sogenannt
StGB	=	Strafgesetzbuch
st.Rspr.	=	ständige Rechtsprechung
StV	=	Strafverteidiger (Zeitschrift)
Tb.	=	Teilband
u.a.	=	unter anderem, und andere
usw.	=	und so weiter
u.U.	=	unter Umständen
v.	=	von
Verf.	=	Verfasser

vgl.	=	vergleiche
Vorbem.	=	Vorbemerkung
VRS	=	Verkehrsrechts-Sammlung (Band, Seite)
zit.	=	zitiert
z.B.	=	zum Beispiel
ZRP	=	Zeitschrift für Rechtspolitik (Zeitschrift)
ZStW	=	Zeitschrift für die gesamte Strafrechtswissenschaft (Zeitschrift)
z.T.	=	zum Teil
zust.	=	zustimmend

DARSTELLUNGSVERZEICHNIS

Darstellung

EINLEITUNG

1. Problemstellung, Abgrenzungsfragen und Ziel der Arbeit

So gefestigt und unumstößlich die fundamentalen Grundlagen der Strafbarkeit im deutschen Strafrecht dem Juristen erscheinen, der nicht tagtäglich mit dieser Materie befaßt ist, so trügerisch ist diese Ansicht bei näherer Betrachtungsweise. Denn es ist gewissermaßen die Crux dieses Rechtsgebietes, daß es weniger als beispielsw. das allgemeine Zivilrecht aus grundlegender rechtswissenschaftlicher Forschungsarbeit, und sei sie auch noch so weit zurückliegend, entwikkelt wurde, sondern vielmehr auf den dem Menschlichen innewohnenden Werten und Wertungen einer Rechtsgemeinschaft, den sozialethischen Wertvorstellungen[1], basiert. Wenn auch also seit jeher der Inbegriff des Eigentums und die Möglichkeit dessen Übertragbarkeit im Bewußtsein des Menschen existiert, so war und ist es doch immerhin möglich, diesen Rechtsbegriff durch die Rechtswissenschaft auszufüllen, mit anderen zu einem in sich logischen System wie beispielsw. dem des deutschen Zivilrechts zu gießen und damit eine feste dogmatische Grundlage für den zivilrechtlichen Rechtsverkehr zu schaffen. Man denke nur an die Einführung des Abstraktionsprinzips, das zuweilen als lebensfremd kritisiert wurde und wird[2] und trotzdem fester und grundlegender Bestandteil der deutschen Zivilrechtsordnung ist. Während hierbei also ein theoretisches Fundament gebildet wurde, zäumt die Strafrechtswissenschaft das Pferd gezwungenermaßen von hinten auf. Zum einen liegt die Besonderheit schon darin, daß eine in der Bestrafung liegende Rechtsfolge an einen menschlichen Akt geknüpft wird, der, weil grundsätzlich mißbilligt, ja gar nicht selbst positiv geregelt werden darf[3], zum anderen orientiert sich das Strafrecht am Unrechtsgefühl der Gemeinschaft und ist *insoweit* grundlegender Dogmatik entzogen.

Dies vorausgeschickt wird klar, daß jegliche strafrechtliche Dogmatik auch und vor allem ein Versuch ist und sein muß, das Unrechtsgefühl und das Bestreben der Gemeinschaft nach Bestrafung in logische und in sich gerechte Bahnen zu legen und so dem verfassungsrechtlichen Bestimmtheitsgrundsatz gerecht zu werden, ohne das Unrechtsgefühl selbst durch reine Dogmatik zu modifizieren. Denn die Normgebung durch die Gemeinschaft bedarf der Dogmatik nur zur exakten Definition des gewünschten Strafgesetzes, nicht zur ori-

---

1 Wessels, Strafrecht AT, § 1 I. 2..

2 Vgl. Nachw. b. Palandt-*Heinrichs*, Rdnr. 22 vor § 104; -*Bassenge*, Rdnr. 16 vor § 854.

3 Das sieht auch Gössel, ZStW 1984, S. 321, wenn er den scheinbaren Widerspruch in den Strafgesetzen umschreibt: „ Wie kann man den Buchstaben eines Strafgesetzes erfüllen und doch die Rechtsordnung übertreten?“

ginären Er- oder Abschaffung desselben[4]. Einfach ausgedrückt besteht beispielsw. an dem generellen Unrecht der Tötung eines Menschen seitens der Gemeinschaft kein ernstlicher Zweifel und könnte auch nicht durch strafrechtliche Dogmatik beseitigt werden. Die Kernfrage kann daher nur lauten: Warum besteht in diesem oder jenem konkreten Fall Unrecht?

Während nun diese Frage für die weitaus meisten Fälle gelöst zu sein scheint, offenbaren gerade Sachverhalte an den Berührungspunkten mehrerer Problemkomplexe die Unsicherheit und Uneinigkeit selbst im Bereich der Grundlagen der Strafbarkeit und führen somit zu teils eklatant unterschiedlichen Ergebnissen.

Einem solchen Themenbereich ist diese Arbeit gewidmet. Es geht um die Fälle, in denen die abstrakten Begriffspaare 'Begehen'/ 'Unterlassen' und 'Tun'/ 'Nichttun' angesichts der gesetzgeberischen Grundentscheidung des § 13 StGB eine teilweise und mehrdeutige Kodifikation gefunden haben, die dann in den in Frage stehenden Fallkonstellationen zusammen mit den Figuren der Begehungs-, der echten und der unechten Unterlassungsdelikte zu einem gewissermaßen dreidimensionalen Problemgebilde werden.

Die Rede ist von Sachverhalten, in denen ein Rechtsgut (aus welchen Gründen auch immer) Schaden zu nehmen droht und eine Person die Schadensabwendung eingeleitet hat, diese jedoch letztlich verhindert wird.

Bewußt sollen hier juristische Termini, soweit möglich, noch nicht verwendet werden, um den Ergebnissen der Abhandlung nicht vorzugreifen. Aber doch soviel: Es geht nicht um die schlicht einzig originäre Verursachung einer Rechtsgutverletzung, obschon deren Grundlagen gezwungenermaßen diskutiert werden müssen. Gegenstand der Untersuchungen ist vielmehr allein das Problemfeld derjenigen Rechtsgutverletzungen, deren Eintritt bereits unmittelbar bevorsteht und nach Dazwischentreten von Abwendungsbemühungen letztlich nach deren Unterdrückung doch eintreten oder einzutreten drohen, mithin eine, im weiteren zu definierende, Rettungskausalität abgebrochen wird.

Die folgenden Betrachtungen stellen einen Überblick über alle zu diesem Problemfeld denkbaren sowie mancher dazu vergleichbaren Fallkonstellationen dar und sollen ein einheitliches Lösungsmuster herauskristallisieren. Ziel der Arbeit ist daneben insbesondere die Herleitung eines Lösungsweges direkt aus den Grundlagen der Strafbarkeit und nicht erst aus der spezifischen Fallkonstellation heraus, um gleichzeitig die Einheitlichkeit der Lösung unter Beweis zu stellen.

---

4 Daß dem in der Praxis zuweilen nicht so ist, ändert nichts an der dogmatischen Grundprämisse.

2. Stand der Forschung

Begründet durch die Komplexität der zu untersuchenden Problematik ist es einerseits schlichtweg unmöglich, den Forschungsstand der Rechtslehre und -sprechung hinsichtlich aller anzusprechenden Fragen umfassend vorweg darzustellen[5]. Andererseits soll jedenfalls der Diskussionsstand insoweit kurz umrissen werden, als es explizit um die Lösung der konkreten Problemfälle geht.

a) im Schrifttum

In der Literatur wird der Abbruch rettender Kausalverläufe rege behandelt, wenn auch nicht in zusammengefaßter Form. Vielmehr spielt sich die wissenschaftliche Diskussion auf verschiedenen Problemfeldern ab, namentlich im Rahmen der Abgrenzung von Tun und Unterlassen, der Sterbehilfeproblematik oder der Garantenstellung. Insbesondere auf erstgenanntem Gebiet ist vor einiger Zeit eine heftige, von Roxin[6] wiederentfachte, Diskussion um das sog. Unterlassen durch Begehen entstanden[7], die bis heute nicht zum endgültigen Stillstand gekommen ist und eine zentrale Stellung in den zu erörternden Problematiken einnimmt. Sie findet ihre praktische Brisanz insbesondere in der ebenfalls noch andauernden Diskussion um die, vor allem ärztliche Sterbehlife[8] und betrifft in engem Zusammenhang damit auch Fragen des Inhalts und Umfangs der Garantenstellung.

b) in der Rechtsprechung

Die Rechtsprechung hingegen hat, wohl aufgrund vermeintlich geringer praktischer Relevanz im konkreten Einzelfall, kein genaues, dogmatisch fundiertes Lösungsmuster herausgearbeitet. Sie beschränkt sich im wesentlichen bei ähnlichen problematischen Fällen in der Regel auf ihre Formel, nach der die Abgrenzung von Tun und Unterlassen nach dem Schwerpunkt der Vorwerfbarkeit zu treffen sei[9]. Dies nahezu ausschließlich in Sachverhalten, die vornehmlich der sog. passiven Sterbehilfe zuzuordnen sind, wobei sich die dogmatischen Aus-

---

5 Insoweit darf auf die Anmerkungen im Rahmen der Ausführungen verwiesen werden.

6 Engisch-FS, S. 380 ff..

7 Beispielhaft Herzberg, Unterlassung im Strafrecht, S. 37 ff.; Engisch, Gallas-FS, S. 163 ff.; Samson, Welzel-FS, S. 579 ff.; Hruschka, Bockelmann-FS, S. 421 ff.; Stoffers, JA 1992, S. 138 ff., 177 ff.; ders., Schwerpunkt der Vorwerfbarkeit, S. 302 ff..

8 Beispielhaft Engisch, Dreher-FS, S. 311 ff.; Auer, Heilauftrag und Sterbehilfe, S.93 ff.; Kutzer, NStZ 1994, S. 110 ff.; Reinhard Zimmermann, NJW 1977, S. 2101 ff.; Hirsch, Lackner-FS, S. 597 ff.; Sax, JZ 1975, S. 138 ff.; Ulsenheimer, Arztstrafrecht, S. 178 ff.; Dahm, Diss. 1978, S. 135 ff..

9 BGHSt 6, S. 59; 14, S. 28; BGH, NJW 1959, S. 1979; OLG Stuttgart, FamRZ 1959, S. 74 f.; OLG Karlsruhe, GA 1980, S. 431.

führungen bedauerlicherweise nicht auch auf die Abgrenzung der Begehung von der Unterlassung[10], sondern vielmehr nur auf die Rechtswidrigkeit bzw. das Vorliegen einer Rechtsgutsverletzung überhaupt beziehen[11]. Lediglich in Entscheidungen[12] zu § 221 StGB[13] lassen sich gewisse dogmatische Tendenzen zur Problematik abgebrochener Rettungsbemühungen hinsichtlich der Zuordnung zu Begehungs- oder Unterlassungstatbeständen finden, doch spielen sich diese eher auf dem Problemfeld der Garantenstellungsbegründung ab und treffen daher nicht genau die hier zu behandelnde Problematik.

3. Methode und Aufbau der Arbeit

Die Methodik der Abhandlung orientiert sich an der, der eigentlichen Problemlösung vorangestellten, Herleitung aus den Grundlagen der Strafbarkeit heraus. Um das Problem einer einheitlichen Lösung zuzuführen soll dabei zunächst das strafrechtliche Grundgerüst der hereinspielenden Problemkreise im Lichte der Fragestellung dieser Arbeit dargestellt werden. Dieser Aufgabe ist der erste Teil der Abhandlung gewidmet. In ihm wird im ersten Abschnitt der Begriff der Rettungskausalität als Arbeitsbegriff für die weiteren Erörterungen definiert und sodann im zweiten Abschnitt die für das Verständnis der Problemlösung notwendige dogmatische Einordnung der Grundlagen der Strafbarkeit gesammelt bearbeitet.

Angesichts der Unmöglichkeit, die dogmatischen Grundlagen und damit de facto die gesamte strafrechtliche Grundlagenforschung umfassend zu diskutieren, sei es der Arbeit an dieser Stelle nachgesehen, daß in gewisser Weise apodiktisch der hier jeweils vertretene Standpunkt dargelegt und begründet wird, ohne jedoch sämtliche differenzierenden Auffassungen ausgiebig zu behandeln. Dieses Vorgehen ist aber, um dem Anspruch gerecht zu werden, eine dogmatisch überzeugende Lösung zu entwickeln, die auch gemessen an den Grundlagen der Strafbarkeit Bestand hat, aus systematischen Erwägungen heraus uner-

---

10 BGH, NJW 1995, S. 204 ff. = NStZ 1995, S. 80 ff..

11 Z.B. LG Ravensburg, NStZ 1987, S. 229 f..

12 BGHSt 21, S. 44 ff..

13 In der Fassung bis 31.03.1998 (a.F).: „§ 221. Aussetzung. (1) Wer eine wegen jugendlichen Alters, Gebrechlichkeit oder Krankheit hilflose Person ausssetzt, oder wer eine solche Person, wenn sie unter seiner Obhut steht oder wenn er für ihre Unterbringung, Fortschaffung oder Aufnahme zu sorgen hat, in hilfloser Lage verläßt, wird mit Freiheitsstrafe von drei Monaten bis zu fünf Jahren bestraft. (...).“; in der Fassung ab 01.04.1998 (n.F.): „221. Aussetzung. (1) Wer einen Menschen 1. in eine hilflose Lage versetzt oder 2. in einer hilflosen Lage im Stich läßt, obwohl er ihn in seiner Obhut hat oder sonst beizustehen verpflichtet ist, und ihn dadurch der Gefahr des Todes oder einer schweren Gesundheitsgefährdung aussetzt, wird mit Freiheitsstrafe von drei Monaten bis zu fünf Jahren bestraft. (...).“

läßlich. Wie die dann nachfolgenden Erörterungen zeigen werden, kann nämlich damit der in der bisherigen wissenschaftlichen Diskussion des öfteren auftretenden Gefahr der Vernachlässigung m.E. zwingender dogmatischer Regeln bzw. Unklarheit über die jeweils dazu vertretene Auffassung entgangen werden.

Im Vordergrund steht dabei zunächst der Nachweis der Identität von Ge- und Verbotsnormen mit den Unterlassungs- und Begehungsdelikten und die entsprechende Einordnung der verschiedenen Deliktstypen, gefolgt von der Herleitung der m.E. entscheidenden These, daß die jeweilige Verhaltensform per se keine Aussage über das verletzte Strafgesetz trifft, vielmehr einziges Abgrenzungskriterium die Kausalitätsfrage ist und sein muß.

Erst im Anschluß daran werden im zweiten Teil die vielschichtigen in Betracht kommenden Fallgruppen hinsichtlich ihrer strafrechtlichen Einordnung untersucht, wobei grundlegend der vorsätzliche Abbruch selbst gesetzter Kausalitäten im ersten Abschnitt, der bereits bestehender Kausalitäten im zweiten und schließlich der fahrlässige Abbruch beider Varianten im dritten Abschnitt behandelt wird. Schwerpunkt wird dabei neben der Erarbeitung einer griffigen Lösungsformel auch anhand bereits anerkannter Lösungen heraus die kritische Auseinandersetzung mit deren Begründungen sowie etwaigen de lege ferenda zu ziehenden Konsequenzen sein.

Abschließend werden in einer zusammenfassenden Betrachtung die Ergebnisse der ausführlichen Erörterungen gesamtwürdigend dargestellt und so die Quintessenz dieser Arbeit als ein die Dogmatik bereicherndes Lösungsmuster niedergelegt.

Erster Teil
DOGMATISCHE VORÜBERLEGUNGEN

Vor Erörterung strafrechtlicher Problemkreise ist grundsätzlich zu entscheiden, ob jene ausschließlich anhand der speziellen Problematik behandelt werden können oder es unumgänglich ist, bereits vorab zu dogmatischen Grundlagen Stellung zu nehmen, die nicht nur unmittelbar das Problem selbst, sondern gleichsam das strafrechtliche Fundament betreffen. Diese Entscheidung muß vorliegend zugunsten der Darlegung dogmatischer Vorüberlegungen ausfallen. Dies aus zwei Gründen: Zum einen bedarf die hier avisierte Hervorhebung des in der h.L. ansonsten eher stiefmütterlich behandelten Gedankens der Rettungskausalität einer exponierten, weil sonst zu wenig beachteten Darstellung. Zum anderen erscheint es unumgänglich, zur Vermeidung einer zu großen Zerfaserung innerhalb der Problemdiskussion diejenigen Erwägungen voranzustellen, die dem Strafrecht in seiner Gesamtheit grundlegend sind, namentlich die Struktur der Normen und das menschliche Verhalten.

Erster Abschnitt
Der Begriff der Rettungskausalität

Ganz zu Beginn muß zunächst kurz und isoliert der Begriff der Rettungskausalität als zentraler Terminus der weiteren Erwägungen umschrieben sowie sein Inhalt definiert und abgegrenzt werden.

A. Rechtsguterhaltende Kausalitäten

Das Strafrecht dient neben dem Ausdruck des Interesses der staatlichen Gemeinschaft an der Erhaltung ihrer Grundwerte und an der Bewahrung des Rechtsfriedens in erster Linie dem Schutz von Rechtsgütern[14], will also deren Bestand sicherstellen. Der nun folgenden Untersuchung liegt die im Rahmen strafrechtlicher Untersuchungen bisweilen nicht ausreichend gewürdigte Tatsache zugrunde, daß ausnahmslos jedes Rechtsgut von einer unendlichen Anzahl von Kausalverläufen in seinem Bestand abhängt[15] und es früher oder später durch das Wegfallen eines oder mehrerer Kausalverläufe verletzt wird oder letztlich untergeht. So wird der Mensch durch das Schlagen seines Herzens am

[14] Wessels, Strafrecht AT, § 1 I. 1..
[15] So schon Sauer, GS 1940, S. 291.

Leben erhalten, andernfalls stirbt er. Grund dafür kann sein ein Messerstich ins Herz, das Versagen der Herzmuskeln, eine Luftblase etc.. Die Dauer des menschlichen Lebens ist also durch äußere Kausalfaktoren determiniert, letztlich auch durch die Entschlossenheit anderer, dieses Leben anzugreifen[16]. Dabei müssen sowohl positive als auch negative Bedingungen zusammentreffen, um ein Weiterleben zu ermöglichen, das Weiterleben hindernde Faktoren müssen ausbleiben, notwendige müssen hinzukommen[17]. All jene dieser Kausalitäten, die dem Bestand des Rechtsgutes in einem beliebigen Zeitpunkt zugute kommen, stellen also *rechtsguterhaltende Kausalitäten* dar.

B. Rechtsgutrettende Kausalitäten

Nun ist jede Veränderung des Bestandes eines Rechtsgutes mit Binding[18] „Resultat eines siegreichen Kampfes einer Kraft über eine andere", sowohl durch Stärkung als auch durch Schwächung. Um das Rechtsgut vor Schaden oder Untergang zu bewahren, muß also ein der zu jenem Erfolg hinwirkenden (positiven) Kausalität zuwiderlaufender, jenem Erfolg widerstrebender (negativer) Kausalverlauf eintreten, der somit quasi „rettend" dazwischentritt.

I. als Gegensatz zu „Naturkausalitäten"

Nun bedingt schon die Aussage des Zusammentreffens unendlich vieler Kausalverläufe die Tatsache, daß permanent solchermaßen natürlich rettende Kausalitäten eingreifen. Diese sollen mithin für die Untersuchung nicht als rettender Kausalverlauf definiert werden, soweit sie lediglich zum quasi normalen Geschehen im Rahmen der Existenz eines Rechtsgutes gehören. Andersherum ausgedrückt gehören dazu nur jene Kausalitäten, die *in atypischer Weise* eingreifen, um ein Rechtsgut vor der drohenden sicheren Verletzung zu retten.

II. Menschlicher Eingriff

Namentlich sind Gegenstand dieser Definition ausschließlich Rettungskausalitäten, die von Menschenhand in Gang gesetzt wurden, wenn also „jemand in die Situation eines Geschehens eintritt, in der eine Reihe von Kräften nach einem

---

16 Samson, Welzel-FS, S. 591.
17 Maiwald, JuS 1981, S. 474.
18 Normen, S. 115.

sozial schädlichen Erfolg hinwirkt"[19]. Da das Strafrecht an den Menschen adressiert ist, kann nur dessen Eintritt Relevanz besitzen.

Weiter ist durch diese Einschränkung sichergestellt, daß nicht etwa auch das Abbrechen einer rettenden Naturkausalität, die z.B. in einem auf einen zu ertrinken Drohenden zutreibenden Baumstamm läge, durch Aufhalten desselben dazu führt, diesen Sachverhalt unter die zu behandelnde Problematik subsumieren zu müssen.

Mithin handelt es sich bei *menschlichen Eingriffen von außen zur Abwendung der Verletzung eines anderen Rechtsgutes* um *rechtsgutrettende Kausalitäten* (s. Darst. 1).

C. Zusammenfassung des ersten Abschnitts

All jene Kausalitäten, die dem Bestand eines Rechtsguts zugute kommen, stellen rechtsguterhaltende Kausalitäten dar. Sie umfassen auch solche Kausalitäten, die in natürlicher Weise bei Wegfall einer anderen rechtsguterhaltenden Kausalität quasi 'rettend' eingreifen.

Sobald dagegen ein menschlicher Eingriff von außen zur Abwendung einer Verletzung des Rechtsgutes rettend dazutritt, handelt es sich dabei um rechtsgutrettende Kausalitäten als spezielle Form der rechtsguterhaltenden Kausalitäten.

---

19 Sauer a.a.O, S. 291.

Zweiter Abschnitt
Grundlagen der Strafbarkeit

Um die Problematik des Abbruchs rettender Kausalität einer umfassenden einheitlichen Lösung zuzuführen, kommt man nicht umhin, auf die Grundlagen der im Rahmen dieses Themenkomplexes in Betracht kommenden Strafnormen einzugehen. Nur so ist es möglich, anhand der dabei gewonnenen Struktur eine in sich logische und, was viel gewichtiger ist, durchweg gerechte Lösung zu finden.

A. Normverstoß

Der in Art. 103 II GG[20] und § 1 StGB[21] niedergelegte verfassungsrechtliche Bestimmtheitsgrundsatz „nullum crimen, nulla poena sine lege" als Voraussetzung des Schuldstrafrechts stellt unumstößlich, aber zugleich auch lapidar klar, daß es einer Gesetzesnorm bedarf, die ein bestimmtes Verhalten als strafbar festlegt. Nicht gesagt ist damit, wie eine solche Norm auszusehen hat.

I. Ge- und Verbote

Ein denk- und praktisch wohl allein gangbarer Weg, ein Verhalten als sozialschädlich zu erklären, bzw. der Aufgabe des Strafrechts, hochstehende Rechtsgüter wirksam zu schützen, gerecht zu werden, besteht grundsätzlich in der Errichtung von Geboten und Verboten[22]; denn naturgemäß kann dieser Zweck dadurch erreicht werden, daß Verhaltensweisen, die Rechtsgüter beeinträchtigen, verboten und solche, die die Rechtsgüter erhalten, geboten werden[23]. Durch solche Imperative kann eine Rechtsordnung geschaffen werden, die Rechtsfolgen an Rechtsnormen knüpft[24]. Eine bestrafende Rechtsfolge dagegen unmittelbar an eine Erlaubnis zu knüpfen, wäre wohl schon begriffslogisch unmöglich[25].

---

20 „Artikel 103 [Grundrechte in der Gerichtsbarkeit]. (...) (2)Eine Tat kann nur bestraft werden, wenn die Strafbarkeit gesetzlich bestimmt war, bevor die Tat begangen wurde. (...)."

21 „§ 1. Keine Strafe ohne Gesetz. Eine Tat kann nur bestraft werden, wenn die Strafbarkeit gesetzlich bestimmt war, bevor die Tat begangen wurde."

22 Die Ausschließlichkeit dieser beiden Regelungsmöglichkeiten drückt schon Binding, a.a.O., S. 109, aus, indem er die Normen schlicht in diese zwei Gruppen teilt.

23 Baumann-*Weber*, Strafrecht AT, § 8 Rdnr. 7.

24 Engisch, Einführung in das juristische Denken, S. 22 ff..

25 Hans Kelsen in: Recht und Moral, S. 41 f..

Die Unterscheidung zwischen Ge- und Verbot beruht dabei auf einer unterschiedlichen Zielrichtung der gewünschten Regelung: Während das Verbot alle der Rechtsordnung empfindlichen Änderungen durch menschliches Verhalten im Sinne eines Abbruchs rechtsguterhaltender Kausalitäten untersagt, verlangt das Gebot ein menschliches Verhalten zur Behebung eines der Rechtsordnung empfindlichen Zustandes[26], mithin die Bewirkung einer rettenden Kausalität im oben definierten Sinn.

1. Gegenseitige Exklusivität

Damit ist jedoch lediglich klargestellt, daß es nur die Kategorien der Ge- und Verbote geben kann, nicht jedoch, ob und wie sie in einer Strafnorm Ausdruck finden, dort kumulativ auftreten können oder sich nicht vielmehr gegenseitig ausschließen.

a) Verfassungsrechtliche Weichenstellung

Das System des deutschen Strafrechts kodifiziert die unmittelbarsten Regeln des Zusammenlebens einer Gemeinschaft von Menschen unter der Prämisse der grundsätzlichen Freiheit des Einzelnen zur Entfaltung seiner Persönlichkeit. Dieser in Art. 2 Abs. 1 GG[27] niedergelegte Grundsatz bekommt seinen ersten strafrechtlich interessanten Aspekt durch seinen ursprünglichen Entwurf, indem es hieß, "jedermann <sei> frei, zu tun und zu lassen, was die Rechte anderer nicht verletzt und nicht gegen die verfassungsmäßige Ordnung oder gegen das Sittengesetz verstößt"[28] und der nur aus rein sprachlichen Gründen nicht auch so übernommen wurde[29]. Die Begriffe Tun und Unterlassen sind dort also genannt, jedoch nicht schon im strafrechtlichen Sinne zu verstehen. Vielmehr beschreiben sie einmal die generelle Freiheit der beiden einzigen Verhaltens*formen* des Menschen, der Aktivität und der Passivität. Darüber hinaus steckt darin aber auch die Freiheit, ein *bestimmtes* Verhalten entweder vorzunehmen oder nicht, sozusagen die positive als auch die negative Handlungsfreiheit. Denn dieses Grundrecht ist auch im Lichte der es beschränkenden Normen zu sehen[30], hier also der Strafnormen. Im Vorgriff auf die weitere Untersuchung steht fest,

---

[26] Binding, Normen., S. 108; v. Overbeck, Unterlassung durch Begehung, S. 320; Samson, Welzel-FS, S. 595, der von einem für das Rechtsgut verschlechternden Eingriff bzw. einer das Rechtsgut verbessernden Leistung spricht.

[27] „Art. 2. [Persönliche Freiheitsrechte]. (1) Jeder hat das Recht auf die freie Entfaltung seiner Persönlichkeit, soweit er nicht die Rechte anderer verletzt und nicht gegen die verfassungsmäßige Ordnung oder das Sittengesetz verstößt. (...).“

[28] JöR, n.F., Bd. 1, S. 56.

[29] Seifert/ Hömig, GG, Rdnr. 5 zu Art. 2.

[30] Seifert/ Hömig, GG, Rdnr. 8 zu Art. 2.

daß diese entweder bestimmte Verhaltensweisen ge- oder verbieten. Soll nun in dieses Grundrecht eingegriffen werden, so verlangt der Grundsatz des geringstmöglichen Eingriffs zusammen mit dem aus Art. 103 Abs. 2 GG folgenden Bestimmtheitsgebot, daß das tatsächlich mißbilligte oder erwartete menschliche Verhalten so eng und klar als möglich beschrieben sein muß.

b) Regelungsgehalt der Strafnorm

Auf den ersten Blick scheint es, als habe sich das deutsche Strafrecht einzig darauf konzentriert, in seinen Normen lediglich bestimmte Rechtsgutsbeeinträchtigungen unter Strafe zu stellen und somit für normwidrig zu erklären. Es finden sich nämlich nirgends in den strafrechtlichen Kodifikationen Normen, die eine explizite Aufforderung zur Achtung anderer Rechtsgüter beinhalten[31].

aa) Verletzung des Gebots zur Achtung fremder Rechtsgüter?

G ö s s e l[32] stellt aber diesbezüglich fest, daß „in den Strafgesetzen (..) nicht nur inhaltlich die Rechtsgutsbeeinträchtigung von einer normwidrigen in eine strafbare umgewandelt“, sondern „durch die Übernahme des normwidrigen Geschehens in das Strafgesetz (..) auch die Norm selbst erfaßt und konkretisiert (wird)“. Es ist also die jeweils beschriebene Rechtsgutsbeeinträchtigung nicht schlicht per se strafbar, sondern vielmehr das damit zum Ausdruck kommende normwidrige Verhalten. Dieses normwidrige Verhalten kann nun aber nur, wie erörtert, in dem Verstoß gegen ein Ge- oder Verbot liegen. Allerdings kommt G ö s s e l , da das ‘Gebot’, ein Rechtsgut zu achten, daher auf zweifache Weise übertreten werden könne - einmal durch Ausführung einer das Rechtsgut beeinträchtigenden, zum anderen aber durch das Unterlassen einer das Rechtsgut bewahrenden Handlung - zu dem Ergebnis, daß von (jeder) Norm sowohl Verbote als auch Gebote ausgehen sollen[33]. Dem ist aber entgegenzutreten. Denn das ‘Gebot’, andere Rechtsgüter zu achten, stellt ja keine Beeinträchtigung der Handlungsfreiheit dar, sondern lediglich einen hinter dem gesamten Strafrecht stehenden *Grundsatz*, den zu befolgen jedermann freigestellt ist. Salopp gesagt ist zwar der Idealzustand der der gegenseitigen Achtung jeglicher Rechtsgüter, die fehlende Achtung dieses Grundsatzes allein ist aber damit noch nicht (straf-) normwidrig. Dieser Grundsatz führt vielmehr einzig dazu, daß die Strafnormen immer ein Schutzgut beinhalten, ohne es allerdings ausdrücklich zu beschrei-

---

[31] Gössel, ZStW 1984, S. 321.

[32] Gössel, ZStW 1984, S. 323.

[33] Gössel, ZStW 1984, S. 323.

ben[34]. Es wäre daher überflüssig, z.B. § 212 StGB[35] mit dem Satz einzuleiten „Das Leben eines Menschen ist von jedermann zu achten“, denn dies ergibt sich, wie dargelegt, von selbst. Eine konkrete Verhaltensaufforderung liegt darin noch nicht, sondern erst in dem *aus diesem Grundsatz fließenden* Verbot, einen anderen beispielsw. zu töten oder dem Gebot, einem anderen in Unglücksfällen Hilfe zu leisten. Denn erst hier wird die Handlungsfreiheit explizit reglementiert, eine Norm geschaffen. Nicht der Grundsatz wird also im von G ö s s e l vertretenen Sinne dergestalt konkretisiert, daß sein gesamter Inhalt in einer einzigen Strafnorm seinen Ausdruck findet, sondern, viel enger, erst die Norm in Gestalt eines Ver- oder Gebots im Hinblick auf die Art der geahndeten Übertretung, *entweder* durch eine das Rechtsgut beeinträchtigende *oder* durch das Unterlassen einer rechtsgutbewahrenden Handlung. Der Grundsatz selbst erfährt seine völlige Umsetzung also nicht schon in der isoliert betrachteten Strafnorm, sondern erst durch die Gesamtheit aller ihn in verschiedener Weise konkretisierenden Strafnormen. Dieses Ergebnis, wonach es kein verbindliches *Gebot* zur Achtung anderer Rechtsgüter gibt, mag auf den ersten Blick spitzfindig und im Ergebnis irrelevant erscheinen, doch zeigt sich der grundlegende Unterschied in der daraus entstehenden Konsequenz, daß, folgte man G ö s s e l, immer dann, wenn ein erwartetes Verhalten ausgeblieben ist, namentlich also auch in Fällen des § 13 StGB[36], zwingend und unmittelbar von einer Gebotsverletzung auszugehen wäre[37].

Im Ergebnis ist damit aber der wahren Problematik der Weg abgeschnitten. Nicht der Grundsatz wird konkretisiert, sondern erst der in der Norm liegende Befehl, der auf andere, noch zu erläuternde Weise zu bestimmen ist. Diese Schlußfolgerung verträgt sich auch mit der Figur der Rettungskausalität. Denn aus dem „Gebot“ zur Achtung fremder Rechtsgüter folgt jedenfalls sprachlich kein generelles Gebot, rettend in einen schädlichen Kausalverlauf einzugreifen.

---

34 So auch Gössel, ZStW 1984, S. 321. Es ist aber gefährlich, diesen Grundsatz, wie er, schon als Gebot zu bezeichnen und daraus seine Folgerungen zu begründen. Denn den Grundsatz, andere Rechtsgüter zu achten, den G ö s s e l als Gebot sieht, könnte man ebensogut so formulieren, daß andere Rechtsgüter nicht mißachtet werden dürfen, was dann ein Verbot wäre. Schutzgut bleibt aber immer das andere Rechtsgut.

35 „§ 212.Totschlag. (1) Wer einen Menschen tötet, ohne Mörder zu sein, wird als Totschläger mit Freiheitsstrafe nicht unter fünf Jahren bestraft. (...).“

36 „§ 13. Begehen durch Unterlassen. (1) Wer es unterläßt, einen Erfolg abzuwenden, der zum Tatbestand eines Strafgesetzes gehört, ist nach diesem Gesetz nur dann strafbar, wenn er rechtlich dafür einzustehen hat, daß der Erfolg nicht eintritt, und wenn das Unterlassen der Verwirklichung des gesetzlichen Tatbestandes durch ein Tun entspricht. (...).“

37 Was, wie noch dargelegt werden wird (s.u. C. II. 2. b)), gerade nicht der Fall ist.

Wenn dies im Rahmen der Verbotstatbestände ausnahmsweise doch der Fall ist, dann aus anderen, noch darzulegenden Gründen.

bb) Wechselwirkung Verbot - Gebot?

Nun gibt es weiter Meinungen[38], die vertreten, daß auch das Verbot, ein Rechtsgut zu verletzen, zugleich das Gebot enthalte, alles andere zu tun[39]. Auch auf diesem Wege gelangte man also zu dem Ergebnis, daß Ge- und Verbote in der jeweiligen Strafnorm nebeneinander existieren. Das vermag jedoch deswegen nicht zu überzeugen, weil die staatliche Reglementierung der Handlungsfreiheit, wie hier dargelegt, so zurückhaltend wie nur möglich zu sein hat, was dann wiederum zur Folge haben muß, daß zwar die Rechtsgutsbeeinträchtigung untersagt, jedes andere Verhalten damit aber nicht bereits *geboten* sein darf. Dies umso mehr, als dieses schon qua Handlungsfreiheit zulässig ist und damit nicht Gegenstand staatlicher Vorschrift sein soll und kann. Wenn B i n d i n g[40] diese Gebote mit dem Argument, sie seien nicht selbständig übertretbar, daher als lediglich sekundäre bezeichnet, so kommt er insoweit zwar zum selben Ergebnis. Wie er aber generell ein 'Gebot' zur rechten Tat als tatsächlichen Inhalt der Verletzungsnorm anzunehmen, und sei es nur als sekundäres, verbietet sich angesichts der dargestellten verfassungsrechtlichen Vorgaben. Dasselbe gilt bezüglich der (echten, primären) Gebote, beispielsw. der Pflicht zur Hilfeleistung in § 323 c StGB[41]. Denn freilich resultiert daraus, daß es dem Verpflichteten *implizit* nicht möglich ist, etwas anderes zu tun. Nur ist dies eben nicht der in der Norm liegende Befehl, sondern nur ein Reflex desselben und zusätzlich der Beweis einer weiter feststellbaren Tatsache: Gebote schränken den Einzelnen um ein Vielfaches mehr in seiner Handlungsfreiheit ein als Verbote, weswegen deren Anzahl in den Strafgesetzen rar ist und sein muß (s. Darst. 2). Wenn V o l k[42] und S a m s o n[43] sich dem mit dem Hinweis entgegenstellen, daß zum einen Verbote teilweise drastischer einschränkten als Gebote, zum anderen die persönliche Unfreiheit aus einer Vielzahl von Ge- und Verboten resultieren könne, dann kann dem ersten Argument entgegnet werden, daß hier ja der These

---

38 Binding, Normen., S. 110; Bertel, JZ 1965, S. 54.

39 Und umgekehrt, z.B. Metzger, Strafrecht AT, S. 64.

40 Normen, S. 111; ebenso Roxin, Engisch-FS, S. 383.

41 „§ 323 c. Unterlassene Hilfeleistung. Wer bei Unglücksfällen oder gemeiner Gefahr oder Not nicht Hilfe leistet, obwohl dies erforderlich und ihm den Umständen nach zuzumuten, insbesondere ohne erhebliche eigene Gefahr und ohne Verletzung anderer wichtiger Pflichten möglich ist, wird mit Freiheitsstrafe bis zu einem Jahr oder Geldstrafe bestraft."

42 Tröndle-FS, S. 237.

43 Welzel-FS, S. 586.

von nur einem Imperativ pro Norm gefolgt wird und damit der Handlungsspielraum zumindest nicht durch ein einzelnes Verbot weiter eingeschränkt werden kann als durch ein einzelnes Gebot: Während ersteres lediglich *eine* bestimmte 'Handlung' verbietet und alle anderen 'Handlungen' unberührt läßt, gebietet letzteres *eine* bestimmte 'Handlung' und führt damit zum faktischen Ausschluß anderer 'Handlungen'. Allenfalls in seltenen Konstellationen, in denen nur zwei 'Handlungen' in Betracht kommen, läge eine gleich starke Beeinträchtigung der Handlungsfreiheit vor, eine stärkere Beeinträchtigung durch ein Verbot ist aber bei dieser Sichtweise undenkbar. Die zweite These schließlich ist bei Betrachtung des gesamten Rechts einleuchtend und insoweit sicher richtig, mit Blick auf die jeweils einzelne Norm jedoch nicht durchgreifend.

cc) Verbot der Gebotsverletzung?

Allerdings gibt es zum einen, vor allem in den Strafbestimmungen außerhalb des StGB, ausdrückliche Gebote (so zum Beispiel die Erlaubnispflicht in § 3 BtMG[44]), deren Nichterfüllung unter Strafe gestellt ist (hier in § 29 BtMG[45]). Auch dies verleitet nun dazu[46], von einem direkten Nebeneinander von Ge- und Verboten in ein und derselben Norm zu sprechen, begegnet aber systematischen Bedenken. Denn zwar bestehen Gebote, die die Handlungsfreiheit einschränken und deren Nichterfüllung in einer Verbotsnorm unter Strafe gestellt ist. Sie sind aber dennoch Gegenstand unterschiedlicher Normen. Die Verbotsnorm des § 29 BtMG z.B. stellt nämlich nicht selbst das Gebot auf, eine Erlaubnis einzuholen (denn dies tut ja schon § 3 BtMG), sondern verbietet einzig das Handeltreiben ohne Erlaubnis.

dd) Sprachliche Mißverständnisse

Ferner bestehen zum anderen Strafnormen, deren sprachliche Ausgestaltung die Erkennbarkeit des innwohnenden Befehls erschweren. So z.B. § 142 Abs. 1 StGB[47], dessen immanenter Imperativ seit jeher umstritten ist[48]. Hier liegt es

---

44 „§ 3. Erlaubnis zum Verkehr mit Betäubungsmitteln. (1)Einer Erlaubnis des Bundesgesundheitsamtes bedarf, wer 1. Betäubungsmittel anbauen, mit ihnen Handel treiben, ohne mit ihnen Handel zu treiben einführen, ausführen, abgeben, veräußern, sonst in den Verkehr bringen, erwerben oder (...).“

45 „§ 29. Straftaten. (1) Mit Freiheitsstrafe bis zu fünf Jahren oder mit Geldstrafe wird bestraft, wer 1. Betäubungsmittel unerlaubt anbaut, herstellt, mit ihnen Handel treibt, sie, ohne Handel zu treiben, einführt, ausführt, veräußert, abgibt, sonst in den Verkehr bringt, erwirbt oder sich in sonstiger Weise verschafft, (...).“

46 Meyer-Bahlburg, Diss. 1962, S. 5.

47 „§ 142. Unerlaubtes Entfernen vom Unfallort. (1) Ein Unfallbeteiligter, der sich nach einem Unfall im Straßenverkehr vom Unfallort entfern, bevor er 1. zugunsten der ande-

zunächst nahe, aus der Tatsache, daß vom 'Entfernen' die Rede ist, zu schließen, daß gerade dies verboten sein soll. Doch geht es im Kern darum, daß das 'Entfernen' nur dann unerlaubt ist, wenn nicht zuvor die Feststellung der Personalien etc. ermöglicht worden ist[49]. Geboten ist also die Feststellung der Personalien etc., eine Unterlassung der Ermöglichung der Feststellungen aber nur dann strafbar, wenn man sich dem durch Entfernen entzieht. Somit ist darin kein Nebeneinander vom Gebot der Ermöglichung der Feststellung und einem Verbot des Sich-Entfernens gegeben, sondern nur eine Konkretisierung der Strafbarkeit der Gebotsverletzung, die in diesem Fall nur dann strafbar ist, wenn die Tat*handlung*[50] des Sich-Entfernens vorliegt. Damit hat der Täter aber nicht gegen ein Verbot verstoßen, sich zu entfernen, sondern gegen das Gebot, die Feststellung seiner Personalien zu ermöglichen. Verbleibt er nämlich an der Unfallstelle, ohne aktiv an der Aufklärung des Unfallherganges mitzuwirken, vorstößt er zwar ebenso gegen das Gebot, sich als Unfallbeteiligter vorzustellen, nur ist dies allein nicht strafbar, da er der Anwesenheits*pflicht* genügt hat[51]. Würde man nämlich z.B. § 323 c StGB dergestalt umformulieren, daß sämtliche Möglichkeiten, die Hilfspflicht *nicht* zu erfüllen, getrennt benannt würden, es also beispielsw. hieße „wer (Nr. 1) sich vom Unglücksort entfernt, ohne Hilfe zu leisten", änderte dies ebenso nichts an dem innewohnenden Gebot, Hilfe zu leisten. In diesen Fällen also liegt gar kein Verbot vor, sondern nur eine Konkretisierung der Strafbarkeit des Gebotsverstoßes.

ee) Fazit

Daraus ergibt sich, daß für die Einordnung einer Strafnorm als Ge- oder Verbot immer und nur der in der Norm liegende Imperativ entscheidend ist, also ob dieser die positive oder die negative Handlungsfreiheit beschränkt. Ein dogmatisch relevantes Nebeneinander von Ge- und Verboten in einer Norm ist mithin ausgeschlossen.

---

ren Unfallbeteiligten und der Geschädigten die Feststellung seiner Person, seines Fahrzeugs und der Art seiner Beteiligung durch seine Anwesenheit und durch die Angabe, daß er an dem Unfall beteiligt ist, ermöglicht hat oder 2. eine nach den Umständen angemessene Zeit gewartet hat, ohne daß jemand bereit war, die Feststellungen zu treffen, wird mit Freiheitsstrafe bis zu drei Jahren oder mit Geldstrafe bestraft. (...)."

48 Tröndle, StGB, Rdnr. 6 zu § 142 m.w.N..

49 Tröndle, StGB, Rdnr. 6 zu § 142.

50 Die weiteren Erörterungen werden zeigen, daß die Verhaltensform allein keinen Rückschluß auf die Art der Begehung erlaubt.

51 Wessels, Strafrecht BT 1, § 22 III. 2..

c) Der abstrakte Befehl

Dies bestätigt auch die genauere Betrachtung des Imperativs. Denn hinter dem konkreten Befehl „Du sollst nicht töten“ beispielsw. steht doch die umfassendere, insoweit abstrakte Untersagung, generell einen rechtsgutschädlichen Zustand zu erzeugen, während der konkrete Befehl „Hilf bei Unglücksfällen“ die insoweit wieder abstrakte Aufforderung enthält, einen rechtsgutgünstigen Zustand herbeizuführen[52]. Diese ganz unterschiedlichen Zweckinhalte der Imperative unterstreichen die gegenseitige Exklusivität von Ge- und Verboten. Ausgehend von der Prämisse der rechtsguterhaltenden Kausalitäten ist jedoch im Hinblick auf die weitere Untersuchung eine wichtige Konkretisierung bezüglich des Inhaltes des Befehls vorzunehmen. Der durch ein verbotenes Verhalten erzeugte schädliche Zustand liegt nicht zwingend bereits im Eintritt der tatbestandlichen Rechtsgutverletzung, vielmehr ist damit nur der Abbruch einer rechtsguterhaltenden Kausalität gemeint. Fragen der Kausalität dieses Abbruchs für eine Rechtsgutbeeinträchtigung sind Gegenstand eines anderen Problemkreises und betreffen noch nicht den schlichten Verstoß gegen ein Ge- oder Verbot.

d) Zusammenfassendes Fazit

Aus dem Vorgesagten ergibt sich somit, daß Gebote und Verbote nicht in einer Strafnorm oder, präziser, in einem Tatbestand zusammentreffen. Die allgemeine Handlungsfreiheit läßt sich nämlich nur punktuell und dann entweder negativ (durch Verbote) oder positiv (durch Gebote) beschränken. Somit steht hinter jeder Strafnorm letztlich nur eine von beiden Möglichkeiten. Daß scheinbar viele verbietende Strafnormen auf der Verletzung von Gebotsnormen beruhen, darf nicht den Blick dafür trüben, daß dies nur Ergebnis gesetzestechnischer Schrittfolgen ist, sie aber trotzdem nur ein Verbot einer Verhaltensweise zum Gegenstand haben.

2. Begehungs- und (echtes) Unterlassungsdelikt

Von Interesse ist demgemäß, wie die in die strafrechtliche Dogmatik fest aufgenommene Differenzierung von Begehungs- und Unterlassungsdelikten zu der Erkenntnis der Exklusivität von Ge- und Verboten steht.

a) Negative Verhaltensnormen

Wie ausgeführt, liegt in jedem Straftatbestand ein Verbot bzw. das Gebot eines Verhaltens[53]. Formulierungstechnisch wird dies allerdings durch die Beschrei-

---

52 Binding, Normen, S. 117, 123.

53 Heinrich Dörner, JuS 1987, S. 524.

bung gerade eines bestimmten ge- oder verbotenen Verhaltens und der damit verbundenen Rechtsfolge erreicht. Dies soll aber nicht davon ablenken, daß insoweit immer noch die grundsätzlich gegensätzliche Zielrichtung der Norm für die Charakterisierung derselben im Vordergrund steht, sie nur quasi negativ beschrieben wird. Allein diese Tatsache hat zur Folge, daß bei den Deliktstatbeständen nicht ausdrücklich von Ge- oder Verboten gesprochen werden, sondern sich ihre Bezeichnung tunlichst nach dem umschriebenen Verhalten richten sollte. Verstößt also eine Person gegen ein Verbot, so bewirkt sie einen von der Rechtsordnung mißbilligten Zustand und 'begeht' damit einen Verbotsverstoß. Umgekehrt 'unterläßt' derjenige, der einen von der Rechtsordnung gewünschten Zustand nicht herstellt, eine Gebotserfüllung[54]. Mit anderen Worten wäre es zwar ebensogut möglich, die Delikte dogmatisch nur in Gebots- und Verbotsverstöße einzuteilen, nur trifft es die in den Strafnormen gewählte Formulierung besser, wenn das dazu führende Verhalten als Anknüpfungspunkt gewählt wird. Wird eine Verbotsverletzung unterlassen, eine Gebotserfüllung begangen, so liegt keine Strafbarkeit, sondern gerade korrektes Verhalten vor. Wird umgekehrt eine Verbotsverletzung begangen bzw. eine Gebotserfüllung unterlassen, so ist dieses Verhalten u.U. strafbar. Und gerade deshalb ist, wenn von Begehungs- und Unterlassungsdelikten die Rede ist, immer entsprechend ein Verbot bzw. Gebot gemeint. „Jeweils steht also hinter dem Begehungstatbestand das Verbot, hinter dem Unterlassungstatbestand ein besonderes Gebot“ [55]. Die Begriffspaare decken sich also vollständig.

b) Erschöpfung in dieser Funktion

Folglich kommt der Bezeichnung Begehungs- bzw. Unterlassungsdelikt auch kein weiterer dogmatischer Wert zu, insbesondere ist das Begehen oder Unterlassen nicht mit der (noch zu diskutierenden) Einordnung des Tuns und 'Unterlassens' zu gleichzustellen[56]. „Die Vorschrift „Du sollst nicht töten“ enthält danach nicht ein Verbot, dem auch Unterlassungen subsumiert werden können, vielmehr erfaßt das Wort „töten“ auch nach dem allgemeinen Sprachgebrauch von vornherein sowohl aktive Handlungen (...) als auch Unterlassungen. Die Vorschrift ist also insoweit ambivalent“[57]. Denn es ist immer noch nur eine Frage der Normbezeichnung und nicht ein Hinweis darauf, wie nun ein solcher Normverstoß durch eine Person verwirklicht werden kann. Das führt aber nicht zu der von G ö s s e l[58] behaupteten Folge, daß die Frage der Trennung von

---

54 Preisendanz, StGB, II.1.a) u. b) zu § 13.
55 Baumann-*Weber*, Strafrecht AT, § 8 Rdnr. 7.
56 So aber z.B. Engisch, JZ 1962, S. 189.
57 Hruschka, Bockelmann-FS, S. 435.
58 ZStW 1984, S. 330.

Begehungs- und Unterlassungsdelikten eine bedeutungslose sei und allein die nach der Unterscheidung von Tun und 'Unterlassen' im Vordergrund stehe. Diese aus seiner Sicht konsequente Schlußfolgerung kollidiert mir der hier ganz im Vordergrund stehenden Erkenntnis, daß mit dieser Deliktseinteilung grundlegend klargestellt wird, ob ein rechtsguterhaltender Kausalverlauf abgebrochen oder ein rechtsgutrettender nicht eingeleitet worden ist. Nur dies macht die Bestimmung der Natur des Normverstoßes und damit die Lösung der hier zu behandelnden Problemfälle möglich, während das letztlich zur Rechtsgutverletzung angewendete Mittel (Tun oder 'Unterlassen' im engeren Sinn) zur Charakterisierung des Normverstoßes wenig aussagt[59].

c) Fahrlässigkeitsdelikte

Eine besondere Erwähnung verdienen in diesem Zusammenhang die Fahrlässigkeitsdelikte und die Frage, ob auch bei diesen der gewählten Unterscheidung ohne Einschränkungen gefolgt werden kann.

Dies ist deshalb erörterungswürdig, weil mitunter die Meinung vertreten wird, Fahrlässigkeitstaten seien immer (zumindest auch) Verstöße gegen Gebote, nämlich gegen das Gebot, sorgfältig zu sein[60]. Diese Ansicht läßt aber zum einen unberücksichtigt, daß mit dem Verstoß gegen die sicherlich, wenn auch wieder nur als Grundsatz, hinter dem gesamten Strafrecht stehende Sorgfaltspflicht noch kein der Rechtsordnung schädlicher Zustand eintritt, eine Außerachtlassung derselben noch nicht normwidrig ist. Denn nicht durch das *nichtsorgfältige* Verhalten wird eine rechtsguterhaltende Kausalität berührt, sondern durch das Verhalten selbst. Auch bei den Fahrlässigkeitstaten richtet sich der Imperativ gegen ein Verhalten, das entweder eine rechtsguterhaltende Kausaliät abbricht oder eine rechtsgutrettende nicht in Gang setzt[61]. Und dieser lautet beispielsw. bei § 222 StGB[62] „Du sollst nicht töten". W e s s e l s[63] argumentiert zwar dagegen, daß die Verhaltensnorm nicht lauten könne „verursache nicht den Tod eines anderen", denn ein solcher Imperativ sei bei der unbegrenzten Weite der Bedingungstheorie unerfüllbar und daher sinnlos. Aber das-

---

59 So schon Merkel, Kriminalistische Abhandlungen I, S. 92; dem folgt wohl auch Androulakis, Studien, S. 154, wenn er sagt, daß „eine Unterlassung durch Begehung nicht ohne weiteres auch Unterlassungsdelikt durch Begehung" ist.

60 Z.B. RGSt 50, S. 44; Heinrich Dörner, JuS 1987, S. 524; Wessels, Strafrecht AT, § 15 II. 3..

61 So im Ergebnis auch Bertel, JZ 1965, S. 55, der allerdings aus dem Sorgfaltsgebot auf das Vorliegen eines Verbots schließt, das dem Sorgfaltsunfähigen ein Handeln überhaupt verbietet.

62 „§ 222. Fahrlässige Tötung. Wer durch Fahrlässigkeit den Tod eines Menschen verursacht, wird mit Freiheitsstrafe bis zu fünf Jahren oder mit Geldstrafe bestraft."

63 Strafrecht AT, § 15 II. 3..

selbe müßte dann auch bei den vorsätzlichen Erfolgsdelikten gelten mit der Folge, daß anstatt der Aufforderung „wende die im konkreten Fall erforderliche Sorgfalt an, um die Tötung anderer zu vermeiden“ hier der Impertiv „richte nicht deinen Vorsatz auf die Tötung anderer“ treten müßte. Die Einteilung der Ge- und Verbotsnormen richtete sich damit nach der subjektiven Seite. Dem ist zu entgegnen, daß zwar ist die objektive Sorgfaltspflichtverletzung Teil des objektiven Tatbestandes ist, dies jedoch nichts an der Tatsache ändert, daß allein die Tötung anderer verboten, weil mißbilligt ist, eine Verletzung nur eines solchen Imperativs allein damit nicht schon per se zur Strafbarkeit führte. Anders wäre es außerdem systematisch kaum erklärbar, warum teilweise ein und demselbe Tatbestand für sowohl vorsätzlich als auch fahrlässig begehbar erklärt ist, dort aber dann nicht der Verstoß gegen ein und dasselbe Ge- oder Verbot geahndet sein sollte. Weiter führte dies zu dem m.E. dogmatisch falschen Ergebnis, die subjektive tatbestandliche Komponente, also Vorsatz oder Fahrlässigkeit, mit dem Charakter der Norm als Ge- oder Verbot in Verbindung zu bringen[64]. Daß die objektive Sorgfaltspflichtverletzung dem objektiven Tatbestand angehört, ändert an dieser Einschätzung nichts. Es wäre nämlich zwar ebensogut möglich, bei Vorsatzdelikten die objektive Vorsätzlichkeit zu prüfen, nur bedarf es dieser Prüfung nicht, da die unterstellte subjektive Tatbestandsmäßigkeit (also der Vorsatz) umfassend ist. Das eine hat aber auf dieser Ebene der Systematisierung mit dem anderen nichts zu tun.

3. Ergebnis

Da die Reglementierung menschlichen Verhaltens vor dem Hintergrund der allgemeinen Handlungsfreiheit so zurückhaltend und bestimmt als möglich zu sein hat, stehen als Instrumente lediglich Ge- und Verbote zur Verfügung. Technisch wird dies durch die Umschreibung des tatsächlich strafbaren Verstoßes erreicht, weshalb die Normen nicht als Ge- oder Verbote, sondern in Anbetracht des beschriebenen Verhaltens als Unterlassungs- bzw. Begehungsdelikte bezeichnet werden. Diese rein sprachlogische Bezeichnung ändert nichts am Charakter der Strafnorm an sich, so daß Unterlassungsdelikte immer nur einen Gebotsverstoß, Begehungsdelikte immer nur einen Verbotsverstoß darstellen. Vor diesem Hintergrund muß dasselbe ebenso für Fahrlässigkeitsdelikte gelten, deren Unterschied liegt allein in der subjektiven Tatbestandsmäßigkeit.

---

64 So auch Spendel, Schmidt-FS, S. 193.

II. Tätigkeits- und Erfolgsdelikte

Während die Bezeichnung einer Strafnorm als Begehungs- oder Unterlassungsdelikt nur die *Art* des in der Norm liegenden Imperativs an das menschliche Handeln beschreibt, ist damit noch nichts über den *Inhalt* des Befehls gesagt. Dieser drückt nun das tatsächlich strafbare Verhalten aus. „Der Tatbestand der Strafgesetze verwandelt normwidrige Rechtsgutsbeeinträchtigungen in strafbare“[65].

1. Arten der Begehbarkeit

Dabei werden die Delikte nun danach eingeteilt, ob nur auf das Verhalten im weitesten Sinne an sich oder auch auf den damit erzielten Erfolg abgestellt wird. Letztere bezeichnet man als Erfolgs-, erstere als Tätigkeitsdelikte. So klar und unbestritten diese Zweiteilung ist, so sind doch Ausführungen dazu angebracht, wie sich diese Einordnung mit der hier aufgegriffenen These von der Bedeutung rechtsguterhaltender Kausalitäten verträgt.

a) Erfolgsdelikt

Ein Erfolgsdelikt zeichnet sich dadurch aus, daß neben dem beschriebenen Verhalten ein bestimmter Erfolg eintreten muß, um eine Strafbarkeit zu begründen. Die damit auftretende Problematik, ob und gegebenenfalls wie eine kausale Verknüpfung vorzuliegen hat, soll an dieser Stelle noch nicht untersucht werden. Denn für die Erkenntnis, daß alle Rechtsgüter von unendlich vielen Kausalitäten abhängen, spielt dies keine Rolle. Während diese nämlich das *Warum* der Strafbarkeit betrifft, geht es bei der Verursachung eines *tatbestandsmäßigen* Erfolges um das *Wie*. Daß nun z.B. bei Erfüllung des Tatbestandes des § 212 StGB als Begehungsdelikt gegen das Verbot des Abbruchs der das Leben erhaltenden Kausalitäten verstoßen wird und gleichzeitig eine kausale Verknüpfung zwischen Handlung und Erfolg vorliegt, ist ein anschauliches Beispiel dafür, daß ein verbotener Abbruch einer Kausalität immer erst vorliegen muß, bevor die Frage geklärt werden kann, ob dieser Abbruch die *tatbestandliche* Rechtsgutsverletzung tatsächlich verursacht hat. Dies zeigt beispielsw. ein Vergleich mit § 315 c StGB[66], bei dem lediglich die Verursachung einer konkreten Gefahr auf das Verhalten zurückzuführen sein muß. Denn mit dem *potentiell* gefährdenden Verhalten wird eine der rechtsguterhaltenden Kausalitäten, das straßenverkehrsgerechte Verhalten, bereits abgebrochen, ohne daß daraus schon

---

65 Gössel, ZStW 1984, S. 322.

66 „§ 315 c. Gefährdung des Straßenverkehrs. (1) Wer im Straßenverkehr 1. (...) und dadurch Leib oder Leben eines anderen oder fremde Sachen von bedeutendem Wert gefährdet, wird mit Freiheitsstrafe bis zu fünf Jahren oder mit Geldstrafe bestraft. (...).“

eine Bestrafung resultiert. Diese tritt nach der gesetzgeberischen Entscheidung erst dann ein, wenn darüber hinaus ein bestimmter Erfolg, die *konkrete* Gefährdung, eintritt. Daraus wird nebenbei auch ersichtlich, daß das Schutzgut entgegen der h.M.[67] hier nicht die Sicherheit des Straßenverkehrs sein kann. Denn diese wäre bereits durch das straßenverkehrswidrige Verhalten verletzt (dazu unten).

Die Frage ist nun, ob dann auch (echte) Unterlassungsdelikte als Erfolgsdelikte existieren. Ausgehend von der Erkenntnis, daß diesen die Verletzung des Gebotes zur Herbeiführung eines rettenden Kausalverlaufes zugrunde liegt, ist nach alledem augenfällig, daß es hierbei keinen weitergehenden Erfolg im Tatbestand geben kann, an den erst die Strafbarkeit geknüpft werden könnte. Der 'Erfolg', also die weitergehende Verletzung eines Rechtsgutes, tritt ja bereits durch den Lauf der Dinge selbst ein. Denn Gebote verpflichten den Menschen lediglich, „aus seiner Ruhe herauszugehen, obgleich die Folge der Ruhe wieder Ruhe und keine Veränderung in der Rechtswelt, also auch keine Rechtsverletzung ist“[68]. Das läßt M a y e r - B a h l b u r g unberücksichtigt, wenn er erfolgsverursachende Unterlassungen mit Unterlassungen, die bei Vorliegen eines Erfolges strafbar sind, gleichstellt[69]. A.A. ist auch D e d e s[70] mit dem Hinweis darauf, daß beispielsw. § 170 StGB[71] ein echtes Unterlassungsdelikt sei, das einen Erfolg voraussetze. Ein Vergleich mit § 13 StGB zeigt aber die Parallelitäten beider Normen. Ohne der weiteren Erörterung vorgreifen zu wollen ist darauf hinzuweisen, daß hier die Unterhaltspflicht den Pflichtigen dafür einstehen läßt, daß der Erfolg nicht eintritt. Da aber die Gefährdung des Lebensbedarfes des Unterhaltsberechtigten auf andere Weise als durch Nichtzahlung des Unterhalts nicht strafbewehrt verboten sein soll, mußte in diese Norm der § 13 StGB quasi direkt aufgenommen werden. Es handelt sich also bei § 170 StGB, wie die folgenden Ausführungen zum unechten Unterlassungsdelikt verdeutlichen werden, um ein Begehungsdelikt, das ausnahmsweise eben nur durch Unterlassen der Erfolgsabwendung begangen werden kann, also um ein originäres unechtes, nicht um ein echtes Unterlassungsdelikt.

Der 'Erfolg' bei echten Unterlassungsdelikten kann jedoch, weil dem Einfluß des Unterlassenden entzogen, allenfalls eine objektive Bedingung der Strafbar-

---

67 A.A. wohl mit der hier vertretenen Meinung Tröndle, StGB, Rdnr. 2 zu § 315 c.

68 Binding, Normen, S. 110.

69 Diss. 1962, S. 8, 11.

70 GA 1977, S. 232.

71 „§ 170. (1) Verletzung der Unterhaltspflicht. Wer sich einer gesetzlichen Unterhaltspflicht entzieht, so daß der Lebensbedarf des Unterhaltsberechtigten gefährdet ist oder ohne die Hilfe anderer gefährdet wäre, wird mit Freiheitsstrafe bis zu drei Jahren bestraft.(2)(...).“

keit darstellen. Den echten Unterlassungsdelikten liegt jedenfalls kein Erfolgsabwendungsgebot zugrunde[72].

b) Tätigkeitsdelikt

Als Tätigkeitsdelikte werden daneben Delikte bezeichnet, die die Strafbarkeit an ein schlichtes Verhalten knüpfen, also keinen bestimmten *tatbestandsimmanenten* Erfolg voraussetzen[73], so z.B. das falsche Schwören in § 154 StGB[74]. Auch hier liegt ein Verstoß gegen das Verbot, rechtsguterhaltende Kausalitäten zu unterbrechen, vor. Denn die Kausalität, die das Schutzgut der Funktionsfähigkeit der Rechtspflege erhält, liegt in der wahrheitsgemäßen Eidesleistung und wird durch die unwahre unmittelbar abgebrochen. Der Abbruch der rechtsguterhaltenden Kausalität trifft also hier nach dem Willen des Gesetzgebers als 'Erfolg' sofort ein, einer weitergehenden Spezifizierung im Tatbestand bedarf es nicht.

Und eben diese Situation ist auch bei echten Unterlassungsdelikten gegeben, da hier im Unterlassen der Herbeiführung einer rettenden Kausalität bereits das strafbare Verhalten liegt[75]. Wenn dazu teilweise erklärt wird, die echten Unterlassungsdelikte seien vielmehr das reine Gegenstück zu den Tätigkeitsdelikten, da sich der Unrechtsgehalt im bloßen Unterlassen der gebotenen Tätigkeit erschöpfe[76], so wird damit die Tätigkeit selbst bereits mit dem Tun im engeren Sinne gleichgesetzt. Aber gerade dies ist an dieser Stelle noch nicht zu entscheiden, es geht bei der Abgrenzung von Tätigkeits- zu Erfolgsdelikten nur um die über den Normverstoß etwa hinausgehenden tatbestandlichen Erfolge und deren Vorliegen als Voraussetzung einer Strafbarkeit (s. Darst. 3).

2. Das „unechte" Unterlassungsdelikt

Wo steht aber nun der Fall des § 13 StGB im Rahmen dieser Systematik? Nach dem Wortlaut der Vorschrift sollen zunächst lediglich Begehungsdelikte erfaßt werden[77]. Dies ergibt sich aus der Formulierung „wer es unterläßt, einen *Erfolg* abzuwenden, der *zum Tatbestand* eines Strafgesetzes gehört". Denn Merkmal

---

72 Dütz, NJW 1970, S. 1823.

73 Stratenwerth, Strafrecht AT, Rdnr. 206/ 207.

74 „§ 154. Meineid. (1) Wer vor Gericht oder einer anderen zur Abnahme von Eiden zuständigen Stelle falsch schwört, wird mit Freiheitsstrafe nicht unter einem Jahr bestraft. (...)."

75 Zu diesem Ergebnis kommt bzgl. der §§ 138, 323 c StGB auch Maiwald, JuS 1981, S. 475.

76 Preisendanz, II.1.b) zu § 13; Volk, Tröndle-FS, S. 229; wohl auch Dedes, GA 1977, S. 233.

77 Meyer-Bahlburg, Diss. 1962, 12; Preisendanz, StGB, II.1.c) zu § 13.

der echten Unterlassungsdelikte ist nur das Unterlassen einer Herbeiführung eines für das Rechtsgut positiven Kausalverlaufs, nicht jedoch das des Abwendens eines negativen Erfolges[78] und mithin nur ein Verstoß gegen eine *Gebots*norm[79]. Demjenigen, der beispielsw. seiner Hilfspflicht aus § 323c StGB nicht nachkommt, kann nur vorgeworfen werden, daß er es nicht zum Guten, nicht jedoch, daß er es zum Schlechten wandte[80]. Der Imperativ der „unechten" Unterlassungsdelikte *verbietet* dagegen das Unterlassen einer Erfolgsabwendung. Sähe man wie Gössel[81] in jeder Norm ein generelles Gebot zur Achtung anderer Rechtsgüter und leitete aus der Verletzung dieser 'Norm' sowohl Ge- als auch Verbote her, indem rechtsgutbeeinträchtigende Handlungen verboten und umgekehrt rechtsgutbewahrende Handlungen geboten wären, so hieße dies in der Konsequenz, daß § 13 StGB auch auf echte Unterlassungsdelikte anzuwenden wäre. Darin zeigt sich bereits die Bedenklichkeit dieser Auffassung, da es dort des § 13 StGB ja gar nicht bedarf. Denn das echte Unterlassungsdelikt selbst drückt ja einmal aus, daß man rechtlich für das Nichteintreten des 'Erfolges', rettend einzugreifen, einzustehen hat, so daß insoweit eine nochmalige Klarstellung in § 13 StGB überflüssig wäre. Zum anderen ist, wie bereits ausgeführt, ein Erfolgseintritt als Tatbestandsmerkmal der echten Unterlassungsdelikte nicht denkbar. Daher ist es „geradezu das *Charakteristikum des unechten Unterlassungsdelikts, daß es wie das Begehungsdelikt* auf eine *Verbotsnorm* zurückführt, die „ausnahmsweise" durch Unterlassen verletzt wird"[82]. Die a.A.[83], nach der durch die Bezeichnung „unechte" und „echte" Unterlassungsdelikte lediglich unterschiedliche gesetzgeberische Techniken umschrieben werden sollen, in beiden Fällen handele es sich aber um echte Unterlassungsdelikte, resultiert aus einer, wie noch dargestellt werden wird, Überbewertung der Begriffe „Tun" und „Nichttun" und berücksichtigt nicht die zugrundeliegenden Ge- und Verbote, die nach der hier vertretenen Ansicht einen klaren, anderen Weg weisen.

Steht nun fest, daß von § 13 StGB lediglich Begehungsdelikte in Form von Erfolgsdelikten erfaßt sein können, stellt sich die Frage, wie diese nun durch

---

78 A.A. Welzel, Strafrecht, S. 203: Auch bei echten Unterlassungsdelikten bestehe eine Erfolgsabwendungspflicht. Er verwechselt aber den 'Erfolg' der Begründung eines rettenden Kausalverlaufs mit der Verantwortlichkeit für den Eintritt des für das Rechtsgut schädlichen Erfolges.

79 A.A. Ranft, JuS 1963, S. 344.

80 Wolff, Kausalität von Tun und Unterlassen, S. 44; a.A. Bertel, JZ 1965, S. 54, und Jescheck, Strafrecht AT, S. 544, die einen Verstoß gegen eine Gebotsnorm sehen und damit m.E. den klaren Imperativ in der Norm verkennen.

81 ZStW 1984, S. 323.

82 Struensee, Stree/ Wessels-FS, S. 135 (Fn. 16); Arzt, JA 1980, S. 556.

83 Haft, Strafrecht AT, 7. Teil § 3.

'Unterlassung' begangen werden können. Ohne bereits jetzt in die noch zu erörternde Problematik der Handlung im strafrechtlichen Sinn einzutreten zeigt auch hier der Gedanke der rechtsguterhaltenden Kausalität die Lösung auf. Denn wenn § 13 StGB von demjenigen spricht, der rechtlich dafür, daß der Erfolg nicht eintritt, also für den Bestand eines Rechtsgutes einzutreten hat, so wird dort eben klargestellt, daß dieser Personenkreis bereits in besonderer Weise Bestandteil der rechtsguterhaltenden Kausalitäten ist. Denn grundsätzlich sind Rechtsgüter nicht von der Pflicht anderer, sie zu erhalten, abhängig; „es wird zunächst davon ausgegangen, daß (sie) mit (ihrem) Schicksal selbst fertig (werden)“[84]. Werden nun qua legem Personen dazu verpflichtet, Rechtsgüter zu erhalten, so wird dem Rechtsgut eine weitere rechtsguterhaltende Kausalität zur Seite gestellt, eine *Garantenkausalität*. Bricht der Garant diese Kausalität dergestalt ab, daß er seiner Verpflichtung nicht nachkommt[85], so liegt damit wiederum ein Verstoß gegen ein Verbot und bei Eintritt des Erfolges ein strafbares Verhalten vor[86]. Wenn man nun diese Eigenschaft als Tatbestandsmerkmal bezeichnet[87], so darf das nicht den Blick dafür trüben, daß es sich lediglich um eine Klarstellung handelt. Denn sowenig man andere rechtsguterhaltende Kausalitäten zu Tatbestandsmerkmalen erklärt, sowenig sollte das hier der Fall sein. Der entscheidende Unterschied zu den echten Unterlassungsdelikten besteht also darin, daß bei diesen keine vorherige Zuweisung des Unterlassenden zu einer rechtsguterhaltenden Kausalität vorliegt bzw. vorliegen muß[88]. Und aus diesem Grunde nennt man jene nur unechte Unterlassungsdelikte (s. Darst. 4).

---

84 Wolff, Kausalität von Tun und Unterlassen, S. 38.

85 Damit ist auch der Einwand von Armin Kaufmann, Dogmatik, S. 268, gegen die ähnliche These von Binding, in Fällen fehlender garantenstellungsbegründender Vorhandlungen versage die These, eine 'Begehung' liege im Nichtfunktionieren als Garant, entkräftet: Garant wird man auch unwillentlich, es kommt nur auf die im Garanten angelegte Verpflichtung an.

86 Kahlo, GA 1987, S. 71; wohl auch Wolff, Kausalität von Tun und Unterlassen, S. 37; da eine Mutter von Rechts wegen dazu bestimmt sei, für ihr Kind Sorge zu tragen, gehöre zum „normalen“ Leben des Kindes das Abhängigsein und die Hilfe der Mutter. Rufe nun die Mutter den Arzt im Falle einer Todkrankheit des Kindes nicht, so nehme sie dem Kind seine bestimmungsgemäße Möglichkeit weiterzuleben. Dies sei eine Form des Bewirkens in Form eines Begehungsdeliktes, denn der Täter wende es dem anderen zum Schlechten, nicht versäume er es nur, es zum Guten zu wenden. Obschon Wolff hier nicht dieselbe Terminologie verwendet, skizziert er die Begründung aus der Theorie der rechtsguterhaltenden Kausalität heraus.

87 Gössel, ZStW 1984, S. 332.

88 Dies ist m.E. der von Engisch, JZ 1962, S. 192, in Aussicht gestellte Nachweis der dogmatischen Gleichartigkeit von echten Begehungs- und unechten Unterlassungsdelikten und der von Samson, Welzel-FS, S. 590, geforderte Grund für die nicht jedermann treffende Pflicht zur Bewahrung eines Rechtsguts vor Verletzung.

3. Ergebnis

Die These, daß Begehungsdelikte Verletzungen des Verbots des Abbruchs rettungserhaltender Kausalitäten und Unterlassungsdelikte Verletzungen des Gebots der Einleitung rechtsgutrettender Kausalitäten sind, besteht unabhängig von der Tatsache, daß in den einzelnen Tatbeständen die Verursachung bestimmter Erfolge zur Begründung der Strafbarkeit vorausgesetzt wird. Der 'Erfolg' der Gebots- oder Verbotsverletzung ist nicht zu verwechseln mit dem tatbestandsmäßigen Erfolg, der letztlich zur Strafbarkeit führt. Aus diesem Grund können Erfolgsdelikte nur im Rahmen der Begehungsdelikte existieren. Das unechte Unterlassungsdelikt ist dabei eine Erscheinungsform der Begehungsdelikte und daher grundsätzlich anders strukturiert als das echte Unterlassungsdelikt.

III. Zusammenfassung

Die erste Grundlage der Strafbarkeit besteht in dem Verstoß gegen eine Strafnorm. Ge- und Verbote als einzige Möglichkeiten der Einschränkung der allgemeinen Handlungsfreiheit bestimmen sich nach dem in der Strafnorm liegenden Imperativ und sind deckungsgleich mit der Bezeichnung (echtes) Unterlassungs- bzw. Begehungsdelikt. Sie definieren sich entweder als Verstoß gegen das Verbot, rechtsguterhaltende Kausalitäten abzubrechen, oder das Gebot, rechtsgutrettende Kausalitäten einzuleiten. Lediglich im Rahmen der Begehungsdelikte kann eine weitere Einschränkung der Strafbarkeit dahingehend vorliegen, daß neben dem Verbotsverstoß noch ein dadurch verursachter Erfolg hinzutritt (Erfolgsdelikte). Dieser kann auch durch die Nichtverhinderung des Eintritts des Erfolges herbeigeführt werden, wenn und soweit der Täter selbst verpflichtet ist, diesen zu verhindern (unechte Unterlassungsdelikte). Diese Verpflichtung resultiert aus der rechtlichen Zuweisung zum Bestand des Rechtsgutes als rechtsguterhaltende Kausalität (Garantenkausalität; s. Darst. 5).

B. Verhalten

Die Strafnormen beschreiben also nach dem Vorgesagten allesamt 'Taten' eines Menschen und knüpfen dabei ganz allgemein an ein irgendwie geartetes Verhalten an. Es ist jedoch theoretisch keineswegs undenkbar, entgegen der gesetzlichen Lage Straftatbestände an rein geistige Vorgänge oder beispielsw. das

Verhalten von Tieren zu binden[89]. Daß dem nicht so ist, ist allein in den der Gesellschaft zugrunde liegenden Wertungen begründet, die ausweislich des Grundgesetzes die geistige Freiheit und den Schutz der Menschenwürde umfassen (und somit die Errichtung vorgenannter Straftatbestände verbieten) und lediglich die allgemeine Handlungsfreiheit durch die Errichtung von Ge- und Verboten beschränken lassen. Diese sind die ausschließlichen Gründe dafür, daß im deutschen Strafrecht allein Taten beschrieben sind, die ein *In-Kontakt-Treten eines Menschen mit der Umwelt* zum Gegenstand haben, das menschliche Verhalten. Da sich weiter die Normen imperativ äußern und damit den Menschen auffordern, sich in bestimmter Weise zu verhalten, ist mit G ö s s e l[90] zwar grundlegend festzustellen, daß sich die Norm an den Rechtsunterworfenen wendet und nur „Rechtsgüterbeeinträchtigungen durch steuerbares und also auch dem Normanruf erreichbares menschliches Verhalten verhindern (will); kurz: normwidrig sind nur solche Rechtsgutsbeein-trächtigungen, die durch menschliches Verhalten vermeidbar waren"[91]. Doch bedarf es schon an dieser Stelle einer Klarstellung bzw. These, die für die weitere Diskussion von Bedeutung ist: Das Verhalten selbst umfaßt sowohl vom menschlichen Willen steuerbares als auch nicht steuerbares In-Kontakt-Treten mit der Außenwelt, also schlichtweg die gesamte Existenz des Menschen, beginnend mit seiner Geburt und erst endend mit seinem Tod. Daß im Ergebnis durch die Normen nur steuerbares Verhalten sanktioniert wird, ist Folge der weiteren Ausgestaltung der Norm, ändert aber m.E. nichts an dieser schlichten Definition des Verhaltens.

I. Verhaltensformen

Zunächst ist aus Gründen der terminologischen Klarheit die Darzustellung erforderlich, daß das In-Kontakt-Treten mit der Außenwelt lediglich auf zwei gegensätzliche Arten stattfinden kann, nämlich durch das tatsächliche Eingreifen oder das Nichteingreifen in die Außenwelt, durch körperliche Aktivität und Passivität[92].

---

89 Es sei nur auf die Verfolgung von Hexerei oder die Bestrafung von wild gewordenen Haustieren im Mittelalter hingewiesen.

90 ZStW 1984, S. 322.

91 Ebenso Maurach/ Gössel, Strafrecht AT, § 45 B. 1. a).

92 Lackner, StGB, Rdnr. 2 zu § 13; Stratenwerth, Strafrecht AT, § 6 Rdnr. 145.

1. Tun

Unproblematisch liegt zum einen ein Verhalten vor, sobald aktiv in die Außenwelt eingegriffen, mithin etwas getan wird. Zur Verwirrung trägt aber schon bei, daß ein solcher Eingriff bisweilen als *aktives* Tun bezeichnet wird. Von passivem Tun spricht hingegen niemand, obwohl dies zu begründen unproblematisch wäre. Nur fiele dann der Begriff des Tuns wiederum mit dem Begriff der Handlung respektive des Verhaltens zusammen und bezeichnete in passiver Form ein Nichteingreifen. Da ersichtlich all diese Begriffe rein sprachlich austauschbar sind, ist es dringend notwendig, im Sinne einer überschaubaren und in sich logischen Systematisierung je einen Begriff für eben auch nur je einen bestimmten Inhalt zu verwenden[93]. Das aber heißt hier, daß der *Begriff des Tuns* ein *aktives Eingreifen in die Außenwelt* bezeichnet[94].

2. Nichttun

Zum anderen tritt ein Mensch schon qua seiner körperlichen Existenz mit der Außenwelt in Kontakt und damit auch dadurch, daß er nicht aktiv eingreift, sondern sich im Gegenteil passiv verhält[95], den Dingen seinen Lauf läßt[96]. Wenn dieses Verhalten als Unterlassen eines aktiven Tuns definiert wird, so ist das zwar korrekt. Nur gilt eben wieder dasselbe wie oben: Der Begriff des Unterlassens ist in der strafrechtlichen Dogmatik bereits mit der in § 13 StGB niedergelegten Definition belegt. Es sollte daher tunlichst auf eine parallele Definition im Rahmen des Verhaltensbegriffs verzichtet werden. Besser spricht man bei einer *Passivität gegenüber der Außenwelt* von einem *Nichttun*.

II. Handlung

Wenn nun menschliches Verhalten eine Grundvoraussetzung aller Strafbarkeit ist, ist im Rahmen dieser Abhandlung jedoch auch klärungsbedürftig, wie sich der Begriff der 'Handlung' zu dem des Verhaltens verhält.

---

93 So sprechen viele Stimmen auch von Begehen, wobei dieser Begriff, nach der hier vertetenen Ansicht, bereits für die Verbotsverletzung allgemein belegt ist; für viele Maurach/ Gössel, Strafrecht AT, § 45 B. 1. c).

94 Roxin, Engisch-FS, S. 380.

95 Baumann-*Weber*, Strafrecht AT, § 13 Rdnr. 23, 40.

96 Roxin, Engisch-FS, S. 380.

1. Handlung im strafrechtlichen Sinne

Nun wird allgemein die Straftat als eine tatbestandsmäßige, rechtswidrige und schuldhafte Handlung verstanden[97]. „Der Tatbestand (sei) ein Denkschema, nämlich die Beschreibung menschlicher Handlungen in abstrakten Begriffen. Die konkrete Handlung ist tatbestandsmäßig, wenn sie dieser abstrakten Beschreibung entspricht. Mit dieser Entsprechung wird die Handlung zur Tat, der Handelnde zum Täter“[98]. Dieser Aussage ist zuzustimmen und gleichzeitig festzustellen, daß insoweit anstelle des Begriffs der Handlung auch der des Verhaltens genannt sein könnte, ohne daß sich der Inhalt änderte. Dennoch hat der Begriff der Handlung jedenfalls eine eigenständige Aussage: Nur das Verhalten, das den Tatbestand eines Strafgesetzes erfüllt, ist Handlung im strafrechtlichen Sinne. Daraus folgt im Gegenschluß, daß eine solche Handlung jedenfalls immer menschliches Verhalten ist[99]. Allerdings, und das ist entscheidend, steht die Handlung im strafrechtlichen Sinne insoweit erst nach der Prüfung des Sachverhalts quasi als Ergebnis einer Subsumtion fest, sie ist nicht selbst Tatbestandsvoraussetzung. Eine solche ist nur das menschliche Verhalten.

2. Sinngehalt des Handlungsbegriffs

Betrachtet man diesen Sinngehalt des strafrechtlichen Handlungsbegriffs, so wird klar, daß er so kaum eine systematische Stütze geben kann. Denn erst dann, wenn ein Verhalten an einer tatbestandlichen Beschreibung gemessen und eine Deckungsgleichheit festgestellt worden ist, kann von einer Handlung im oben definierten Sinne gesprochen werden. Ein Abgrenzungskriterium liegt insoweit nicht vor. Diese Tatsache führt zunächst zu der Feststellung, daß es dem Handlungsbegriff insoweit an einem eigenen praktisch relevanten Sinngehalt fehlt, er lediglich eine spezielle Bezeichnung darstellt. Um dieser Folge zu entgehen ist daher schon immer versucht worden, den Begriff weiter zu modifizieren und ihm dadurch systematischen Wert zukommen zu lassen.

a) Definitionen

In der strafrechtlichen Dogmatik haben sich dazu im Laufe der Zeit verschiedene Definitionen herausgebildet, die in Anbetracht der hier vertretenen Auffassung lediglich kurz dargestellt werden:

So soll nach dem *naturalistisch-ontologischen* Handlungsbegriff eine Handlung nur menschliches Verhalten im Sinne einer körperlichen Kraftentfaltung

---

97 Für viele Tröndle, StGB, Rdnr. 2 vor § 13; LK-*Jescheck*, StGB, Rdnr. 3 vor § 13.

98 Tröndle, StGB, Rdnr. 2 vor § 13.

99 Tröndle, StGB, Rdnr. 2 vor § 13.

umfassen[100]. Der *kausale* Handlungsbegriff geht weiter und umfaßt jedes willensgetragene menschliche Verhalten, das eine bestimmte Folge in der Außenwelt herbeiführt[101]. Dem folgt grundsätzlich der *finale* Handlungsbegriff mit der zusätzlichen Einschränkung, daß das Verhalten zielgerichtet sein müsse[102]. Unter den *sozialen* Handlungsbegriff schließlich soll nur sozialerhebliches menschliches Verhalten fallen[103]. Und endlich geht der *normative* Handlungsbegriff davon aus, daß sich der Handlungsbegriff erst am Tatbestand orientieren könne[104].

Ohne also die einzelnen Theorien für sich eingehend zu untersuchen, müssen sich doch alle schon den gleichen Vorwurf gefallen lassen: Sie stellen lediglich eine theoretische Verschiebung von Tatbestandsvoraussetzungen einer Strafnorm in den Handlungsbegriff dar. Denn wenn der naturalistisch-ontologische Handlungsbegriff nur eine körperliche Kraftentfaltung erfassen will, dann stellt das Ausbleiben einer solchen zwar keine so definierte Handlung dar, strafbar kann es zweifellos, zumindest[105] im Rahmen der echten Unterlassungsdelikte, trotzdem sein. Evidenter wird die Verschiebung dann im Rahmen des kausalen, finalen und schließlich sozialen Handlungsbegriffs: Denn die Merkmale der Willensgetragenheit[106], der Zielgerichtetheit und der Sozialerheblichkeit des Verhaltens sind ja doch Teil des subjektiven Tatbestandes. Der normative Handlungsbegriff schließlich deckt sich nahezu vollständig mit der Aussage, daß die Handlung im strafrechtlichen Sinne eine reine Bezeichnung ohne eigenen, für die dogmatische Herleitung einer Strafbarkeit nützlichen, systematischen Wert darstellt. Denn wer sagt, daß sich die Handlung nach den Anforderungen der jeweiligen Norm bestimmt, der begründet die Definition wieder aus dem Ergebnis heraus. Nicht die Handlung bestimmt sich nach der Norm, sondern die Strafbarkeit.

b) Nichtvornahme als Handlung

Eine beträchtliche Auswirkung der Definitionsflut hinsichtlich der Handlung hat weiter die Frage, ob die Nichtvornahme einer Handlung, also ein *Nichttun*, ebenso eine Handlung im strafrechtlichen Sinne darstellt. Denn wenn man sich

---

[100] Wessels, Strafrecht AT, § 3 II. 1..

[101] Wessels, Strafrecht AT, § 3 II. 1. a); a.A. BVerfG, NVwZ 1995, S. 94 ff. = NJW 1995, S. 248 f.; NJW 1994, S. 2414 ff..

[102] Wessels, Strafrecht AT, § 3 II. 1. b); a.A. BVerfG, NVwZ 1995, S. 94 ff.; NJW 1994, S. 2414 ff..

[103] Wessels, Strafrecht AT, § 3 II. 1. c).

[104] Tröndle, StGB, Rdnr. 4 vor § 13.

[105] Weil dort gerade für die Vertreter, die das Nichttun grundsätzlich mit dem Unterlassen gleichsetzen, die Strafbarkeit des Nichttuns kodifiziert ist.

[106] Ausdrücklich abgelehnt in BVerfG, NVwZ 1995, S. 94; NJW 1994, S. 2414.

in der, wie dargestellt, insoweit verwirrenden Terminologie der Handlung als Bezeichnung für das aktive körperliche Tun und der Unterlassung als die körperliche Inaktivität bewegt, dann stellt sich wahrlich die Frage, wie beides unter dem gemeinsamen Oberbegriff der 'Handlung' zusammengefaßt werden kann.

aa) Negierung der Vereinbarkeit

So wurde und wird dies verneint mit der Begründung, „so wahr ein Begriff und sein kontradiktorisches Gegenteil, so wahr Position und Negation, a und non-a nicht einem gemeinschaftlichen Oberbegriff unterstellt zu werden vermögen: so wahr (müßten) auch Handlung und Unterlassung unverbunden nebeneinander stehen“[107]. Aber diese Begründung führt letztlich zu nichts. Denn ohne einen gemeinsamen Oberbegriff gäbe es dann eben zwei strafrechtliche Anknüpfungspunkte ohne Oberbegriff, Tun und Nichttun. Doch lautet die Frage doch nur, ob beides, das Tun (Handlung) und das Nichttun (Unterlassung), Verhaltensformen (Handlungen im strafrechtlichen Sinne) darstellen. Wenn nun darüber hinaus auch verneint wird, daß das Nichttun unter einen Oberbegriff wie den des Verhaltens gestellt werden könne, dann mag das im Rahmen der Diskussion um den Umfang eines eigenständigen Handlungsbegriffs von Bedeutung sein, da dann ein Nichttun schlichtweg strafrechtlich irrelevant wäre und eine Strafbarkeit beispielsw. im Rahmen der echten Unterlassungsdelikte aus dem Begriff des Tuns allein begründet werden müßte. Dies zu diskutieren und abzuhandeln ist indes hier müßig, da das Nichttun, wie auch immer die Begründung dafür aussehen mag, strafrechtlich relevant ist.

bb) Dahinstehen der Frage

Eine Lösung dieses Problems soll und muß daher hier gar nicht versucht werden. Denn im Ergebnis zweifelt niemand an der Existenz einer Strafbarkeit auch des Nichttuns, mag die Herleitung noch so variieren. Und gerade deswegen ist es nicht sinnvoll, sich dieser Frage eingehend in diesem Rahmen zu widmen, sie kann gewissermaßen dahingestellt bleiben[108]. Wenn sicher ist, daß es strafrechtlich relevantes Tun wie Nichttun gibt, wenn sich weiter, wie hier vertreten, beides in der Eigenschaft als bloße Ausdrucksform menschlichen Daseins erschöpft und per se keinen Einfluß auf den Charakter der Tat als Begehungs- oder Unterlassungsdelikt hat, dann führt es zu nichts, die Frage weiter zu komplizieren. Grundlage der Strafbarkeit ist das Verhalten in den Erscheinungsfor-

---

107 Radbruch, Handlungsbegriff, S. 141/ 142; so auch Stoffers, JA 1992, S. 178; Haft, Strafrecht AT, 7. Teil § 1.

108 So für viele auch Lackner, StGB, Rdnr. 2 zu § 13.

men des Tuns und des Nichttuns, nicht mehr, aber auch nicht weniger. Es spricht somit nichts dagegen, beides auch als Handlung[109] zu verstehen.

c) Ablehnung eines eigenständigen Sinngehalts

Betrachtet man dagegen die unterschiedlichen Begründungen für die Notwendigkeit eines eigenständigen Handlungsbegriffs, so fallen im wesentlichen zwei Hauptargumente auf. Sie sind dadurch gekennzeichnet, daß ein angebliches Interesse daran besteht, diejenigen Verhaltensweisen aus dem Begriff herauszunehmen, die keinesfalls zu einer Strafbarkeit führen sollen. Es ist jedoch angesichts der zwingenden Tatbestandsmäßigkeit einer jeden strafbaren Tat fraglich, ob es dieser Hilfestellung überhaupt bedarf.

aa) Negative Funktion des Handlungsbegriffs

Vielfach wird angeführt[110], allein aus dem Handlungsbegriff ergebe sich, welche Geschehnisse keine Handlungen seien, obwohl sie menschliches Verhalten darstellen, namentlich z.B. rein physiologische Vorgänge ohne die Möglichkeit der willentlichen Beherrschbarkeit, die Fälle der vis absoluta, Körperreflexe oder Fälle fehlender Handlungsfähigkeit. Aber auch hier gilt ja: Grundlage dieser Schlußfolgerungen ist immer der Tatbestand. Wenn dieser nun das Töten eines Menschen beinhaltet, dann auch (Bestimmtheitsgebot!) beispielsw. das mittels einer Reflexbewegung. Erst durch § 15 StGB[111] wird dies eingeschränkt und damit auf der Ebene des subjektiven Tatbestandes. Und genau hier sollen alle oben genannten Fälle ausgeschlossen sein und werden es auch. Wenn nun im Rahmen der Prüfung des Vorliegens einer Handlung bereits solche Fälle ausgeschieden werden, so kann dies lediglich die (teilweise vorgezogene) Prüfung des subjektiven Tatbestandes darstellen. Soll dagegen ausschließlich der objektive Tatbestand betroffen sein, so ist ein solches Vorgehen zwar im Ergebnis unschädlich, an sich jedoch contra legem. Da damit eine Handlung nach den Definitionen nur vorliegt, wenn sie vom subjektiven Tatbestand umfaßt ist, fehlt dem Handlungsbegriff insoweit trotzdem jeglicher Sinngehalt.

bb) Systematische Funktion des Handlungsbegriffs

Wenn nun weiter für die Notwendigkeit eines eigenständigen, positiven Handlungsbegriffs angeführt wird, er sei systematisch notwendig, um den Begriff der Tat im Vorfeld der gesetzlichen Tatbestände zur Klärung der Frage, ob ein be-

---

109 Baumann-*Weber*, Strafrecht AT, § 13 Rdnr. 23, 40; Lackner, StGB, Rdnr. 2 zu § 13.

110 LK-*Jescheck*, Rdnr. 31 ff. vor § 13; Lackner, StGB, Rdnr. 7 vor § 13.

111 „§ 15. Vorsätzliches und fahrlässiges Handeln. Strafbar ist nur vorsätzliches Handeln, wenn nicht das Gesetz fahrlässiges Handeln ausdrücklich mit Strafe bedroht.“

stimmter Sachverhalt der deutschen Strafgewalt unterliegt, auszufüllen[112], so ist dies gewissermaßen ein Scheinargument. Denn die Tat ist das im Tatbestand abstrakt beschriebene Verhalten, es bedarf also in jedem Fall der Überprüfung des Sachverhalts. Das Gesetz geht insoweit immer vom tatsächlichen Vorliegen einer Straftat aus. Daß die Verfolgung der Tat in der Praxis natürlich aufgrund dementsprechender Anhaltspunkte in Frage steht, wird nicht durch einen bestimmten Handlungsbegriff erklärt. Denn auch dessen Voraussetzungen sind in diesem Stadium nur durch Anhaltspunkte ermittelbar. Im übrigen dürfen ausschließlich praktische Erwägungen nicht den dogmatischen vorgehen.

Wenn weiter ein theoretisches Interesse am Vorliegen eines positiven Handlungsbegriffs in der Funktion gesehen wird, zu ermitteln, welche Merkmale ein Sachverhalt positiv aufweisen muß, um überhaupt einer strafrechtlichen Beurteilung unterliegen zu können[113], so gilt dasselbe: Diese Merkmale bezeichnet der Straftatbestand sowieso, eines gesonderten Handlungsbegriffes bedarf es dazu nicht.

Schließlich wird als Argument angeführt, der Handlungsbegriff diene praktisch dazu, a limine solche Sachverhalte auszuschalten, die nach dem Sinn des Strafrechts für eine strafrechtliche Beurteilung von vornherein nicht in Betracht kommen[114]. Aber auch hier zeigt sich: Wenn eine Handlung im strafrechtlichen Sinne nur dann vorliegt, wenn ein menschliches Verhalten den Tatbestand eines Strafgesetzes erfüllt, und wenn letzteres weiter offensichtlich nicht der Fall ist, dann liegt ebenso offensichtlich kein strafrechtlich relevanter Sachverhalt vor. Wozu es dann eines gesonderten Handlungsbegriffes bedürfen soll, ist nicht ersichtlich.

cc) Fazit

Alles in allem haben die verschiedenen Definitionen und Begründungen der zahlreichen Handlungsbegrifflichkeiten zwar unbestreitbar unter der Voraussetzung der Notwendigkeit eines eigenständigen Handlungsbegriffs dazu beigetragen, das *tatsächlich letzten Endes strafbare* Verhalten einzugrenzen, es stellt sich aber heraus, daß aus dogmatischer Sicht eine Diskussion vorliegt, deren es an dieser Stelle nicht bedarf. Um mit L a c k n e r[115] zu sprechen: „Daher gehen die methodischen Ableitungen und die verwendeten Begriffe weit auseinander, während die Ergebnisse sich der Sache nach nur geringfügig unterscheiden und zugleich deutlich machen, daß die Leistungsfähigkeit eines dem Tatbestand vorgelagerten Handlungsbegriffs nur geringfügig ist".

---

112 LK-*Jescheck*, Rdnr. 22 vor § 13.
113 LK-*Jescheck*, Rdnr. 22 vor § 13.
114 LK-*Jescheck*, Rdnr. 22 vor § 13.
115 StGB, Rdnr. 7 vor § 13.

3. Ergebnis

Im Ergebnis bedarf es daher einer gesonderten Definition der Handlung neben dem Begriff des Verhaltens aus dogmatischen Gründen nicht. Grundlage der Strafbarkeit ist immer ein menschliches Verhalten bzw., anders ausgedrückt, eine menschliche Handlung. Die Handlung im strafrechtlichen Sinne stellt lediglich eine Bezeichnung für dasjenige Verhalten dar, das dem - im Gesetz beschriebenen - objektiven wie subjektiven Tatbestand entspricht.

III. Unterlassen im engeren Sinn

Fraglich bleibt somit nur, ob und, wenn ja, wie ein Unterlassen im engeren Sinn besteht. Bisher wurden bereits zwei Formen des Unterlassens in der strafrechtlichen Terminologie behandelt, das Unterlassen eines 'aktiven' Tuns sowie das Unterlassen einer Gebotserfüllung. Während ersteres tunlichst, wie dargestellt, als bloßes Nichttun bezeichnet werden sollte, mag man beim zweiten ruhig von Unterlassen sprechen, schon deswegen, weil diese Terminologie zum Teil in den Straftatbeständen der echten Unterlassungsdelikte verwendet wird. Da es sich aber um die eine von zwei Formen der absoluten Grobeinteilung der Delikte handelt, soll es im weiteren als *Unterlassen im weiteren Sinne* bezeichnet werden.

Nun bleibt noch dasjenige Unterlassen übrig, das zur Strafbarkeit aus einem Begehungsdelikt führt. Es wurde bereits dargelegt, daß es sich dabei im Lichte der rechtsguterhaltenden Kausalitäten nicht um dieselbe Form wie die des Unterlassens im weiteren Sinne handelt, da es nicht um die Nichtherbeiführung eines rettenden, sondern um das Abbrechen eines rechtsguterhaltenden Kausalverlaufs geht. Da aber auch hier in § 13 StGB vom Unterlassen die Rede ist, soll diese Terminologie beibehalten werden, allerdings, weil es dabei um eine Unterform der Begehungsdelikte geht, als *Unterlassen im engeren Sinne.*

IV. Zusammenfassung

Grundlegender Anknüpfungspunkt der Strafnormen ist das menschliche Verhalten als schlichtes In-Kontakt-Treten mit der Außenwelt durch aktives Eingreifen als Tun oder Nichteingreifen als Nichttun. Dieses Verhalten mag auch als Handlung bezeichnet werden, da alle Versuche, dem Handlungsbegriff eine eigenständige systematische Funktion zu verleihen, eine dogmatisch grundlose Verschiebung von vornehmlich subjektiven Tatbestandsvoraussetzungen in das Verhalten als objektive Tatbestandsvoraussetzung darstellen. Die Handlung im strafrechtlichen Sinne ist vielmehr das insgesamt strafbare und damit mit der Norm deckungsgleiche Verhalten, mithin die 'Tat', hat aber darüber hinaus keinen eigenständigen Sinngehalt.

Nicht zu verwechseln mit dem Verhalten bzw. der Handlung ist das Unterlassen, da es sowohl in seiner Bedeutung als Gebotsverstoß als Unterlassen im weiteren Sinn als auch in seiner Bedeutung als Verbotsverstoß als Unterlassen im engeren Sinn lediglich die Art des Normverstoßes, nicht das Verhalten an sich bezeichnet (s. Darst. 6).

C. Kausalität des Unterlassens

Steht nun fest, daß es im Bereich der strafrechtlichen Dogmatik drei unterschiedliche Formen des Unterlassens gibt, so muß an dieser Stelle geklärt werden, ob und wann die immer wieder problematisierte Frage der (tatbestandlichen) Kausalität des Unterlassens sich stellt und wie sie zu lösen ist.

I. Echte Unterlassungsdelikte

Betrachtet man das Unterlassen im weiteren Sinn und damit die echten Unterlassungsdelikte, so ist nach den obenstehenden Ausführungen offensichtlich, daß eine irgendwie geartete *tatbestandliche* Kausalität nicht vorausgesetzt wird. Denn das schlichte Nichtherbeiführen eines rettenden Kausalverlaufs als einziges Charakteristikum der echten Unterlassungsdelikte ist, wie dargelegt, schon selbst quasi der 'Erfolg' der Handlung, sei sie Tun oder Nichttun, es bedarf keiner weiteren Kausalverknüpfung.

II. Begehungsdelikte

Begehungsdelikte sind dagegen entsprechend der jeweiligen gesetzgeberischen Entscheidung, ab welchem Grad der Verbotsverletzung eine Strafbarkeit einsetzen soll, differenzierend zu betrachten.

1. Tätigkeitsdelikte

Ebenso wie bei echten Unterlassungsdelikten verhält sich dabei die Beurteilung bei Begehungsdelikten in Form der Tätigkeitsdelikte. Die Vornahme der im Tatbestand beschriebenen Handlung allein reicht bereits zur Strafbarkeit aus, es bedarf auch hier keiner weiteren tatbestandlichen Kausalverknüpfung.

2. Erfolgsdelikte

Zu einer genaueren Unterscheidung ist man allerdings im Rahmen der Begehungsdelikte in Form der Erfolgsdelikte genötigt. Denn allein hier ist tatbestandlich eine Strafbarkeit nur dann gegeben, wenn zu der Handlung noch ein daraus resultierender Erfolg hinzutritt, die Handlung also kausal für den Erfolg ist.

Und eben in diesem Bereich muß Klarheit dahingehend geschaffen werden, als es gerade zwei Formen des allgemein als Unterlassen Beschriebenen gibt: Das Nichttun als Handlungsform sowie das Unterlassen der Erfolgsabwendung als Verbotsverletzung.

a) Nichttun

Das Nichttun als Passivität eines Menschen kann für sich allein gesehen in rein mechanischer Hinsicht nicht kausal sein[116]. Wer nichts tut, bewirkt nichts. Aber darauf darf es nicht ankommen[117] und tut es auch nicht: Es wurde bereits dargelegt, daß die einzelnen Handlungsformen an sich lediglich den Ausschlag dafür geben, daß eine Person in Kontakt mit der Außenwelt tritt und damit erst die abstrakte Möglichkeit einer Erfüllung eines Straftatbestandes gegeben ist. Es ist m.E. eine der Unsicherheiten der strafrechtlichen Diskussion, daß dem Tun oder Nichttun eine zu große Relevanz zugedacht wird, die man namentlich u.a. daraus herleiten will, daß eben von Begehen und Unterlassen die Rede ist. Herausgestellt werden muß aber, daß es sich dabei nicht um Synonyme für die Handlungsformen handelt, sondern um die Beschreibung der Stoßrichtung des Verhaltens, das dann zur Strafbarkeit führt[118]. Es gibt eine „Unterscheidung von natürlichem Verhalten in Gestalt von „Tun“ und „Lassen“ einerseits und rechtlicher Qualifikation durch die Rechtsbegriffe „Begehungsdelikt“ und „Unterlassungsdelikt“ andererseits“[119]. Es heißt in § 13 StGB eben nicht „wer einen Erfolg *aufgrund körperlicher Passivität* nicht abwendet“, sondern es ist vom schlichten Unterlassen der Erfolgsabwendung die Rede. Daraus schließen jedoch die meisten[120], daß zwar das ‘Unterlassen’ nicht mit dem ‘Nichttun’ iden-

---

116 Binding, Normen, S. 411; Arthur Kaufmann, Schmidt-FS, S. 214; Wolff, Kausalität von Tun und Unterlassen, S. 34; Gössel, ZStW 1984, S 331.

117 Volk, Tröndle-FS, S. 221/ 222.

118 Meyer-Bahlburg, Diss. 1962, S. 14 ff..

119 Engisch, Gallas-FS, S. 167; dies erkannte auch schon Merkel, Kriminalistische Abhandlungen I, S. 93, wenn er feststellt, daß die Unterscheidung zwischen Omissiv- und Kommissivdelikten, wie sie in der Regel verstanden wird, als eine Unterscheidung rechtswidrigen Tuns und rechtswidrigen Unterlassens, eine rechtlich bedeutsame nicht sei.

120 Für viele Kienapfel, Strafrecht AT, S. 100.

tisch sei, dies jedoch nur, weil der Unterlassungsbegriff enger als der des Nichttuns verstanden werden müsse. Denn im Strafrecht unterlasse nur derjenige etwas, der etwas Bestimmtes, das er hätte tun müssen, nicht tut. Im Gegenzug müßte man dann aber sagen, daß das Tun nicht dem Begehen gleichzustellen wäre, da nur derjenige etwas begehe, der etwas Bestimmtes, das er nicht hätte tun dürfen, tut. Diese Begründung führte zwar zu der von der h.M. vertretenen Ansicht, daß dem Verbotsverstoß ausschließlich ein Tun, dem Gebotsverstoß ausschließlich ein Nichttun zugrunde liegen soll. Diese Ansicht macht es sich aber insoweit zu leicht, als sie § 13 StGB kurzerhand zu einem Gebotstatbestand erklärt, ohne dem genügend Rechnung zu tragen, daß dort ausschließlich die Verursachung eines Erfolges durch Unterlassen und damit doch ein typisches Merkmal einer Verbotsverletzung vorausgesetzt wird. Daß nämlich das einer Unterlassung zugrunde liegende Verhalten in den meisten Fällen gerade in einem Nichttun liegt, kann nicht darüber hinwegtäuschen, daß dies aus noch darzulegenden Gründen eben keinesfalls deckungsgleich ist[121]. Denn wer z.B. die Handbremse seines Wagens löst, daraufhin einen Berg hinunterrollt und angesichts seines auf der Straße liegenden Erzfeindes nicht bremst, sondern diesen überrollt, dem wird, bei Lichte betrachtet, doch ein Nichttun, das Nicht-Bremsen, vorgeworfen. Alle Versuche, dieses Nichttun beispielsw. dergestalt in ein Tun zu verwandeln, es läge in dem Steuern des Fahrzeugs[122], wirken nicht umsonst ein wenig gekünstelt. Vielmehr kann dahinstehen, um welche Art des Verhaltens es sich genau handelt, sofern überhaupt ein solches vorliegt[123]. Es erübrigt sich damit die Diskussion um „ambivalente", „zweiseitige" oder „doppelrelevante" Verhaltensweisen[124]. Der Kern der Frage kann angesichts der Deliktstypen nur lauten, ob durch ein Verhalten ein rechtsguterhaltender Kausalverlauf abgebrochen wurde und ob dieser Abbruch kausal für den Erfolg ist.

Und erst auf dieser Ebene ist zu unterscheiden, ob es sich um ein echtes Begehungs-, ein unechtes oder um ein echtes Unterlassungsdelikt handelt. Denn nur im Rahmen der echten Begehungsdelikte bedarf es einer Kausalität im Sinne der condicio-sine-qua-non-Formel[125]. Indem man im Rahmen der Ursächlichkeit nicht auf die Verhaltens*form*, sondern auf das Verhalten an sich abstellt, kann man nunmehr die condicio-sine-qua-non-Formel dementsprechend anwenden: Würde der Erfolg entfallen, wenn man sich das Verhalten wegdenkt?

---

121 Davon geht aber z.B. Preisendanz, StGB, II. 1. c), aus.

122 Wie es z.B. Engisch, Gallas-FS, S. 176/ 177, 190/ 191, mit Hilfe des von ihm favorisierten Energiekriteriums tut; vgl. auch BGH, JZ 1983, S. 463: Schweigendes Anwesendsein eines Anwalts bei Erpressung durch seinen Mandanten ist Beihilfe zur Erpressung durch *tätige* Förderung.

123 So kann man wohl Volk, Tröndle-FS, S. 222/ 223, verstehen.

124 Wie sie für viele Sieber, JZ 1983, S. 431, erwähnt.

125 Wessels, Strafrecht AT, § 16 II. 3..

Oder besser, da sich der Mensch immer „verhält“: Würde der Erfolg entfallen, wenn man sich den Täter wegdenkt? Im o.g. Fall zeigt sich die Lösung: Fällt der Täter weg, kommt es nicht zum Überrollen, mithin ist der Täter durch sein Verhalten für den Erfolg kausal im Sinne der Äquivalenztheorie.

Festzuhalten bleibt also, daß entscheidendes Merkmal für das Vorliegen eines Verbotsverstoßes eine kausale Verknüpfung zwischen Verhalten und Erfolg ist[126]; liegt sie äquivalent kausal vor, handelt es sich um ein echtes Begehungsdelikt. Liegt sie nicht vor, so kommt erst dann ein unechtes oder echtes Unterlassungsdelikt in Betracht.

b) Unterlassen der Erfolgsabwendung

Der danebenstehende Garant des Opfers dagegen, der im Fall angesichts der Situation das Opfer nicht warnt, sondern sich entfernt, entfaltet offensichtlich körperliche Aktivität. Er hat aber die Garantenkausalität dergestalt abgebrochen, daß er der darin enthaltenen Pflicht, den Erfolg abzuwenden, nicht nachkam. Im Sinne der condicio-sine-qua-non-Formel besteht jedoch keine Kausalität, da, denkt man sich den Täter weg, keine Veränderung der Situation vorliegt[127]. Demzufolge steht immer dann ein unechtes Unterlassungsdelikt in Frage, wenn eine äquivalente Kausalität nicht vorliegt.

Nun bedarf es aber gerade eines Erfolgszusammenhanges zwischen dem Verhalten des Garanten und dem eingetretenen Erfolg. Und dies kann nun anhand der Gleichstellung mit allen anderen Kausalitäten leicht hergeleitet werden: Ebenso, wie man davon ausgeht, daß ein Mensch, ohne von einem Fahrzeug überrollt zu werden, unversehrt weiterexistiert, tut er dies, wenn der Garant nicht seine ihm obliegenden Pflichten verletzt. Verletzt er sie und tritt ein tatbestandlicher Erfolg ein, der mit dem korrekten Verhalten nicht eingetreten wäre, so ist die Handlung des Garanten *rechtlich* kausal[128]. Insofern kann also die condicio-sine-qua-non-Formel mit umgekehrten Vorzeichen angewandt werden: Kann das korrekte Verhalten nicht hinzugedacht werden, ohne daß der Erfolg entfiele?

Zu demselben Ergebnis kommt auch Arthur Kaufmann[129]. Allerdings verneint er das Vorliegen einer Kausalitätsfrage, womit offensichtlich mechanische Kausalität gemeint ist, und stellt fest, es handele sich um eine Fra-

---

126 Grünwald, Diss. 1956, S. 26: Fälle, in denen es schwierig wäre zu entscheiden, ob eine Begehungs- oder eine Unterlassungstat vorliegt, gebe es daher nicht.

127 Sieber, JZ 1983, S. 434; Arzt, JA 1980, S. 556.

128 Arzt, JA 1980, S. 556; BGHSt 7, S. 214; BGH, JZ 1973, S. 173; BGH, NJW 1987, S. 2940; BGH, StV 1985, S. 229 m. krit. Anm. Schünemann; OLG Hamm, NJW 1959, S. 1551.

129 Schmidt-FS, S. 213 ff..

ge der Haftung. Es spricht jedoch m.E. nichts dagegen, die Problematik unter dem Begriff der Kausalität zu behandeln, wenn nur klargestellt ist, daß es sich dabei um eine rein rechtliche Verknüpfung handelt. Man mag diese Kausalität als hypothetische[130] bezeichnen und zur leichteren Erkennbarkeit der Kausalität den Verlauf des Geschehens bei Fortbestand der Garantenkausalität, also der Wahrnehmung der Garantenpflichten, hinzuziehen. Zwingend ist dies jedoch nicht. „Der Verursachungsbegriff der Bedingungstheorie ist nicht geeignet, die gesetzlichen Verursachungsbegriffe vollkommen zu definieren, er stellt nur ein unvollkommenes Hilfsmittel dar, um diese gesetzlichen Begriffe in den Griff zu bekommen, ein Hilfsmittel, mit dem sich oft gut arbeiten läßt, das aber bisweilen versagt“ [131]. Denn dieselbe Hilfestellung könnte man bei der Prüfung, ob ein Pistolenschuß zur Verletzung eines Menschen geführt hat, in Anspruch nehmen und danach fragen, wie es ohne den Schuß als die die rechtsguterhaltende Kausalität abbrechende Handlung gewesen wäre[132]. Nur ist dies in einem solchen Fall so offensichtlich, daß es dieser Hilfestellung nicht bedarf.

Wenn nun aber S i e b e r[133] generell eine Kausalität einer nicht eingetretenen Verbesserung durch Unterstellung der Nichtexistenz eines bestimmten Menschen verneint (s.o.), weil sich die Situation bei Hinwegdenken des bestimmten Menschen nicht verändern würde, dann ist das nur im Hinblick auf echte Unterlassungsdelikte uneingeschränkt korrekt. Aber dort bedarf es ja auch gerade keiner Kausalität für einen Erfolg. Bezüglich der unechten Unterlassungsdelikte meint S i e b e r , es bedürfe dann des zusätzlichen Kriteriums aus § 13 StGB *für die Begründung strafbaren Unrechts* und bringt damit zum Ausdruck, daß dieses Kriterium wohl gar nichts mit der Kausalität zu tun haben soll. Aber genau dem stellt sich die hier vertretene Ansicht entgegen: Da danach die Garantenstellung den rechtsguterhaltenden Kausalitäten qua Gesetz beigeordnet wird, ist bei Hinwegdenken des Garanten sehr wohl eine Veränderung zu erkennen. Denn dann ist eine rechtsguterhaltende Kausalität schlichtweg nicht existent[134], dem Rechtsgut fehlt bei dieser Betrachtung eine rechtsguterhaltende Kausalität. Folglich kann sie auch nicht abgebrochen werden. Ist beim echten Begehungsdelikt das Opfer bereits unmittelbar vor Abgabe des an sich tödli-

---

130 Wie z.B. BGHSt 37, S. 127.

131 Meyer-Bahlburg, GA 1968, S. 53.

132 So auch Sieber, JZ 1983, S. 434, der eine Verschlechterung eines „Rechtsgutpotentials“ kausalgesetzlich auf einen bestimmten Menschen zurückführt, da sie entfiele, wenn dieser Mensch nicht existieren bzw. „hinweggedacht“ werden würde.

133 JZ 1983, S. 434, im Anschluß an Armin Kaufmann, Dogmatik, S. 63.

134 Ebenso Engisch, JZ 1962, S. 190; Spendel, JZ 1973, S. 139: „Wenn kein Unterlassender da ist, gibt es (..) keine Unterlassung“; zu diesem Ergebnis kommt auch Gössel, ZStW 1984, S. 331, indem er in der Unterlassungshandlung einen Gegenstand sieht, der ädquate Folgen haben kann.

chen Schusses an einem Herzinfarkt verstorben, so tritt dort ja auch keine Verantwortlichkeit des Täters für ein vollendetes echtes Begehungsdelikt ein. Bei Wegdenken des Garanten läge also ebenso kein Abbruch der rechtsguterhaltenden Garantenkausalität vor. Daß der Erfolg trotzdem eintritt, liegt schlicht daran, daß ein anderer, insoweit unabhängiger Abbruch vorliegt. Denn auch beim Hinwegdenken des Täters im Falle eines echten Begehungsdelikts mag das Opfer durch einen anderen erschossen werden, der Erfolg träte dann auch ein, nicht aber der *konkrete*. Dieser resultiert beim unechten Unterlassungsdelikt aus dem Abbruch der Garantenkausalität, bei echten Begehungsdelikten aus dem Abbruch einer anderen rechtsguterhaltenden Kausalität.

Obwohl also im Falle eines unechten Unterlassungsdelikts gerade keine äquivalente Kausaliät des Verhaltens vorliegt, ist das Verhalten trotzdem rechtlich[135] kausal für den Erfolg. Wie man nun diese Kausalität nennt, ob 'Quasikausalität'[136], 'potentielle Kausalität'[137] oder 'hypothetische Kausalität'[138], ist, wie Schlüchter[139] und Arzt[140] richtig feststellen, im Ergebnis nicht von entscheidender Bedeutung.

III. Die 'Abgrenzung' von 'Tun' und 'Unterlassen'

Sind nun diese Grundsätze dargelegt, so bedarf es noch eines Eingehens auf die vielfach erörterte Frage der Abgrenzung des Tuns vom 'Unterlassen'.

Nach dem Vorgesagten kann die Fragestellung so aber nicht richtig sein. Denn das Tun als Teil der Verhaltensformen hat mit dem Begriff des Unterlassens als Deliktstypus nichts zu tun. Gerade darin liegt der große Unterschied zur weitaus herrschenden Meinung von der Gleichstellung von Tun und Nichttun mit Begehen und Unterlassen. Dies mag aus der, nach der hier vertretenen Ansicht mißverständlichen, Formulierung des § 13 StGB herrühren, der das Unterlassen der Erfolgsabwendung für strafbar erklärt, wenn es der Verwirklichung des gesetzlichen Tatbestandes *durch ein Tun* entspricht. Aber entscheidend ist m.E. nicht die Wortwahl, sondern das tatsächlich Gemeinte, und dies ist der Abbruch einer rechtsguterhaltenden Kausalität. An sich müßte § 13 StGB so

---

135 Diese Terminologie verwendet schon Kitzinger, Ort und Zeit, S. 156.

136 Haft, Strafrecht AT, 7. Teil § 3 2. a); Lampe, Kaufmann-GedS, S. 204, wendet sich dagegen für den Fall, daß diese entweder zwischen einem dem Unterlassen vorangegangenen oder zwischen einem mit ihm gleichzeitigen Handeln auf der einen und dem Unrechtserfolg auf der anderen Seite bestehen soll. Bei dieser Definition ist ihm zuzustimmen, die Quasi-Kausalität wird jedoch nicht nur unter dieser Definition behandelt.

137 Engisch, JZ 1962, S. 190.

138 Tröndle, StGB, Rdnr. 20 vor § 13.

139 JuS 1976, S. 793/794.

140 JA 1980, S. 556.

gelesen werden, daß das Unterlassen (der Erfolgsabwendung) der *adäquat kausalen* Verwirklichung des gesetzlichen Tatbestandes entspricht. Denn das Wort *Tun* ist doch nicht im dogmatischen Sinne, sondern systematisch im Zusammenhang mit der Unterlassung der Erfolgsabwendung zu sehen und bezeichnet als Gegenteil dazu eben die (kausale) Erfolgsherbeiführung.

Man mag dem entgegensetzen, daß diese Sichtweise contra legem sei, da ja ausdrücklich von einem Tun die Rede ist. Doch findet sich im StGB keine Definition dieses Begriffes, er ist nur durch strafrechtliche Dogmatik zu ermitteln. Und diese führt zur hier vertretenen Ansicht. Aus der gegenteiligen Meinung heraus sind deren Vertreter zudem genötigt, für Grenzfälle eine Abgrenzung vorzunehmen, die sie namentlich aus dem sog. Schwerpunkt der Vorwerfbarkeit[141] herzuleiten suchen. Grundlage sind beispielsw. die Fälle sog. ambivalenter Verhaltensweisen, die also, wie im genannten Fall des Hinabrollens mit einem Wagen, dessen Handbremse zuvor gelöst wurde, eine körperliche Inaktivität, das schlichte Rollenlassen, und Aktivität, das Steuern des Wagens, in sich vereinen. Aber sicher ist doch eines: Abgegrenzt werden müssen Tun und Nichttun auch nach dieser Meinung nicht, die Verhaltensformen sind klar. Denn "wer die Entscheidung, ob Begehung oder Unterlassung gegeben ist, nach Wertgesichtspunkten oder nach dem „Schwerpunkt der Vorwerfbarkeit" treffen will, hat die Begriffe der Handlung und der Unterlassung bereits im Vorgriff"[142]. Und dies bestätigt ja gerade die hier vertretene Ansicht: Was die Theorie von dem Schwerpunkt der Vorwerfbarkeit nämlich in Wahrheit herauszufiltern sucht, ist, welche Verhaltensform denn nun vorwerfbar ist, genauer, gegen welchen Imperativ denn tatsächlich verstoßen wird.

Die Frage muß daher richtigerweise lauten, ob ein rechtsguterhaltender Kausalverlauf abgebrochen wurde oder nicht. Diese Abgrenzung zwischen Begehung und Unterlassung ist aber schon dargestellt worden, sie ist nach dem Kausalitätsgefüge zu entscheiden.

IV. Zusammenfassung

Es bleibt damit festzustellen, daß das Abgrenzungskriterium zwischen echten Begehungs- und unechten Unterlassungsdelikten die Kausalität zwischen Verhalten und Erfolg im Sinne der Äquivalenztheorie ist. Der Unterschied von unechten und echten Unterlassungsdelikten wiederum liegt darin, daß bei ersteren der Erfolg rechtlich trotzdem mit dem Verhalten dergestalt verknüpft ist, als ebenso wie bei echten Begehungsdelikten ein Abbruch einer rechtsguterhalten-

---

141 H.Rspr. seit BGHSt 6, S. 46 ff..

142 Samson, Welzel-FS, S. 585.

den Kausalität, hier der Garantenkausalität, den Erfolg zur Folge hat. Daß dabei eine hypothetische Kausalität im Sinne der Äquivalenztheorie zu Hilfe genommen werden kann, ändert nichts daran, daß das Unterlassen der Erfolgsabwendung durch einen Garanten *rechtlich* im Rahmen des der strafrechtlichen Dogmatik nach dem der hier vertretenen Ansicht zugrunde liegenden Kausalitätsgefüge direkt kausal ist.

D. Zusammenfassung des zweiten Abschnitts

Grundlage der Strafbarkeit ist ein Normverstoß als Verstoß gegen einen in der Norm liegenden Imperativ. Dieser kann lediglich entweder ein bestimmtes Verhalten und das In-Gang-Setzen eines rettenden Kausalverlaufs gebieten oder das Abbrechen eines rechtsguterhaltenden Kausalverlaufs verbieten. Verstöße dagegen sind dementsprechend echte Unterlassungs- oder Begehungsdelikte. Sowohl echte Unterlassungsdelikte als auch Begehungsdelikte in Form von Tätigkeitsdelikten werden durch den Verstoß gegen den Imperativ unmittelbar erfüllt. Im Gegensatz dazu bedarf es im Rahmen der Begehungsdelikte in Form von Erfolgsdelikten zur Begründung der Strafbarkeit eines zusätzlichen tatbestandlichen Erfolges, der auf den Abbruch der rechtsguterhaltenden Kausalität zurückzuführen sein muß. Dabei entspricht es der gesetzgeberischen Entscheidung, auch die Nichterfüllung der per Gesetz auferlegten Garantenpflichten als Abbruch der dem Rechtsgut zugeordneten erhaltenden Kausalität zu qualifizieren, weshalb die Unterlassung der Pflichterfüllung ebenfalls ein Begehungsdelikt darstellt und daher nur ein unechtes Unterlassungsdelikt ist.

Normverletzungen beruhen dabei immer nur auf menschlichem Verhalten als In-Kontakt-Treten mit der Außenwelt, welches nur in Form des Tuns als aktives Eingreifen oder des Nichttuns als reine Passivität auftreten kann.

Während es für echte Unterlassungsdelikte sowie für reine Tätigkeitsdelikte keiner weiteren Erfolgskausalität bedarf, ist im Rahmen der Erfolgsdelikte eine Verknüpfung zwischen dem Abbruch der rechtsguterhaltenden Kausalität und einer Rechtsgutsverletzung notwendig. Dabei ist Abgrenzungskriterium zwischen echten Begehungs- und unechten Unterlassungsdelikten die Kausalität im Sinne der Äquivalenztheorie. Bezüglich der Unterscheidung von echten zu unechten Unterlassungsdelikten stellt sich allein die Frage nach der rechtlichen Verknüpfung, wobei eine hypothetische mechanische Kausalität allenfalls als Hilfskonstruktion herangezogen werden kann oder muß.

Zweiter Teil
FALLGRUPPEN

Da die dieser Abhandlung zugrunde liegenden dogmatischen Erwägungen in notwendigem Umfang klargestellt sind, ist es nunmehr möglich, die einzelnen Fallgruppen des Abbruchs rettender Kausalität einheitlich unter Berücksichtigung der bisher gefundenen Ergebnisse zu diskutieren und einer gemeinsamen Lösung zuzuführen. Entsprechend der subjektiven Stoßrichtung des Täters[143] sollen hier der vorsätzliche und der fahrlässige Abbruch rettender Kausalität getrennt voneinander behandelt werden.

Erster Abschnitt
Der vorsätzliche Abbruch selbst gesetzter Rettungskausalitäten

Im Rahmen der vorsätzlichen Tatbegehung erscheint es angesichts der bisher in der Lit.[144] gewählten Unterscheidung und der Anzahl der Beteiligten sinnvoll, grundsätzlich den Abbruch vom Täter selbst gesetzter Kausalitäten in diesem und den bereits bestehender bzw. fremdgesetzter Kausalitäten im darauf folgenden Abschnitt gesondert zu erörtern, da dort, wie sich herausstellen wird, besondere Erwägungen eine Rolle spielen, die ansonsten zu einer vermeidbaren Unübersichtlichkeit bei gemeinsamer Behandlung führen würden.

A. Betroffene Konstellationen

Der vorsätzliche Abbruch selbst gesetzter Rettungskausalitäten betrifft zum einen Fälle, in denen der Täter diese Kausalität entweder aufgrund einer (unten B.) oder ohne eine Handlungspflicht (unten C.) gesetzt, zum anderen solche, in denen sich der Täter eine Erfolgsabwendung schon vorher unmöglich gemacht hat (unten D.).

---

143 Diese ist nämlich, wie zu zeigen sein wird, für die Frage der Rechtswidrigkeit von Bedeutung.

144 Z.B. Roxin, Engisch-FS, S. 382 ff.; Samson, Welzel-FS, S. 580/ 581.

B. Aufgrund einer Handlungspflicht gesetzte Kausalitäten

Der vorsätzliche Abbruch aufgrund einer Handlungspflicht selbst gesetzter Rettungskausalitäten umfaßt Sachverhalte, in denen sich der Täter anschickt, ein an ihn gerichtetes Gebot zu erfüllen, diese Gebotserfüllung jedoch wieder abbricht.

I. Der sog. Rücktritt vom Gebotserfüllungsversuch

Dabei mag man zur Veranschaulichung diesen Fall auch als „Rücktritt vom Gebotserfüllungsversuch“ bezeichnen und unter diesem Stichwort behandeln, auch wenn dies, wie zu zeigen sein wird, zumindest mißverständlich ist.

1. Struktur des Falles

Im Kern stellt sich beim Rücktritt vom Gebotserfüllungsversuch die Frage, ob die Vereitelung eigener Rettungsbemühungen, den entsprechenden Vorsatz unterstellt, lediglich ein echtes Unterlassungs- oder bereits ein Begehungsdelikt darstellt und weiter, ob hinsichtlich letzterem ein echtes Begehungsdelikt vorliegt oder ein unechtes Unterlassungsdelikt nur mangels Garantenstellung abgelehnt werden muß. Diskutiert wird dies in der Lit. im wesentlichen anhand der folgenden Fälle, so daß sie zur leichteren Vergleichbarkeit auch hier als Grundfälle herangezogen werden sollen:

Fall 1: Der Fußgänger A wirft dem in einem See zu ertrinken drohenden B einen an einer Leine befestigten Rettungsring zu. Während dieser auf den B zutreibt, zieht A den Rettungsring wieder zurück. B ertrinkt.

Fall 2: A, der von einem geplanten anzeigepflichtigen Verbrechen gegen B erfahren hat, sendet eine entsprechende Verbrechensanzeige ab, nimmt diese jedoch sodann wieder aus dem Postlauf zurück.

2. Analogie zum Rücktritt vom Versuch?

Betrachtet man diese Konstellationen, so drängt sich zunächst der Vergleich mit der Fallgestaltung des Rücktritts vom Versuch des Begehungsdelikts auf. Dort setzt ja auch ein Täter unmittelbar zu einer Tat an und bricht diesen Versuch noch vor deren Vollendung ab. Setzt nun umgekehrt, wie hier, eine Person beispielsw. zur Hilfeleistung nach § 323 c StGB an und bricht sie diese ab, so ist der „Tat“verlauf derselbe mit dem Unterschied, daß im ersten Fall die Verwirklichung einer Straftat, im zweiten genau das Gegenteil, die Vermeidung einer

Straftat, begonnen wurde. Es fragt sich daher, ob Parallelitäten überhaupt vorhanden sind und, wenn ja, ob diese zu denselben oder ähnlichen dogmatischen Schlußfolgerungen berechtigen.

a) Der (echte) Rücktritt vom Versuch

Folge des (echten) Rücktritts vom Versuch ist nun u.U. die Straflosigkeit des Täters. Mit dem Versuch beginnt jedoch bereits der Bereich der Strafbarkeit, er ist beendet, wenn die letzte Tatausführungshandlung (nach Vorstellung des Täters) abgeschlossen ist[145]. Frühestens zu diesem Zeitpunkt ist dann auch erst eine rechtsguterhaltende Kausalität abgebrochen, und zwar, wenn und soweit die letzte Ausführungshandlung bereits einen Eingriff in das Kausalgefüge des Rechtsgutes darstellt. Als Schlußfolgerung daraus ergibt sich, daß jedenfalls zuvor kein Abbruch einer rechtsguterhaltenden Kausalität vorliegt, mithin in dem das Rechtsgut determinierenden Kausalgefüge noch keine Veränderung eingetreten ist. Gibt nun der Täter vor Beendigung des Versuchs die weitere Ausführung der Tat auf, so tritt quasi automatisch Straflosigkeit ein, und das aus gutem Grund: Es ist nichts passiert, nicht einmal ein 'Erfolg' iSd. Tätigkeitsdelikte eingetreten. Liegt hingegen ein beendeter Versuch vor und steht damit ein Abbruch rechtsguterhaltender Kausalität zumindest unmittelbar bevor, muß der Täter die Vollendung der Tat verhindern, um straflos zu sein, mit anderen Worten: Er muß eine rechtsgutrettende Kausalität einleiten.

b) Analogie?

Nun steht im Raum, diese Figur auf den Fall des Abbruchs einer selbst gesetzten Rettungskausalität analog anzuwenden. Dann wäre an sich die Vorschrift des § 22 StGB[146] mit umgekehrten Vorzeichen dergestalt anzuwenden, daß der 'Versuch' der Gebotserfüllung bereits die Straflosigkeit herbeiführen würde. Diese Theorie hat Armin Kaufmann unter dem Stichwort des „Umkehrprinzips" entwickelt[147]. Die Folge eines Rücktritts wäre danach der Eintritt einer Strafbarkeit wieder nur nach einem echten Unterlassungsdelikt. Ob Armin Kaufmann damit allerdings tatsächlich nur eine solche Analogie mit der Folge der Verwirklichung ausschließlich eines echten Unterlassungsdelikts behauptet hat[148], ist angesichts der von Samson[149] angeführten Umstände,

---

[145] Allg.M., vgl. Tröndle, StGB, Rdnr. 4a zu § 24.

[146] „§ 22. Begriffsbestimmung. Eine Straftat versucht, wer nach seiner Vorstellung von der Tat zur Verwirklichung des Tatbestandes unmittelbar ansetzt."

[147] Dogmatik, S. 108, 224, im Hinblick auf die §§ 43, 46 StGB a.F..

[148] So sieht es u.a. wohl auch Roxin, Engisch-FS, S. 386.

[149] Welzel-FS, S. 588/589.

wonach Armin Kaufmann lediglich den Ausschluß eines echten Unterlassungsdelikts beim fehlgeschlagenen Gebotserfüllungsversuch begründen wollte, wahrlich fraglich. Denn er habe nur im Zuge der Herleitung dieser These festgestellt, daß sie gerade beim Rücktritt vom Gebotserfüllungsversuch nicht gelten solle, ohne daß er dabei auf die Frage des Vorliegens eines Begehungsdelikts hätte eingehen oder ein solches gar hätte ausschließen müssen. Allerdings hätte es anstatt der Behauptung Armin Kaufmanns, „der freiwillige Rücktritt von der versuchten Gebotserfüllung - sowohl vor als auch nach der Beendigung - (habe) die umgekehrte Wirkung wie der Rücktritt vom Begehungsversuch“ [150], lediglich eines kurzen Hinweises bedurft, um nicht als Vertreter dieser nunmehr im folgenden zu behandelnden These mißverstanden zu werden.

aa) Herleitung aus dem Rücktritt vom Versuch

Wenn nämlich der Täter eine, z.B. nach § 323 c StGB gebotene, Hilfeleistung beginnt (*Fall 1*), so setzt er damit quasi unmittelbar zur Hilfeleistung an, er „versucht“ sie. Ebenso setzt derjenige, der eine Verbrechensanzeige in den Postlauf bringt (*Fall* 2), zur Verbrechensanzeige an. Zur vollständigen Analogie zum (echten) Rückritt vom Versuch bedürfte es dann zunächst auch hier der Unterscheidung zwischen unbeendetem und beendetem Versuch.

α) „Unbeendeter“ Gebotserfüllungsversuch

Unbeendet ist der Versuch einer Gebotserfüllung also, wenn eine rechtsgutrettende Kausalität als Folge einer nach der Vorstellung des Hilfspflichtigen letzten zur Rettung notwendigen Ausführung noch nicht in Gang gesetzt worden ist. Dann hätte in strenger Analogie nach dem Umkehrprinzip der Rücktritt durch schlichtes Ablassen von weiteren Ausführungshandlungen eine strafbegründende Folge[151]. Beim unbeendeten Gebotserfüllungs-versuch führte also eine Analogie zum Rücktritt vom Versuch zu dem Ergebnis, daß das echte Unterlassungsdelikt begangen würde[152].

β) „Beendeter“ Gebotserfüllungsversuch

Anders ist dies jedoch unter Umständen in Fällen des „beendeten“ Gebotserfüllungsversuchs. „Beendet“ ist der Gebotserfüllungsversuch in Analogie zum Begehungsdeliktsversuch, wenn der Täter die letzte Ausführungshandlung vor-

---

150 Dogmatik, S. 224.

151 Armin Kaufmann, Dogmatik, S. 108.

152 Samson, Welzel-FS, S. 598; Stoffers, Schwerpunkt der Vorwerfbarkeit, S. 313.

genommen hat, die nach seiner Vorstellung die erforderliche Hilfeleistung darstellt.

Die Konstellation des Rücktritts vom beendeten Begehungsdeliktsversuch führt zur Straflosigkeit des Täters, wenn er nunmehr die Vollendung der Tat verhindert. Analog dazu wäre der Täter nach dem Umkehrprinzip strafbar, verhinderte er beim beendeten Gebotserfüllungsversuch die Vollendung der Gebotserfüllung[153].

Eine Strafbarkeit soll dann nur aus einem echten Unterlassungsdelikt begründet sein[154].

χ) „Vollendete" Gebotserfüllung

Es stellt sich aber schließlich die Frage, was dann unter der „Vollendung" einer Gebotserfüllung zu verstehen ist. Den obenstehenden Erwägungen liegt nämlich augenscheinlich die Annahme zugrunde, die Gebotserfüllung sei erst vollendet, wenn der mit der Handlung *erwünschte* Erfolg eingetreten, also z.B. die Anzeige bei § 138 StGB[155] tatsächlich bei der Behörde eingegangen oder dem Opfer bei § 323 c StGB tatsächlich geholfen worden ist. Den Gebotstatbeständen liegt aber keine Erfolgspflicht zugrunde[156]. Armin Kaufmann selbst spricht hinsichtlich der echten Unterlassungsdelikte nur von einer „Handlungstendenz" im Gegensatz zur „Erfolgsabwendungstendenz" bei unechten Unterlassungsdelikten, da es „zumindest kein Kennzeichen der (dort) behandelten Handlungspflichten (sei), daß sie gerade Erfolgsabwendungen zum Inhalt haben"[157]. Es kann daher auch keinen 'fehlgeschlagenen' Gebotserfüllungsversuch geben, auch wenn Armin Kaufmann dessen Straflosig-

---

153 Armin Kaufmann, Dogmatik, S. 109/ 110.

154 In diesem Sinne aus o.g. Gründen wohl zu verstehen Armin Kaufmann, Dogmatik, S. 108.

155 „§ 138. Nichtanzeige geplanter Straftaten. (1) wer von dem Vorhaben oder der Ausführung 1. (...) zu einer Zeit, zu der die Ausführung oder der Erfolg noch abgewendet werden kann, glaubhaft erfährt und es unterläßt, der Behörde oder dem Bedrohten rechtzeitig Anzeige zu machen, wird mit Freiheitsstrafe bis zu fünf Jahren oder mit Geldstrafe bestraft. (...)."

156 Hinsichtlich echter Unterlassungsdelikte Maiwald, JuS 1981, S. 475; Dies gilt grundsätzlich, so man, wie hier, davon ausgeht, daß unechte Unterlassungsdelikte Verbotstatbestände sind; die ausführlichen Erwägungen, mit denen Schöne, Unterlassene Erfolgsabwendung, S. 56 ff., eine Erfolgsabwendungspflicht herauszulesen glaubt, überzeugen nicht: Sie sind lediglich dazu geeignet, den hinter den echten Unterlassungstatbeständen stehenden Grundsatz, wonach jedes Rechtsgut vor Verletzung bewahrt werden soll, zu beschreiben, nicht jedoch dazu, die Strafbarkeit wegen Verletzung einer Erfolgsabwendungs*pflicht* zu beweisen.

157 Dogmatik, S. 109.

keit mittels seines Umkehrprinzips darlegt. Denn dies überzeugt eben nur dann, wenn man im Rahmen der echten Unterlassungsdelikte einen nicht gebotenen Erfolg fingiert, doch erklärte man damit eine Fiktion (Umkehrprinzip) mit einer anderen Fiktion ('Erfolg'). Das ist aber nicht notwendig, denn wer die gebotene Handlung vornimmt, ist straflos, einer gesonderten Begründung bedarf es doch gar nicht.

Und dies führt nun zu folgendem Ergebnis: Beendet der Täter seinen Gebotserfüllungsversuch, hat er ja bereits alles getan, was von ihm verlangt war, der 'Erfolg' des echten Unterlassungsdelikts ist mithin bereits eingetreten. Die Beendigung steht der Vollendung gleich, sie fällt in ein und demselben Augenblick zusammen. Mithin wäre bei dieser Betrachtung eine Analogie zum (echten) Rücktritt vom Versuch dann aber nur mit entgegengesetztem Ergebnis denkbar: Der Rücktritt ist schlicht nicht mehr möglich, da die „Tat", die Erfüllung des Gebotes, bereits vollendet ist.

Es stellte sich damit nicht mehr die Frage des Rücktritts vom Gebotserfüllungsversuch, sondern die der Rückgängigmachung der vollendeten Gebotserfüllung und mithin allenfalls die der Analogie zur tätigen Reue, nicht aber die zum Rücktritt vom Versuch.

Somit ließe sich die Annahme der Analogie zum Rücktritt vom Versuch und damit der Unterscheidung zwischen beendetem Gebotserfüllungsversuch und vollendeter Gebotserfüllung nicht aus dem Tatbestand der echten Unterlassungsdelikte selbst, sondern lediglich aus systematischen Erwägungen heraus begründen. Denn zum Ausdruck kommen soll ja, daß es einen Unterschied zwischen Gebotserfüllungshandlung und deren tatsächlichem Effekt gebe und dieser für die Problemlösung hilfreich sei. Einem solchen Vorgehen steht zwar insoweit nichts entgegen, als auch die Theorie der Analogie zum Rücktritt vom Versuch des Begehungsdelikts ja nicht kodifiziert ist, sondern ebenso nur eine dogmatische Herleitung versucht. Es handelt sich aber um eine Hilfskonstruktion, deren Überzeugungskraft durch die oben genannten Erwägungen schon im Ansatz geschwächt ist. Denn der Zeitpunkt, zu dem die Gebotserfüllung nach dieser Hilfskonstruktion vollendet sein soll, läßt sich willkürlich festlegen und setzt damit bereits eine entsprechende Einschätzung der Situation voraus, deren Richtigkeit aber doch gerade erst bewiesen werden soll.

bb) Ablehnung der Analogie

Die Begründung der Strafbarkeit nur aus dem echten Unterlassungsdelikt mit der Analogie zum Rücktritt vom Versuch stößt daneben aber auch auf weitere Bedenken:

Zum einen vermag diese Figur nämlich nicht zu begründen, *warum* eine Strafbarkeit *aus einem Begehungsdelikt* in Fällen des beendeten Gebotserfüllungsversuchs ausscheiden soll. Lediglich für die des unbeendeten Gebotserfüllungsversuchs ließe sich eine solche Schlußfolgerung ziehen, schon weil der Täter in diesem Fall noch keinerlei Kausalität in Gang gesetzt hat und ihm daher ausschließlich das Nichteinleiten eines rettenden Kausalverlaufs zum Vorwurf gemacht werden kann[158]. Das aber ist genau das, was einzig zur Strafbarkeit aus einem echten Unterlassungsdelikt führt[159]. Beim beendeten Gebotserfüllungsversuch hingegen liegt eine rettende Kausalität bereits vor. Der Vorwurf kann daher nicht mehr alleine lauten, der Täter habe eine solche nicht in Gang gesetzt. Allenfalls hat er es nach Abbruch der Kausalität wieder unterlassen, eine neue rettende Kausalität in Gang zu setzen. Die Behandlung dieser tatbestandlichen echten Unterlassung ist aber dann Frage der Konkurrenz zu dem Delikt, das durch das Abbrechen des Kausalverlaufs u.U. verwirklicht wird.

Weiter liegt schon kein, für die Analogie notwendiger, vergleichbarer Sachverhalt vor. Durch die Figur des Rücktritts vom beendeten Versuch wird ja dem Täter die Möglichkeit eröffnet, trotz eines Verbotsverstoßes nicht bestraft zu werden. Beim Rücktritt vom beendeten Gebotserfüllungsversuch läge aber dann die 'Möglichkeit' für den Täter darin, *trotz* einer Gebotserfüllung strafbar zu sein. Schon aus dieser Betrachtungsweise ergibt sich, daß es sich tatsächlich um die originäre Begründung einer, von der vorherigen versuchten Gebotserfüllung unabhängigen, Strafbarkeit handelt. Mit der schlichten Behauptung, es handele sich um ein Analogon zum Rücktritt vom Versuch, ist aber noch nichts über die Art des Verstoßes, namentlich ob es sich um ein Begehungs- oder Unterlassungsdelikt handelt[160], gesagt. Man mag daher diese Fallgruppe aufgrund des gewissermaßen umgekehrten Sachverhalts als Rücktritt vom Gebotserfüllungsversuch *bezeichnen*. Sie aber nach den gesetzlichen Regelungen zum Rücktritt vom Versuch der Begehung zu *behandeln*, verbietet sich.

c) Fazit

Die Behauptung, der Rücktritt vom Gebotserfüllungsversuch stelle ein Analogon zum Rücktritt vom Versuch dar und führe dementsprechend zu der Strafbarkeit nur aus einem echten Unterlassungsdelikt, ist nicht geeignet, diese

---

158 Daß dies aber nicht uneingeschränkt so gelten kann, wird im weiteren dargestellt werden.

159 Stoffers, Schwerpunkt der Vorwerfbarkeit, S. 313.

160 So auch Engisch, Gallas-FS, S. 183, da es sich zeige, „daß sich hier die Entscheidung nicht mehr an den Grundbegriffen des Tuns und Unterlassens orientiert, sondern an normativen Erwägungen, die an § 46 Nr. 2 StGB (a.F.) anknüpfen“.

Rechtsfolge auch zu begründen[161]. Lediglich in Fällen des unbeendeten Gebotserfüllungsversuchs könnte diese These greifen, doch ist dies eher ein Zufall. Denn die Begründung liegt in Wahrheit in dem Vorwurf, keine rechtsgutrettende Kausalität in Gang gesetzt zu haben. Für den beendeten Gebotserfüllungsversuch fehlt es an einer Erklärung, warum trotz des tatsächlichen Abbruchs einer Rettungskausalität nur der Vorwurf des Nichteinleitens einer solchen zum Tragen kommen soll.

3. Die Rechtsfigur des Unterlassens durch Tun

Eine Lösung aus den Grundlagen der Strafbarkeit heraus läßt sich dagegen aber auch damit versuchen, die Handlung des Täters in Zusammenhang mit der Norm zu bringen und zu fragen, gegen welchen konkreten Imperativ nun der Täter verstößt. Denn die zu beurteilenden Sachverhalte werfen offensichtlich die Frage auf, ob der Täter lediglich ein gebotenes Verhalten vermissen läßt oder nicht etwa auch Verbotenes vornimmt. Wollte man ersteres bejahen, so bedarf es einer tragfähigen Begründung für die Subsumtion des vorliegenden und zweifelsfreien Tuns lediglich unter den Gebotstatbestand.

Die Rede ist von der Rechtsfigur des sog. Unterlassens durch Begehen (besser: durch Tun[162]) als Gegenstück zum Begehen durch Unterlassen (wobei damit der Fall des § 13 StGB gemeint und dort tatsächlich ein Unterlassen im Rahmen eines Begehungsdeliktes geregelt ist).

a) Entwicklung

Schon früh beschäftigte sich die Strafrechtswissenschaft mit der Frage, ob und wie es möglich sein kann, ein Unterlassungsdelikt durch ein Tun zu verwirklichen. Ein Ergebnis dieser Forschungen ist nunmehr die, umstrittene, Rechtsfigur des Unterlassens durch Tun als ein Lösungsansatz auch für die Fälle des Rücktritts vom Gebotserfüllungsversuch.

aa) Begründung von Merkel

Bereits Merkel[163] warf die Frage auf, ob nicht, ähnlich wie bei den Begehungs- (Kommissiv-) Delikten durch Unterlassung, bei Unterlassungs- (Om-

---

[161] Das ist es wohl, was auch Volk, Tröndle-FS, S. 220, kritisiert, wenn er das Umkehrprinzip als bloße „Übersetzungsregel" für bereits vorhandene Dogmatik charakterisiert.

[162] Mit Roxin, Engisch-FS, S. 381, allerdings mit der Begründung, das „Begehen" soll einem Tun vorbehalten sein, das unter einen Begehungstatbestand zu subsumieren sei. Nach der hier vertretenen Ansicht sollte es sogar generell einem Verhalten, das unter einen Begehungstatbestand zu subsumieren ist, vorbehalten sein.

[163] Kriminalistische Abhandlungen I, S. 90 ff..

missiv-) Delikten „positive Akte bedeutsam werden“ könnten. Dabei unterscheidet er zwischen der Handlungsform in der „Sphäre des individuellen Machtkreises, innerhalb dessen Thun und Unterlassen im allgemeinen gleiche rechtliche Bedeutung hat, d.h. gleicherweise juristisch indifferent ist“[164], und der Charakterisierung eines Delikts als Ommissivdelikt. Denn die Vornahmen seien lediglich rechtswidrig in bezug auf die betreffende gesetzliche „obliga-tio ad faciendum“, die im Falle eines Ommissivdelikts allein darin liege, daß der Berechtigte nicht das erhalte, was er zu fordern berechtigt sei[165]. Er kommt zu dem Ergebnis, daß „auch Geboten durch positive Handlungen entgegenzuhandeln sei, insofern dieselben nämlich Verbote derjenigen Handlungen, welche sich ihrer Realisierung entgegensetzen, eo ipso in sich schließen“[166].

Merkel hat also die These aufgestellt, daß es einen Unterschied zwischen der Sphäre des individuellen Machtkreises, in der die verschiedenen Handlungsformen stattfinden, und der Opfersphäre gibt, in der sich das Handeln entweder als rechtswidrige Herbeiführung von Zuständen oder Veränderungen (Kommissivdelikte) oder deren rechtswidrige Nichtherbeiführung (Ommissivdelikte) auswirkt. Allerdings folgt auch er der Ansicht[167], daß die Gebote zugleich Verbote von der Erfüllung des Gebotes zuwiderlaufenden Handlungen einschließen und folgert daraus die Möglichkeit der Gebotsverletzung durch Verletzung eines dem Gebot innewohnenden Verbotes.

bb) Fortführung von v. Overbeck

Auch v. Overbeck[168] teilte diese Ansicht Merkels, grenzt jedoch den Bereich der Unterlassung durch Begehung ein, indem er mehrere Fallgruppen ausnimmt, in denen nur scheinbar ein positives Moment den Ausschlag gibt bzw. eine Ausnahme von der gewöhnlichen Verübungsart begründet. Allem voran gelte dies für die Fälle, in denen der Täter statt des von der Rechtsordnung verlangten Handelns etwas ganz anderes vornimmt, da es ebenso wie in Fällen des Kommissivdelikts durch Unterlassen nur darauf ankomme, daß etwas nicht, nicht jedoch darauf, was stattdessen getan werde[169]. Ferner interessiere nicht, wenn der Täter weniger als das Geforderte getan habe, denn auch hier liege der Verstoß in der Nichtvornahme des Geforderten. Schließlich sondert er die Fälle aus, in denen der Täter über das Unterlassungsstadium hinausge-

---

164 Merkel, a.a.O., S. 92.

165 Merkel, a.a.O., S. 92.

166 Merkel, a.a.O., S. 93.

167 Diese wird hier jedoch abgelehnt, s.o. 1. Teil 2. Abschn. A. I..

168 GS 88, S. 319 ff..

169 V. Overbeck, a.a.O., S. 325/ 326; dies benennt die aktuelle Terminologie als „gleichzeitiges Andershandeln“.

schritten ist und sich eines unter selbständigem Gesichtspunkt strafbaren Verhaltens schuldig gemacht hat[170]. V. Overbeck sieht die Unterlassung durch Begehung vielmehr lediglich in solchen Fällen, in denen das als Unterlassung zu bewertende Verhalten ausnahmsweise in einem Tun besteht, ohne daß der Unterlassungstatbestand als solcher in einer Gesetzeskonkurrenz unterginge. Zunächst nennt er Situationen, in denen der Zeitpunkt, zu dem die Pflichthandlung hätte vorgenommen werden müssen, genau feststeht und zu diesem anstelle des Nichttuns ein Tun tritt. Als Beispiel dafür dient ihm der genannte *Fall 2* mit der Modifikation, daß die Anzeige erst im letzten Augenblick aus dem Postlauf genommen wird[171]. Für den Fall, daß dem Täter ein längerer Zeitraum zur Verfügung steht, sieht er bereits in dem Tun die Verwirklichung eines echten Unterlassungsdelikts, auch wenn die insgesamt für die notwendige Vornahme der pflichtgemäßen Handlung zur Verfügung stehende Zeit noch nicht vollends abgelaufen sei und nennt auch hier den *Fall 2*[172]. Er meint, deshalb auch diese Konstellationen darunter fallen lassen zu können, in denen der Täter mit der Pflichthandlung begonnen hat, den dadurch geschaffenen Zustand jedoch sodann wieder beseitigt, weil es gezwungen erschiene, würde man z.B. das Delikt der unterlassenen Verbrechensanzeige niemals vor Ablauf der rechten Zeit als begangen ansehen. V. Overbeck folgert daraus, daß man eher den vorsätzlichen Akt der Rücknahme mindestens als Teilstück der unterlassenen Anzeige ansehen müsse mit der Folge des Entstehens eines Ommissivdelikts durch Begehung.

V. Overbecks Betrachtungen gipfeln in der Erkenntnis, daß dieselben Grundsätze auch auf das unechte Unterlassungsdelikt anwendbar seien mit der Folge, daß es ein Kommissivdelikt durch Unterlassung durch Begehung gebe, es sich also nicht lediglich in ein reines Kommissivdelikt verwandele[173]. Lediglich für den Fall, daß der Täter seine Pflichthandlung nachträglich rückgängig macht, soll diese Figur nicht anwendbar sein, da man ihrer wegen der Maßgeblichkeit des positiven Eingriffs gar nicht bedürfe[174].

Während also Merkel sich allein mit der tatsächlichen Unterscheidung von Handlungs- und Deliktsform begnügt, sucht v. Overbeck aus dieser Erkenntnis heraus eine differenzierte Lösung. Er wendet sich im Rahmen dessen, insoweit wie die hier vertretene Ansicht, gegen das Nebeneinander von Ge- und Verbot in einem Tatbestand. Es fällt aber insbesondere auf, daß nur eine

170 V. Overbeck, a.a.O., S. 326/ 327.
171 V. Overbeck, a.a.O., S. 327/ 328.
172 V. Overbeck, a.a.O., S. 328/ 329.
173 A.a.O., S. 334/ 335.
174 V. Overbeck, a.a.O., S. 336.

Erklärung für die Annahme eines Ommissivdelikts durch Begehung, jedoch keine für das Nichtvorliegen eines Begehungsdelikts gegeben wird.

cc) Weiterentwicklung durch R o x i n

R o x i n[175] hat dann in neuerer Zeit diese Rechtsfigur wieder in die Diskussion gebracht und dabei auch und gerade den wichtigen Aspekt behandelt, inwieweit und aus welchen Gründen eine Begehungstat zugunsten einer echten Unterlassungstat ausgeschlossen sein soll. Denn er führt aus, daß zwar in den *Fällen 1* und *2* theoretisch eine Begehungsstrafbarkeit angenommen werden könne, da weitgehend Einigkeit darüber bestehe, daß beispielsw. bei Anhalten eines von einem Dritten geworfenen Rettungsrings der Handelnde wegen eines Begehungsdelikts zu bestrafen sei[176]. Der Unterschied liege aber darin, daß vorliegend die Situation dieselbe sei, als sei der Handelnde von vornherein untätig geblieben mit der Folge, daß der Täter nicht anders zu beurteilen sei als ein von vornherein Rettungsunwilliger. Das Tun werde dadurch nicht zu einem Unterlassen, vielmehr enthalte der Gebotstatbestand als sekundäre Folgenorm das Verbot des erfolgsbewirkenden Tuns. Daraus leitet er den allgemeinen Satz her, daß ein Tun, wenn es sich als Rücktritt vom Gebotserfüllungsversuch darstelle, dem Tatbestand des Unterlassungsdelikts zu subsumieren sei, dessen Gebot durch das aktive Eingreifen vereitelt werde. Ab dem Zeitpunkt, zu dem der rettende Kausalverlauf die Sphäre des Opfers erreicht hat, soll dann die Umkehr jedoch ein reines Begehungsdelikt sein. Dies sei der Punkt, an dem die Gebotserfüllung aus dem Versuchs- in das Vollendungsstadium eingetreten sei[177].

R o x i n teilt also mit M e r k e l und entgegen v . O v e r b e c k die Ansicht, daß einer Gebotsnorm zugleich ein Verbot des entgegengesetzten Handelns innewohnt. Ebenso wie v . O v e r b e c k stützt er die Strafbarkeit aus einem echten Unterlassungsdelikt mit der insgesamt nicht veränderten Situation, begründet sie jedoch nicht lediglich mit der Verwirklichung der Gebotsverletzung, sondern stellt auf die Situation des Opfers ab und lehnt bei nicht vorliegender Veränderung ein Begehungsdelikt ab, da dies beim von vornherein Rettungsunwilligen ebenfalls der Fall sei.

---

175 Engisch-FS, S. 380 ff..

176 Engisch-FS, S. 383, obwohl er etwas später die Problematik des Abbruchs fremder Rettungsbemühungen kontrovers diskutiert.

177 Roxin, Engisch-FS, S. 386/ 387; Lackner, StGB, Rdnr. 3 zu § 13.

b) Dogmatische Herleitung

Wie sieht nun also die grundsätzliche dogmatische Herleitung des Unterlassens durch Begehen nach dieser Ansicht R o x i n s und deren Befürwortern[178] aus? Grundlage ist die Erkenntnis, daß die Zuweisung eines Verhaltens zu den Begehungs- und Unterlassungstatbeständen nicht notwendig von ontischen, sondern vielmehr von normativen Kriterien abhängig sei[179]. Daraus folge, daß Tun und Nichttun verschiedener normativer Zurechnung fähig seien und beide sowohl unter ein Begehungs- als auch ein Unterlassungsdelikt subsumiert werden könnten. Auf rein normativer Ebene sei dann zu entscheiden, welche von beiden Deliktstypen verwirklicht worden sind. Wenn sich ein Tun als Rücktritt vom Gebotserfüllungsversuch darstelle, sei es einem Unterlassungsdelikt zu subsumieren, dessen Gebot durch das aktive Eingreifen verwirklicht werde. Das Tun werde dadurch nicht zu einem Unterlassen, denn der Gebotstatbestand enthalte als sekundäre Folgenorm das Verbot des erfolgsbewirkenden Tuns.

Hinsichtlich der Reichweite der Unterlassungsdelikte durch Tun und damit der Abgrenzung zu den Begehungsdelikten bedient man sich der abstrakten Abgrenzungsformel, wonach die Grenzlinie zu ziehen ist, sobald der Gebotserfüllungsversuch aus dem Versuchs- in das Vollendungsstadium eingetreten ist. Diese jedoch könne, der Jurisprudenz eigentümlich, nicht mit mathematischer Exaktheit gezogen werden[180].

c) Bedenken

Diese Dogmatik der Rechtsfigur des Unterlassens durch Tun ist von vielen scharf kritisiert worden[181]. Teilweise beschränkt sich die Kritik darauf, die Möglichkeit der Vernachlässigung des ontischen Verhaltens zu bestreiten und die Lösung des Problems rein in dem Vorliegen entweder eines Tuns (dann Begehungsdelikt) oder eines Nichttuns (dann Unterlassungsdelikt) zu suchen[182]. Es ist bereits ausgeführt worden, daß dem hier nicht gefolgt, vielmehr die Möglichkeit der Verwirklichung aller Deliktsarten sowohl durch Tun als auch durch Nichttun vertreten wird. Darin ist also mit R o x i n und den Anhängern seiner Theorie auf jeden Fall übereinzustimmen.

---

178 Nachw. bei Stoffers, JA 1992, S. 140 (Fn. 29).

179 Roxin, Engisch-FS, S. 393; ebenso auch Meyer-Bahlburg, GA 1968, S. 50, der von einer engen naturalistischen Betrachtungsweise und einer weiteren Betrachtungsweise spricht.

180 Roxin, Engisch-FS, S. 387.

181 Zuletzt insbesondere von Stoffers, JA 1992, S. 178 ff. m.w.N. (Fn. 50).

182 Stoffers, JA 1992, S. 178/ 179; Otto, GK Strafrecht AT, S. 140/141.

aa) Angeblicher Widerspruch in se

Einer der bedeutsameren Einwände gegen die Figur des Unterlassens durch Begehen ist dann auch, daß die Dogmatik nicht auf eine derartige Konstruktion zurückgreifen dürfe, wenn sie ihren begrifflichen Anspruch wahren wolle[183]. Denn wenn Gegensätze dergestalt identifiziert würden, daß das Unterlassen durch Tun verwirklicht werden könne, obwohl Tun und Unterlassen zwei kontradiktorische Verhaltensweisen darstellten, würde diese Begrifflichkeit aufgegeben.

Dem ist aber schon deswegen entgegenzutreten, weil nach der hier vertretenen und hergeleiteten Ansicht gerade keine juristische Begrifflichkeit in diesem Sinne besteht bzw. bestehen darf. Daß sie sprachlich verfestigt ist, ist eines der Probleme, deren hier abzuhelfen versucht wird. Es wird daher nicht die Begrifflichkeit aufgegeben, sondern, wie bereits ausgeführt, ja gerade erst konkretisiert. Nur muß man dann von Unterlassen durch Tun sprechen, denn nur das ist es, was gemeint ist.

Ferner wird gegen diese Figur argumentiert, sie funktioniere letztlich alle im StGB enthaltenen Verbote bestimmter aktiver Verhaltensweisen zu Unterlassungen dergestalt um, daß im Bereich der unechten Unterlassungsdelikte dann jede verbotswidrige Begehenshandlung als gebotswidrige Unterlassungshandlung beurteilt werden könnte. Dies habe aber zur Folge, daß auch die Strafbarkeit aktiven Tuns von der Existenz einer Garantenstellung für das beeinträchtigte Rechtsgut abhängig gemacht werde und jedes verbotswidrige Begehen nur dann strafbar wäre, läge die für die im Verbotstatbestand enthaltene Gebotswidrigkeit erforderliche Garantenstellung vor[184].

Aber zum einen trägt sich auch diese Folgerung nur dann, wenn man von der Gleichstellung des aktiven Tuns und des Begehens ausgeht, was ja gerade nicht der Fall sein soll. Die These des Unterlassens durch Tun, die auf der Differenzierung von ontischem Verhalten und Deliktsform beruht, mit einem Zirkelschluß abzulehnen, der sich aus der Prüfung gerade anhand der Gleichstellung von Tun und Begehen ergibt, ist nicht überzeugend. Denn man kann nicht die Existenz eines Phänomens allein mit der schlichten Behauptung seiner Nichtexistenz bestreiten.

Deswegen trägt sich zum anderen die behauptete Folge der Notwendigkeit einer Garantenstellung auch bei echten Begehungsdelikten schon selbst nicht. Sie zeigt vielmehr, daß diese Rechtsfigur in ihrer Konstruktion nicht verstanden wird: Denn ein verbotswidriges echtes Begehen bedürfte auch nach der Figur des Unterlassens durch Tun niemals einer Garantenstellung, da sie eine solche

183 Stoffers, JA 1992, S. 178.
184 Stoffers, JA 1992, S. 179.

eben gerade nicht voraussetzt. Denn die Aussage, ein Unterlassungsdelikt durch Tun verwirklichen zu können, unterscheidet ja gerade bewußt die Handlungs- von der Deliktsform. Aus diesem Grund wird schließlich ein Verstoß gegen eine *sekundäre* Verbots- bzw. Gebotsnorm angenommen, die aber mit der für den primären Tatbestand u.U. erforderlichen Garantenstellung nichts zu tun hat.

bb) Vernachlässigung der 'primären' Verbotsverletzung

Insbesondere Samson[185] hat Roxin außerdem vorgeworfen, er habe mit seiner Theorie zwar begründet, warum eine 'sekundäre' Verbotsnorm verletzt wird, nicht aber, warum nicht gleichzeitig damit eine 'primäre' Verbotsverletzung vorliegt. Er wiederholt damit den Vorwurf, der auch Armin Kaufmann entgegengehalten werden kann: Daß nämlich angeblich die entscheidende Frage gar nicht beantwortet, sondern lediglich die Strafbarkeit aus einem echten Unterlassungsdelikt dogmatisch begründet worden sei.

Aber im Gegensatz zur Kaufmannschen Lösung kann man der von Roxin durchaus entnehmen, daß der 'sekundäre' Verbotstatbestand eben nicht zugleich einem 'primären' Verbot gleichzusetzen sein soll. Denn er versucht ja gerade, das Eingreifen eines solchen erst zu einem gewissen, späteren Zeitpunkt herzuleiten. Die lediglich 'sekundäre' Verbotsnorm im Gebotstatbestand dient also gerade der Begründung, daß trotzdem nur der primäre Gebotstatbestand erfüllt sei. Die Unterscheidung zwischen 'primärem' und 'sekundärem' Verbot soll gerade zur Abgrenzung von echtem Unterlassungs- und Begehungsdelikt führen.

Eine Begründung liegt also entgegen Samson vor, die Frage geht vielmehr dahin, ob sie letztendlich in dieser Form voll tragfähig ist.

cc) Die „Neutralisierung" des bereits Geschehenen

Denn die der Theorie des Unterlassens durch Tun in ihrer bisher vertretenen Form zugrunde liegende Erkenntnis, positiver und negativer Energieeinsatz höben sich einander auf, gibt jedenfalls Anlaß zu Bedenken. Diese Argumentation ist dem Strafrecht nämlich neu. Und gerade dieser Punkt muß bereits jetzt angesprochen werden, da er in der weiteren Diskussion eine nicht unerhebliche Rolle spielen wird: Wenn nämlich gewissermaßen apodiktisch die Situation *beim Rücktritt* vom (sowohl unbeendeten als auch beendeten) Gebotserfüllungsversuch mit der *vor* dem Versuch der Gebotserfüllung verglichen und aus der im Ergebnis bestehenden Identität der Situation der Schluß gezogen wird, daß auch die Rechtsfolge dieselbe sei.

---

185 Welzel-FS, S. 582/ 583.

Es gibt nämlich keine jedwede Kritik ausschließende Begründung für diesen Schluß, mithin also gerade dafür, daß lediglich einem sekundären und nicht (zugleich) einem primären Verbot zuwider gehandelt wird. Dem Satz, daß der „Täter nicht anders zu behandeln sein soll als ein von vornherein Rettungsunwilliger"[186] (im *Fall 1*), könnte nämlich entgegengehalten werden, daß eine These nicht aus ihrem Ergebnis heraus begründet werden kann. Denn wenn durch das Zurückziehen des Rettungsrings ein tatsächlich primärer Verbotstatbestand verletzt würde, würde er auch nicht umgekehrt allein deswegen aufgehoben, als dem eine Gebotserfüllung vorausgegangen ist[187], und sei sie auch sekundär. Diese Kritik richtet sich also darauf, daß eine zutreffende Begründung für die Abgrenzung von 'sekundärer' und 'primärer' Verbotsverletzung nicht vorliegt. Mit S a m s o n[188] ist daher letztlich zuzugeben, daß zwar damit das Vorliegen einer Gebotsverletzung trotz Rettungshandlung begründet werden kann, nicht zwingend dagegen das Nichtvorliegen einer Verbotsverletzung.

Daran zeigt sich aber die schwache Flanke der bisherigen dogmatischen Herleitung der Rechtsfigur des Unterlassens durch Tun in den Fällen des Rücktritts vom Gebotserfüllungsversuch, ohne allerdings an dieser Stelle die Rechtsfigur grundsätzlich ablehnen zu wollen.

dd) Unmöglichkeit der Grenzziehung

Bedenken tun sich daneben auch dann auf, wenn man die Begründung untersucht, nach der normativ die Differenzierung zwischen echtem Unterlassungs- und Begehungsdelikt vorgenommen wird. Denn die, auch von R o x i n[189] eingeräumte, Unmöglichkeit der exakten Grenzziehung zwischen 'beendetem' Gebotserfüllungsversuch und 'vollendeter' Gebotserfüllung ist gerade das, was sich diese Theorie hauptsächlich an Kritik gefallen lassen muß: Denn damit, daß dogmatisch einwandfrei auf diese Grenze hingearbeitet wird, diese selbst dann aber nicht exakt ermittelt werden kann, sieht sich diese Lösung der Gefahr ausgesetzt, einer wertenden Entscheidung nach normativen Kriterien nur ein dogmatisches „Alibi" zu geben[190]. Dies allein ist zwar nicht ungewöhnlich und grundsätzlich legitim, doch nur dann „das letzte Wort", wenn unter Zuhilfenahme konkreter Kriterien keine Lösung gefunden werden kann.

---

[186] Roxin, Engisch-FS, S. 383; Ebert, Strafrecht AT, S. 157, spricht in ähnlicher Weise davon, daß „das Verhalten des Täters im Ergebnis auf ein Untätigbleiben hinausläuft".

[187] So Samson, Welzel-FS, S. 583.

[188] Welzel-FS, S. 583.

[189] Engisch-FS, S. 387.

[190] Was sich aus der Äußerung R o x i n s , dies sei „keine logische, sondern eine teleologische Einsicht", ergibt (Engisch-FS, S. 387).

4. Lösung über die Garantenstellung

Unabhängig von der Anwendbarkeit der Rechtsfigur des Unterlassens durch Tun ist daher zu untersuchen, ob nicht andere Lösungswege offenstehen, die anhand allgemein anerkannter Grundsätze ermittelt werden können, namentlich mittels einer Garantenpflichtbegründung.

a) qua Hilfspflicht

Da in § 13 StGB nur von der Einstandspflicht die Rede und damit der Weg auch für solchermaßen gesetzlich normierte Pflichten gewiesen ist, bedarf es der Diskussion, ob etwa aus den Gebotstatbeständen eine Garantenstellung folgt und, wenn nicht, welche Folgerungen daraus geschlossen werden müssen.

So steht außer Zweifel, daß § 323 c StGB eine gesetzliche Hilfspflicht statuiert und damit prima facie zu den in § 13 StGB genannten Einstehenspflichten gezählt werden könnte[191]. Man hat dies nahezu einhellig verneint[192] und damit begründet, daß in der Folge jeder, der seiner Hilfspflicht aus § 323 c StGB nicht nachkomme, Garant und damit Täter eines unechten Unterlassungsdeliktes sei, § 323 c StGB also als Strafnorm dann keine Relevanz mehr besäße und lediglich als Fremdkörper im StGB eine allgemeine Garantenpflicht begründen würde, was ersichtlich nicht gewollt sei[193]. So richtig diese Überlegungen sind, so sehr fehlt ihnen insoweit die entscheidende dogmatische Erklärung.

Diese Argumentation wird zwar auch dadurch gestützt, daß die Hilfspflicht gerade nicht erfolgsbezogen ist[194], ein Merkmal, das für die Garantenstellung eminent zu sein scheint. Ein Garant soll dafür verantwortlich sein, daß der Erfolg nicht eintritt. Der Hilfspflichtige dagegen sei einzig verantwortlich dafür, daß er rettend eingreift, es treffe ihn nie die Verantwortlichkeit für den Erfolg[195]. Dies allein reicht aber m.E. für eine Begründung nicht aus. Denn wenn z.B. in § 1353 BGB[196] davon die Rede sein soll, daß Ehegatten verpflichtet sind,

---

191 So RGSt 75, S. 164/165: Grob fahrlässige Unterlassung der Hilfeleistung könne zu einer fahrlässigen (unechten) Begehungstat führen.

192 Vgl. die Nachweise in Tröndle, StGB, Rdnr. 13 zu § 13; BGHSt 26, S. 35 (S.39); BGH, NJW 1993, S. 2628; Otto, GK Strafrecht AT, § 67 I. 3.; Mitsch, JuS 1994, S. 556; a.A. Meyer-Bahlburg, GA 1966, S. 203, der aber die Behauptung, auch aus § 330 c StGB a.F. folge eine Garantenstellung, nur dazu nutzt, diese als Unterscheidungskriterium zwischen echten und unechten Unterlassungsdelikten auszuscheiden.

193 Für viele Dütz, NJW 1970, S. 1823.

194 BGH, NStZ 1985, S. 410.

195 Dütz, NJW 1970, S. 1823.

196 „§ 1353. Eheliche Lebensgemeinschaft. (1)Die Ehe wird auf Lebenszeit geschlossen. Die Ehegatten sind einander zur ehelichen Lebensgemeinschaft verpflichtet. (...).“

voneinander Lebensgefahren abzuwenden[197], so ist das in dieser Form nicht richtig. Denn sie sind sich nach dem Wortlaut zur „ehelichen Lebensgemeinschaft“ verpflichtet, und dort *hineininterpretiert* wird erst die Pflicht zur Abwendung von Lebensgefahren, also zur Erfolgsabwendung. Diese Interpretation wäre aber auch bei § 323 c StGB möglich. Daß sie tatsächlich nicht vorgenommen wird, ist zwar korrekt, ersetzt aber noch keine Begründung.

Eine Lösung gibt nämlich erst die bereits skizzierte Eigenart des § 13 StGB und seine Stellung im Rahmen der Kausalitäten. Wenn dort qua legem festgeschrieben wird, daß der Garant den rechtsguterhaltenden Kausalitäten zugeordnet wird, dann heißt das doch nichts anderes, als daß schon vor Eintritt einer Gefahr für das Rechtsgut diese Kausalität vorliegt, mithin auch im Falle der ehelichen Lebensgemeinschaft. § 323 c StGB geht dagegen von einer bereits bestehenden Gefahr aus, erst dann bzw. damit tritt die Hilfspflicht ein. Diese Hilfspflicht ist also nicht eine dem Rechtsgut zur Seite gestellte rechtsguterhaltende, sondern, ganz der Eigenart als echtem Unterlassungsdelikt entsprechend, eine rein rechtsgutrettende. Und aus diesem Grunde kann sich allein aus der Hilfs*pflicht* des § 323 c StGB, wie überhaupt aus allen echten Unterlassungsdeliktsnormen (wie z.B. § 138 StGB, *Fall 2*), *direkt* keine Garantenstellung ergeben.

b) aus der Übernahme der Gefahrenabwehr

Mit dem Ergebnis, daß mit den gebotenen Pflichten aus den echten Unterlassungsdelikten direkt keine Garantenpflichten begründet werden, ist aber noch nichts darüber gesagt, ob solche nicht aus der *Erfüllung* der Hilfspflicht (*Fall 1*) bzw. der Anzeigepflicht (*Fall 2*) heraus entstehen können. Man mag dabei namentlich an eine Garantenstellung denken, die aus der Übernahme der Gewähr für das Rechtsgut entsteht[198].

aa) kraft einseitigen Ergreifens einer Schutzaufgabe

Ein Rechtsgut bedarf in der Regel nur dann eines ihm zur Seite gestellten Garanten, wenn es aus eigener Anlage heraus nicht dazu in der Lage ist oder, besser, sein wird, sich selbst zu erhalten[199]. Und gerade aus der Tatsache, daß die in § 13 StGB adressierten Personen dem Rechtsgut als rechtsguterhaltende Kausalitäten zugeordnet sind, kann geschlossen werden, daß dem Rechtsgut eine, zumindest potentielle, Hilflosigkeit unterstellt wird. Der diese Hilflosigkeit quasi kompensierende Garant hat, da es in seiner Hand liegt, ob er seiner Verpflich-

197 Tröndle, StGB, Rdnr. 6 zu § 13.
198 Überblick bei Otto/ Brammsen, Jura 1985, S. 594 ff..
199 I.d.S. Kahlo, GA 1987, S. 73.

tung nachkommt oder nicht, gewissermaßen Herrschaft über den Bestand wenigstens dieser Kausalität.

α) Herrschaft über die Hilflosigkeit des Opfers

Besonders Schünemann hat diesen Herrschaftsgedanken als garantenstellungsbegründend herausgearbeitet und danach unterschieden, ob es sich um eine Herrschaft über konstitutionelle oder lediglich partielle Hilflosigkeit handelt[200].

Betrachtet man die zu diskutierende Fallgestaltung, so liegt die Situation auf den ersten Blick ähnlich: Eine Person ist nicht selbst in der Lage, sich aus der Gefahr zu retten. Ein Hilfs- oder Anzeigepflichtiger kommt zunächst seiner Pflicht nach und beginnt mit einer rettenden Handlung. Nunmehr scheint das Rechtsgut nach allen es determinierenden Kausalfaktoren bzw. dem weiteren zu erwartenden Verhalten des Helfenden bestehen zu bleiben. Diese Situation kann sich nun aber wieder rapide verändern, wenn die Rettungskausalität bzw. die Hilfeleistung abgebrochen wird. Und dies hat der Hilfs- oder Anzeigepflichtige in der Hand, ein Herrschaftverhältnis *im weiteren Sinne* besteht also.

Nach diesem Gedankengang führte aber, ließe man jene Voraussetzungen genügen, jede begonnene Hilfeleistung qua Herrschaft zu einer Garantenstellung und der Bestrafung aus einem Begehungsdelikt heraus bei Abbruch derselben. Stree hat daher mit dem Argument, daß damit jedem lediglich wegen eines anerkennenswerten Verhaltens ein Mehr an Verantwortlichkeit, ein „Lohn" aufgebürdet werde, der gegen sich selbst spreche, ein zusätzliches Moment gefordert, das hinzutreten müsse, um ein Garantenverhältnis entstehen zu lassen[201]. Schünemann sieht ein solches Moment in der eine fremde Herrschaft begründenden Situationsveränderung[202] im Zusammenhang mit einem entsprechenden Herrschaftswillen. Nach dieser Definition kann im *Fall 2* also schon deswegen keine Garantenstellung des Anzeigenden bestehen, weil sich die Situation des Opfers selbst nicht ändert, lediglich das es determinierende Kausalgefüge eine zusätzliche Komponente erhält. Nimmt man nun aber an, daß im *Fall 1* ein Bewußtloser im Wasser treibt und zu ertrinken droht, so muß gefragt werden, ab wann eine die Herrschaft begründende Situationsveränderung vorliegt, wenn ein Hilfspflichtiger nunmehr schlichte Rettungshandlungen vornimmt. Wenn Schünemann auf den Herrschaftswillen abstellt und erst dann über § 323 c StGB hinausreichende Pflichten anerkennt, wenn sich der Helfende des Opfers annimmt[203], dann ist über die Unterscheidung der 'freiwil-

---

200 Grund und Grenzen, S. 334 ff..

201 Mayer-FS, S. 153; zust. Arzt, JA 1980, S. 713.

202 Ebenso BGH, NJW 1993, S. 2628; Grünwald, Diss. 1956, S. 23.

203 Grund und Grenzen, S. 343/ 344.

ligen' Übernahme der Hilfspflicht und einer darüber hinausgehenden Situationsveränderung noch nichts gesagt. Denn in dem von ihm dazu gebildeten Beispiel desjenigen, dem ein Säugling in die Arme gedrückt wird, damit allein aber noch keine Übernahme gesehen werden könne, sondern erst dann, wenn er sich des Säuglings tatsächlich annimmt, besteht doch bereits eine Hilfspflicht aus § 323 c StGB. Wie diese jedoch wahrgenommen werden könnte, *ohne* sich des Säuglings nach Schünemann garantenstellungsbegründend anzunehmen, bleibt insoweit unerörtert. Nach seinem Beispiel entstünde somit gerade aus jeder Hilfeleistung gem. § 323 c StGB eine Garantenstellung. Was gemeint ist und auch nur gemeint sein kann ist vielmehr, daß erst dann, wenn die in § 323 c StGB vorausgesetzte konkrete Gefahr bereits *vollständig* beseitigt ist, Garantenpflichten entstehen können. Im *Fall 1* kommt dies also erst dann in Betracht, wenn der Hilfspflichtige z.B. dem Opfer den Rettungsring erfolgreich über den Kopf geworfen hat und es ans Ufer gezogen hat. Die der Untersuchung zugrunde liegende Handlung des Rückgängigmachens der Hilfeleistung *vor* diesem Zeitpunkt ist daher von dieser Lösung schon gar nicht umfaßt[204].

Vielmehr folgt daraus, daß bei einer solchermaßen freiwilligen, einseitigen Übernahme der Rettung eines Hilflosen eine Garantenstellung qua Herrschaftsbegründung erst dann vorliegt, wenn die 'Rettung' bereits vollendet ist, das Opfer sich also bereits in absoluter (nicht relativer) Sicherheit befindet. In den so zu lösenden Fällen wäre also der Täter, wenn z.B. das Opfer bereits vor dem Ertrinken gerettet ist, wegen eines unechten Unterlassungsdelikts zu bestrafen, ließe er nun das Opfer zwar nicht ertrinken, doch am Ufer erfrieren[205]. Zieht er dagegen zuvor den Rettungsring wieder vom Kopf des Opfers zurück, führt er mechanisch kausal den Tod durch Ertrinken herbei, er ist Täter eines echten Begehungsdelikts. Für die Fälle des Abbruchs der eigenen Rettungskausalität aber bleibt festzuhalten, daß jedenfalls aus dem Herrschaftsgedanken keine Garantenstellung aus der Vornahme der Rettungshandlung an sich erwächst.

β) Gefahrbegründung bzw. -erhöhung

Daneben stehen aber auch solche Fälle, in denen der Helfende durch die Rettungshandlung neue Gefahren für das Opfer begründet bzw. die bestehende Gefahr erhöht[206]. Obschon dieser Aspekt oftmals im Zusammenhang mit dieser Fallgruppe erörtert wird[207], hat er doch letztlich damit nichts zu tun, sofern es darum geht, daß das Opfer selbst dadurch eine Situationsveränderung erlebt.

---

204 SK-*Rudolphi*, Rdnr. 64 zu § 13.

205 Vgl. zur ähnlichen Konstellation bei § 221 StGB a.F. insbes. BGH, NJW 1993, S. 2628; Mitsch, JuS 1994, S. 556.

206 Vgl. bereits Sauer, GS 114, S. 293/294; RGSt 31, S. 167; Blei, Mayer-FS, S. 123.

207 So z.B. bei SK-*Rudolphi*, Rdnr. 64 zu § 13.

Denn es handelt sich um die, allgemein anerkannte und hier nicht zu diskutierende, Garantenstellungsbegründung durch Herbeiführen einer Gefahrenlage[208], die Ingerenz[209], oder, sofern man dort eine vorangegangene Pflichtwidrigkeit verlangen will[210], ingerenzähnliches Verhalten[211]. Vorliegend geht es aber ausschließlich um die Herbeiführung einer, zumindest zu erwartenden, *Linderung* der Gefahr durch die Rettungshandlung.

χ) Ausschluß Dritter

Andererseits bleibt zu erörtern, ob eine Garantenstellung dadurch begründet werden kann, daß durch die eigene Rettungshandlung andere Hilfswillige ausgeschlossen werden, sich also Dritte im *Fall 1* angesichts der bereits begonnenen Rettung nicht mehr darum bemühen, ihrerseits Rettungshandlungen vorzunehmen. In diesem Fall wird ja dem Opfer eine alternative Rettungschance genommen und damit zwar nicht eine Gefahr neu begründet[212], aber gewissermaßen gesteigert. Nun liegt hier im Falle eines konstitutionell Hilflosen die Besonderheit vor, daß er selbst keinerlei Einfluß auf das Geschehen nehmen kann und es somit um eine Fallgestaltung geht, in der der Hilfspflichtige allein durch seine Hilfeleistung andere davon abhält, selbst einzugreifen. S t r e e hat diese Konstellationen unter dem Stichwort der Schaffung einer Vertrauenslage behandelt und die Übernahme der Gefahrenabwehr in diesem Fall einem vorausgegangenen gefahrbegründenden Tun gleichgestellt[213]. Danach wäre, ließen andere hilfsbereite Dritte von erwogenen Rettungshandlungen ab, weil der Täter solche bereits ergriffen hat, dieser selbst Garant für die Rettung des Ertrinkenden und damit, wenn er seine Rettungshandlung abbricht, jedenfalls aus einem unechten Unterlassungsdelikt heraus strafbar[214]. S t r e e stützt seine Argumentation mit Fallkonstellationen, in denen der Täter Dritte mit vorsätzlich unwahren Behauptungen von einer Rettungshandlung abhält, entweder durch Vorspiegeln der Nutzlosigkeit einer Rettung oder dem unwahren Versprechen, selbst alles Notwendige vorzunehmen. Dasselbe müsse dann auch gelten, wenn sich der Täter erst später eines anderen besinnt[215]. Diese Argumentation vermag zu überzeugen, da es im ersten Fall um die sog. 'Abstiftung' eines Dritten und

---

208 Überblick bei Otto/ Brammsen, Jura 1985, S. 648 ff..

209 BGHSt 26, S. 39; BGH, MDR 1982, S. 448; Mitsch, JuS 1994, S. 556; Otto, JK 1994, § 13/24.

210 Vgl. Nachw. bei Otto/ Brammsen, Jura 1985, S. 648 (Fn. 256).

211 Vgl. Nachw. bei BGHSt 26, S. 37.

212 Otto, JK 1994, StGB, § 13/24.

213 Mayer-FS, S. 155; ebenso Mitsch, JuS 1994, S. 556.

214 Stree, Mayer-FS, S. 157.

215 Mayer-FS, S. 158.

damit um eine, wie noch dargestellt werden wird[216], Begehungstat, im zweiten um eine Tat mit derselben Folge geht, die, wenn auch zunächst nicht vorsätzlich, ein gefahrbegründendes Tun darstellt, aus dem eine Garantenstellung folgt. Allerdings, und dies ist festzuhalten, liegt die Gefahrbegründung nicht in der Rettungshandlung an sich, sondern in dem dadurch verursachten Ausbleiben anderer Rettungshandlungen mit der Folge, daß bei Fehlen potentieller Dritter eine Garantenstellung erst gar nicht entsteht, bei mangelnder Kenntnis vom Verhandensein solcher dem Täter daher § 16 StGB[217] zugute kommt. Es kommt also nicht schon auf die abstrakte Vereitelung einer Rettungschance für andere[218], sondern auf die konkrete Vereitelung an[219].

δ) Fazit

Im Ergebnis kommt also eine Bestrafung aus einem unechten Unterlassungsdelikt bei Abbruch einer Rettungshandlung nicht schon qua Garantenstellung wegen einseitigen Ergreifens einer Rettungshandlung, sondern nur durch den dadurch bedingten Ausschluß drittvermittelter Rettungshandlungen in Betracht.

bb) kraft Schaffens einer Vertrauenslage beim Opfer

Nun ist aber noch nicht abschließend ausgeschlossen, daß durch den Beginn der Rettungshandlung, ohne daß auf Dritte Einfluß ausgeübt würde, eine Garantenstellung deswegen entsteht, weil sich das Opfer im *Fall 1* selbst in die Hände des Täters begibt, somit auch eine Vertrauenslage geschaffen wird[220]. S c h ü n e m a n n subsumiert auch diese Konstellation unter sein Herrschaftsprinzip. „Wer die Abwendung eines drohenden Schadens willentlich übernimmt und dann doch die durch einen Vertrauensakt erworbene Herrschaft nicht zur Erfolgsabwendung nutzt, kann sich nicht damit herausreden, daß der Erfolg auch eingetreten wäre, wenn er die Übernahme von vornherein abgelehnt hätte. Da er die Gefahrenabwehr nun einmal übernommen hat, erwachsen ihm daraus auch die mit der Herrschaftsbeziehung verbundenen Pflichten, ohne daß es auf ir-

---

216 S.u. 2. Abschn. C. I. 1. b) aa).

217 „§ 16. Irrtum über Tatumstände. (1) Wer bei Begehung der Tat einen Umstand nicht kennt, der zum gesetzlichen Tatbestand gehört, handelt nicht vorsätzlich. Die Strafbarkeit wegen fahrlässiger Begehung bleibt unberührt. (2) Wer bei Begehung der Tat irrig Umstände annimmt, welche den Tatbestand eines milderen Gesetzes verwirklichen würden, kann wegen vorsätzlicher Begehung nur nach dem milderen Gesetz bestraft werden."

218 So aber BGH, NJW 1993, S. 2628.

219 Mitsch, JuS 1994, S. 556; dazu tendiert auch Krack, JuS 1995, S. 88.

220 OLG Celle, NJW 1961, S. 1939 ff.; OLG Hamm, VRS, Bd. 12, S. 45 f.; auch BGH, MDR 1956, S. 10.

gendwelche hypothetischen Kausalverläufe ankommt"[221]. Anhand des von S t r e e[222] gebildeten Wandererfalles, in dem ein Wanderer an einsamer Stelle auf einen Verunglückten stößt und er diesen mit dem Versprechen verläßt, sofort Hilfe zu holen, nimmt auch er, in Einklang mit S t r e e , eine Einschränkung dahingehend vor, daß zusätzlich zur Übernahme der Rettung auch hier ein Kriterium vorliegen muß, das zu einer über die allgemeine Samariterpflicht hinausgehenden Garantenstellung führt. Wenn er dies in einer vom Opfer vorgenommenen Disposition sieht, so befindet er sich auf genau derselben Argumentationsschiene, die bereits oben für die Begründung einer Garantenstellung wegen Abhaltens Dritter von Rettungshandlungen verwendet wurde. Denn es macht tatsächlich keinen Unterschied, ob ein potentiell rettungsbereiter Dritter vom Täter selbst oder vom Opfer abgehalten wird, so daß auch im Wandererfall, wenn das Opfer wegen der Rettungszusage eigene Rettungsbemühungen unterlassen oder hinzukommende Dritte mit Hinweis auf die bereits in Gang gesetzte Rettung von eigenen Rettungsaktivitäten abhalten wird, eine Garantenstellung anzunehmen ist. Bricht der Täter also nunmehr seine Rettungshandlung ab, so haftet er (zumindest) aus einem unechten Unterlassungsdelikt.

c) aus dem Abbruch der Rettungskausalität

Schließlich soll auf den Gedanken eingegangen werden, ob eventuell *aus dem Abbruch der Rettungskausalität* selbst eine Garantenstellung folgt, namentlich, ob derjenige, der eine Rettungshandlung vornimmt und dann dennoch wieder abbricht, automatisch Garant würde mit der Folge, nun endgültig für die Rettung des Opfers verantwortlich zu sein[223]. Denn wenn auch durch die Rettungshandlung und die dadurch in Gang gesetzte Kausalität selbst in der Regel keine Gefahrbegründung liegt, so doch sicher darin, daß sich nunmehr das zuvor bestehende, auf das Opfer positiv hinwirkende Kausalgefüge nunmehr wieder so verändert, daß eine neue Gefahr begründet wird.

Hier kann eine Gefahrerhöhung jedoch erst zu einem Zeitpunkt eintreten, in dem die Kausalität schon selbständig auf das Opfer hinwirkt. Und genau dieser Zeitpunkt ist, wie im weiteren dargestellt wird, ebenso entscheidend für die Frage, ob es sich in diesem Fall um ein echtes Begehungsdelikt handelt. Die Frage nach der Garantenstellung aus dem Abbruch der Rettungskausalität hängt also davon ab, ob der Abbruch selbst eine echte Begehungstat darstellt oder nicht. Im ersteren Fall erübrigte sich dann die 'Suche' nach einer Garantenstellung, denn es ist allgemein anerkannt, daß derjenige, der einen konkreten Erfolg

---

221 Grund und Grenzen, S. 350.

222 Mayer-FS, S. 152.

223 So offensichtlich Gössel, ZStW 1984, S. 334; Wilhelm, Diss. 1992, S. 50.

in Form echter Begehung herbeigeführt hat, nicht für denselben Erfolg aus einem unechten Unterlassungsdelikt haftet[224].

Folglich ist nur dann, wenn im Abbruch der Rettungskausalität keine echte Begehungstat liegt, eine unechte Unterlassungstat zu prüfen. Es läge dann tatsächlich eine Haftung desjenigen, der durch den Rücktritt vom Gebotserfüllungsversuch eine Gefahrerhöhung verursacht hat, für den Nichteintritt des Erfolges aus einem unechten Unterlassungsdelikt vor.

d) Fazit

Als Fazit kann damit festgehalten werden, daß aus § 323 c StGB selbst, ebenso wie aus allen echten Unterlassungstatbeständen, keine Garantenstellung folgt, ebenso nicht aus der bloßen Vornahme einer Rettungshandlung.

Vielmehr entsteht sie nur dann, wenn durch die Übernahme der Rettung entweder beim Opfer selbst oder bei potentiell hilfsbereiten Dritten ein Vertrauen auf die Fortsetzung der Rettung durch den Täter entsteht und diese daher auf eigene Rettungsaktivitäten verzichten bzw. sie ganz unterlassen.

Aus dem Abbruch der Rettungshandlung selbst folgt nur dann eine Garantenstellung, wenn er selbst keine echte Begehungstat darstellt. Diese Frage ist allerdings Gegenstand der weiteren Untersuchung.

5. Weitere richtungsweisende Lösungsansätze

Nachdem nunmehr feststeht, daß die bisher dargestellten Theorien bzw. Lösungswege entweder nicht dazu ausreichen, ein Umschlagen eines echten Unterlassungsdelikts in ein Begehungsdelikt zwischen Beginn und Vollendung des Gebotserfüllungsversuchs zu begründen (Umkehrprinzip) bzw. grundsätzlich anzunehmen (Garantenprinzip), oder jedenfalls nicht die Möglichkeit eröffnen, eine exakte Scheidelinie zu bestimmen (Rechtsfigur des Unterlassens durch Tun), besteht doch weitgehend Einigkeit darüber, daß es ein solches Umschlagen gibt. Die Begründungen sind jedoch gleichsam unbestimmt wie aber in Ansatz und Ergebnis übereinstimmend.

a) Kausalitätskriterium bei S a m s o n

S a m s o n[225] beispielsw. nimmt ein Begehungsdelikt dann an, wenn es sich um einen Rücktritt vom *beendeten* Gebotserfüllungsversuch handelt und beruft sich auf das Kausalitätskriterium, wonach der Täter, wenn er alle zur Vermeidung

---

224 Engisch, Gallas-FS, S. 185: Sonst müßte man im Falle eines tödlichen Messerstichs eine unechte Unterlassungstat annehmen, wenn der Täter sein Opfer danach noch hätte retten können.

225 Welzel-FS, S. 598.

des rechtsgutverletzenden Erfolges erforderlichen Umstände gesetzt hat, bei Beseitigung einzelner rettender Umstände die gesetzmäßige Bedingung für den Erfolgseintritt setzt. Er gelangt also mit Hilfe des Kausalitätskriteriums zur Kausalität des Täters für den Erfolg und damit zur Annahme von Begehung. Denn wer Umstände gesetzt habe, die die Situation des Rechtsguts verbessern, der stehe nach Abschluß seiner Handlung diesen Umständen ebenso fremd gegenüber wie den übrigen, das Rechtsgut begünstigenden Faktoren[226].

Wie die weiteren Untersuchungen ergeben werden, ist diese Ansicht zum großen Teil bestechend und wird von vielen Autoren geteilt[227]. Es fehlt lediglich eine genaue Definition dessen, was unter dem *beendeten* Gebotserfüllungsversuch zu verstehen ist. Dazu wird argumentiert, der Täter müsse „alle zur Vermeidung des rechtsgutverletzenden Erfolges erforderlichen Umstände gesetzt" haben[228], „alles verwirklicht (haben), was zur Erreichung des im Gebot gesteckten Zieles erforderlich ist"[229] bzw. den „von ihm angestoßenen Kausalverlauf bereits aus der Hand gegeben" haben[230] oder eine „bereits existent gewordene - objektivierte - Rettungschance für einen anderen zunichte (machen)"[231]. Es fehlt außerdem an einem Eingehen auf die, letztlich der Rechtsfigur des Unterlassens durch Tun als Motivation zugrunde liegende, Tatsache, daß dem Täter durch § 323 c StGB ein gewisser 'Freiraum' gegeben ist, dessen Grenzen ebenfalls zu berücksichtigen sind.

b) Sozialkriterium bei Jakobs

Jakobs[232] bestreitet dagegen die Prämisse, daß jede vermeidbare Verursachung zu einer Begehungshaftung führe und stellt nicht auf naturalistische, sondern auf soziale Kategorien ab. Er kommt zu dem Ergebnis, daß bei bloßer Begrenzung von Kausalverläufen innerhalb des eigenen Organisationskreises eine Begehungshaftung auszuschließen sei. Erst wenn der rettende Verlauf den Organisationskreis des Handelnden auch nur partiell verlassen habe, führe seine Revokation zur vollen Haftung.

---

226 Samson, Welzel-FS, S. 600.

227 Stoffers, Schwerpunkt der Vorwerfbarkeit, S. 313, der sich allerdings in JuS 1993, S. 841, widerspricht und in Fällen des beendeten Gebotserfüllungsversuchs ein Tun leugnet; Sch-Sch-*Stree*, Vorbem. §§ 13 ff., Rdnr. 160; Otto, GK Strafrecht AT, S. 141; SK-*Rudolphi*, Rdnr. 47 vor § 13; Engisch, Gallas-FS, S. 183, der allerdings die Einwände Roxins dahingestellt sein läßt.

228 Samson, Welzel-FS, S. 598.

229 Stoffers, Schwerpunkt der Vorwerfbarkeit, S. 313.

230 SK-*Rudolphi*, Rdnr. 47 vor § 13.

231 Otto, GK Strafrecht AT, S. 141; Sch-Sch-*Stree*, Vorbem. §§ 13 ff., Rdnr. 160; Kühl, Strafrecht AT, § 18 Rdnr. 21.

232 Strafrecht AT, Rdnr. 62/ 63.

Die exakte Bestimmung der Grenze des eigenen Organisationskreises in den Fällen des Rücktritts vom Gebotserfüllungsversuch bleibt aber auch hier unklar, obschon der 'Freiraum' aus § 323 c StGB zumindest andeutungsweise beachtet wird.

c) Energiekriterium bei Engisch

Engisch[233] schließlich stellt auf das von ihm zur Abgrenzung von Tun und Nichttun (Unterlassen) verwendete Kriterium des Energieeinsatzes ab und kommt ebenso zu dem Ergebnis, daß, wenn der Täter eine Situation geschaffen habe, aufgrund derer sich das Opfer retten konnte und es aller Wahrscheinlichkeit nach auch getan hätte, das Zunichtemachen der nahen Rettung eine Aktivität sei, die naturgesetzlich-kausal den tatbestandlichen Erfolg herbeiführe. Auf den Energieeinsatz in diesem Moment gesehen sei es nicht anders, als wenn zuvor ein Dritter die Rettungsmöglichkeit eröffnet hätte. Allerdings erörtert er nur als Annex in einem Hinweis die Argumentation Armin Kaufmanns und Roxins und dessen Argument, negativer wie positiver Energieeinsatz höben sich beim Rücktritt vom Gebotserfüllungsversuch gegeneinander auf, läßt die Richtigkeit dieser These aber ausdrücklich offen.

d) Gemeinsamkeiten

Allen genannten Lösungsansätzen ist also gemein, daß grundsätzlich jeweils ein Zeitpunkt existiert, nach dessen Eintritt eine Rückgängigmachung der Rettungshandlung einem echten Begehungsdelikt unterfallen soll. Die exakte Definition der Situation, die das Umschlagen vom echten Unterlassungs- in das echte Begehungsdelikt markiert, bleibt aber kontrovers, wenngleich sich der (gewollte) Zeitpunkt erahnen läßt.

e) Bedenken Seelmanns

Ein Wort noch zu den Bedenken, die Seelmann[234] grundsätzlich gegen die Annahme einer Begehungstat anmeldet, wenn er sagt, es werde eine hypothetische Kausalität herangezogen, die gerade für unechte Unterlassungsdelikte signifikant sei, nicht aber der condicio-sine-qua-non-Formel der Begehungsdelikte entspreche. Diese Kritik geht m.E. nämlich schon im Ansatz fehl, denn nicht das (für das unechte Unterlassungsdelikt heranzuziehende) *hypothetische* Verhalten des Täters steht in Frage, sondern im Gegenteil die Entwicklung der

---

233 Gallas-FS, S. 182 ff..

234 JuSL 1987, S. 34; weiter Nachweise bei Stoffers, Schwerpunkt der Vorwerfbarkeit, S. 303 (Fn. 636, 637).

Situation ohne sein *tatsächliches* Verhalten[235]. Denn auch im Falle desjenigen, der dem Todkranken das rettendende Medikament aus den Händen reißt, bedarf es der 'hypothetischen' Unterstellung, daß der Kranke dieses Medikament andernfalls auch eingenommen hätte.

6. Die Bedeutung der Rettungskausalität

Fraglich bleibt nunmehr, folgt man den genannten Lösungsansätzen im Grundsatz, die exakte Bestimmung des Zeitpunkts, ab dem das Rückgängigmachen einer Rettungshandlung von der Gebots- in eine Verbotsverletzung umschlägt. Hier hat nun die Figur der Rettungskausalität eine entscheidende Bedeutung zur Lösung dieser Fallgruppe. Denn es ist doch jedenfalls so, daß mit Begründung dieser Kausalität bereits eine Veränderung im allgemeinen Kausalgefüge des Opfers bzw. des zu schützenden Rechtsguts eintritt, die jedenfalls nicht ex tunc als nicht geschehen behandelt werden kann.

a) Schutz jeglicher erhaltender Kausalität

Aus der Konzeption des Strafrechts heraus läßt sich ja schon die These herleiten, daß es beim Schutz von Rechtsgütern um einen Bestandsschutz und mithin um einen Schutz aller den Bestand garantierenden Kausalitäten geht[236]. Weiter soll aber behauptet werden, daß auch den einer drohenden Vernichtung des Rechtsgutes in tauglicher Weise entgegenwirkenden rettenden Kausalitäten ein solcher Schutz gebühren soll. Dies schon deshalb, als es, insbesondere in zeitlicher Hinsicht, kaum möglich ist, lediglich rechtsguterhaltende von etwaigen rechtsgutrettenden Kausalitäten zu unterscheiden. Die Folge ist also, daß schlichtweg alle bereits existierenden Kausalverläufe, die den Bestand des Rechtsgutes tatsächlich bedingen, seien sie rechtsguterhaltend oder -rettend, geschützt sind und deren Abbruch normwidrig und bei Tatbestandserfüllung im übrigen strafbar ist.

b) „Freiheit“ des Einzelnen zur Gebotserfüllung

Daneben steht aber auch der Grundsatz, daß, wie ebenfalls bereits dargestellt[237], der Einzelne lediglich zur Begründung eines rechtsgutrettenden Kausalverlaufs, nicht aber zur Abwendung eines negativen Erfolges an sich aus den Gebotsnormen verpflichtet ist. Er hat also sozusagen die 'Wahl', ob er sich z.B. einer unterlassenen Hilfeleistung strafbar machen 'will' oder nicht. Nicht in Frage

---

235 Wobei ein adäquater Kausalzusammenhang ausreicht, Tenckhoff, NJW 1995, S. 747; Stoffers, Schwerpunkt der Vorwerfbarkeit, S. 302/ 303 m.w.N. (Fn. 634).

236 S.o. 1. Teil 1. Abschn. A..

237 Oben 1. Teil 2. Abschn. A. I. 1..

steht insoweit seine Verantwortlichkeit gegenüber dem Rechtsgut an sich, so daß er gegebenenfalls eben aus dem echten Unterlassungsdelikt zu bestrafen wäre. Unterläßt aber z.B. ein Hilfspflichtiger iSv. § 323 c StGB die Begründung eines rechtsgutrettenden Kausalverlaufs, tritt im Kausalitätsgefüge des Opfers jedenfalls keinerlei Veränderung ein.

c) Verbot der Rückgängigmachung

Wenn aber nun eine solche Veränderung eintritt, indem ein Kausalverlauf in Gang gesetzt wurde und dieser dann ein Teil des Kausalitätsgefüges des Opfers wird, ist seine Veränderung damit ein Eingriff, der zu einem Begehungsdelikt führen muß[238].

Das macht aber, wie bereits angesprochen, eine genauere Untersuchung darüber notwendig, ab welchem Zeitpunkt ein solcher Eingriff, ein 'Abbruch', vorliegt bzw. ab welchem Zeitpunkt eine Kausalität zum Kausalitätsgefüge des Opfers gehörig ist.

d) Lösungsweg

Die 'Freiheit' des Einzelnen, eine gebotene Handlung vorzunehmen oder nicht, konkurriert also mit dem Schutz jeglicher rechtsguterhaltender wie auch rechtsgutrettender Kausalitäten. Es wurde bereits ausgeführt, daß eine Handlung im strafrechtlichen Sinn ein In-Kontakt-Treten mit der Außenwelt darstellt. Wenn nun mit einer Handlung ein rettender Kausalverlauf in Gang gesetzt wird, so verbietet an sich die Rechtsordnung, diesen Kausalverlauf wieder durch eine Handlung abzubrechen.

aa) Tauglichkeit der Kausalität

Vorab ist klarzustellen, daß zwingende Voraussetzung für die zu untersuchende Problematik tatsächlich eine taugliche rettende Kausalität in dem Sinne ist, daß sie auch wirklich zur Rettung des Opfers führen würde. Denn nur dann ist deren Abbruch erfolgsverursachend[239]. Eine untaugliche Kausalität kommt dem Rechtsgut nicht zugute und ist daher auch kein Teil des es bedingenden Kausalgefüges. Folge dieser Erwägungen ist daher, daß zwar das In-Gang-Setzen eines rettenden Kausalverlaufs, der nach der Vorstellung des Täters erfolgversprechend ist, ein 'beendeter' und zugleich 'vollendeter' Gebotserfüllungsversuch ist, dieser jedoch, wenn tatsächlich erfolgbringend, zugleich die Vollendung einer nicht gebotenen Erfolgsabwendung darstellt. Da die Gebotstatbestände

---

238 Blei, Strafrecht I, S. 312.

239 Samson, Welzel-FS, S. 584, 600: Eine Kausalität, die mit Sicherheit das Opfer erreicht bzw. es gerettet hätte; Puppe, ZStW 1980, S. 905.

gerade keine Erfolgsdelikte sind, liegt die Vollendung nämlich bereits in der Vornahme einer gebotenen Handlung[240]. Diese soll zwar auf eine rechtsgutrettende Kausalität gerichtet sein, eine Erfolgsabwendung ist aber tatbestandlich nicht verlangt.

α) Be- und vollendeter untauglicher Gebotserfüllungsversuch

Damit ist der Abbruch einer von vornherein untauglichen Rettungshandlung in diesem Zusammenhang nicht problematisch. Der Gebotserfüllungsversuch ist beendet, eine Strafbarkeit aus dem echten Unterlassungsdelikt allenfalls dann anzunehmen, wenn angesichts der Untauglichkeit keine weiteren Gebotserfüllungshandlungen folgen[241]. Der Abbruch der untauglichen Kausalität selbst bleibt somit gänzlich folgenlos, sie ist keinem Rechtsgut zugehörig und damit nicht geschützt, der Abbruch mithin straflos.

β) Be- und vollendeter tauglicher Gebotserfüllungsversuch

Anders ist hingegen die Rückgängigmachung der mit Begründung einer tauglichen Kausalität be- und vollendeten Gebotserfüllung zu behandeln. Insoweit bedarf es der Prüfung einer hypothetischen Kausalität, die sich aber, wie bereits dargestellt, ebenso ergibt wie beispielsw. die Frage, ob das Herz des Opfers ohne den das Schlagen unterbrechenden Pistolenschuß weitergeschlagen hätte. Daß vorliegend diese Prüfung, wie im weiteren diskutiert werden wird, umfangreicher und differenzierter vorgenommen werden muß, ist lediglich Ausfluß der komplexeren Sachlage, nicht jedoch ein Argument gegen das potentielle Vorliegen eines Begehungsdelikts. Zur Präzisierung dieses Gedankens im Rahmen der hier benutzten Terminologie der Rettungskausalität sei aber noch hinzugefügt, daß die Tauglichkeit nicht etwa bezogen auf das Geschehen im Ganzen, sondern für jeden Zeitpunkt im Geschehensablauf gesondert zu prüfen ist. Denn bedingt durch die Tatsache, daß es schlicht unendlich viele Kausalverläufe sind, die ein Rechtsgut erhalten, ist jeder noch so kleine Abschnitt vom Schutz umfaßt, nicht erst die Rettungshandlung im Ganzen, quasi in der Gesamtschau.

bb) Selbständigkeit der Kausalität

Nun ist schon beispielsw. die Tatsache, daß der des Weges kommende Spaziergänger angesichts eines im See zu ertrinken Drohenden seinen Weg verläßt, um

---

[240] S.o. unter 1. Teil 2. Abschn. A. II. 1. b).

[241] Armin Kaufmann, Dogmatik, S. 108.

diesem zu helfen, bereits eine taugliche Kausalität im weitesten Sinne, die, würde sie weitergeführt, letztendlich dessen Rettung bewirkte. Es erscheint aber unsinnig, den Fußgänger, wenn er sich auf halbem Weg zum Ufer eines anderen besinnt und umkehrt, wegen eines Begehungsdelikts belangen zu wollen[242]. Denn dann wäre § 323 c StGB auf die Fälle beschränkt, in denen der Hilfspflichtige nicht eine Regung hin zum Opfer täte, etwas, was ersichtlich nicht gewollt ist und gewollt sein kann. Dies läßt sich aber auch begründen. Denn solange der Kausalverlauf immer noch einzig und allein in der Person des Hilfspflichtigen besteht und ausschließlich von seinem Willen abhängig ist, überwiegt die Freiheit des Einzelnen, sein Handeln selbst zu bestimmen, hier also, sich lediglich nach § 323 c StGB strafbar zu machen[243].

Besinnt sich dagegen der zunächst hilfswillige Fußgänger eines anderen und beschließt gleichzeitig, eine auf den Ertrinkenden zutreibende Holzplanke zudem anzuhalten, mag nahezu keiner daran zweifeln, daß sich der Täter nunmehr eines Begehungsdelikts schuldig macht[244], in diesem Falle durch Tun.

Wie nun, wenn der Fußgänger, am Ufer angekommen, unabsichtlich selbst die Holzplanke lostritt, die nun direkt auf das Opfer zuzutreiben beginnt, und vom Hilfspflichtigen angehalten wird[245]? Das Argument R o x i n s , eine Neutralisierung des bereits Geschehenen sei möglich, stößt m.E. in dieser Variante an systematische Barrieren: Denn unterstellte man, daß der Täter nicht berechtigt ist, eine am Vortag von ihm ins Wasser gestoßene und jetzt auf das Opfer zutreibende Planke mit der Begründung zurückzuhalten[246], er neutralisiere nur seine Handlung, so dürfte dies genausowenig in diesem Fall gelten. Das Zeitmoment darf insoweit keinen Ausschlag geben. Und auch der mögliche Einwand, die Handlung sei nicht in Rettungsabsicht vorgenommen worden, ist, weil die subjektive Komponente für die Frage der Begehungsform insoweit keine Rolle spielt, nicht tragfähig. Man mag in diesem Fall eine *Rettungs*kausalität ablehnen, doch führte dies nur zur sprachlichen Umwandlung in eine reine Na-

---

242 Armin Kaufmann, Dogmatik, S. 108, sieht in diesem Fall daher auch „wenig Schwierigkeiten"; Kühl, Strafrecht AT, § 18 Rdnr. 21.

243 Das ist es, was Jakobs, Strafrecht AT, Rdnr. 62/ 63, mit „Organisationskreis" meint.

244 Blei, Strafrecht I, S. 312; Engisch, Gallas-FS, S. 183; Roxin, Engisch-FS, S. 382; Arzt, JA 1980, S. 557; Haft, Strafrecht AT, S. 172.

245 AK-*Seelmann*, Rdnr. 25 zu § 13, verneint generell eine condicio sine qua non für die Fälle der Rücknahme eigener Rettungshandlungen, müßte daher auch hier zu einem Unterlassen kommen.

246 Wenn auch dieser Fall konstruiert erscheint, zeigt er doch die systematische Folge dieser Auffassung. Zuzugeben ist, daß diese These, wie im übrigen viele der in den einschlägigen Diskussionsbeiträgen zur Stütze der vertretenen Ansicht gebildeten Vergleichsbeispiele, zunächst ohne Begründung bleibt und sich wohl eher am Rechtsgefühl orientiert. Die dogmatische Stütze findet sich aber in den weiteren Ausführungen.

turkausalität. An der Tatsache, daß diese (erst recht) nicht abgebrochen werden darf, ändert sich jedoch nichts. Außerdem ist es dogmatisch schwer zu erklären, warum eine versehentlich eingeleitete Rettungskausalität nicht, eine absichtlich gesetzte dagegen schon rückgängig gemacht werden dürfte[247].

Vielmehr ist aus den vorstehenden Erwägungen zu schließen, daß ein tauglicher rettender Kausalverlauf, einmal so in Gang gesetzt, daß er selbständig zur Rettung führen würde, nicht mehr unterbrochen werden darf[248]. Wird er es doch, liegt ein Verstoß gegen das Verbot des Abbruchs rechtsguterhaltender Kausalverläufe und damit ein echtes Begehungsdelikt vor. Insoweit ist es also möglich, dies als Rücktritt vom beendeten Gebotserfüllungsversuch zu benennen[249], bei dem der Hilfspflichtige alle Umstände gesetzt hat, die eine drohende Rechtsgutsverletzung verhindern werden[250]. Denn ist er seiner Pflicht nachgekommen und hat sich rechtmäßig verhalten, „so ist die so geschaffene, normadäquate Situation für die rechtliche Beurteilung allen weiteren Verhaltens zugrunde zu legen“[251].

cc) Bedeutung des Hilfspflichtigen als Handelndem

Aber dieser Gedanke bedarf weiterer Präzisierung. Wie nämlich im *Fall 1*, wenn der Täter den Kausalverlauf quasi ununterbrochen in der Hand hält, sei es in Form einer ansonsten ungesicherten Rettungsleine, die er langsam Stück für Stück ins Wasser gleiten läßt, sei es in Form des von Roxin[252] gebildeten Falles der ungesicherten Rettungsleiter, die zu einem in eine Gletscherspalte Gestürzten hinabgelassen wird? Oder des Falles bei Schmidhäuser[253], wonach ein Schwimmer den im See zu ertrinken Drohenden zunächst in Richtung Ufer gebracht hat und dann unterwegs losläßt? Hier hat der Hilfspflichtige noch nicht alle Umstände gesetzt, die die Rechtsgutsverletzung

247 So auch Samson, Welzel-FS, S. 600.

248 Wilhelm, Diss. 1992, S. 49; Baumann-*Mitsch*, Strafrecht AT, § 15 Rdnr. 31; Blei, Strafrecht I, S. 312, spricht davon, daß der Hilfspflichtige den Kausalverlauf „aus der Hand gegeben hat“ und ist damit, wie die weitere Untersuchung zeigen wird, unpräzise.

249 Allerdings nur nach der o. unter II. 2. cc) skizzierten Hilfskonstruktion, nach der die Vollendung erst bei Eintritt des erwünschten Erfolges anzunehmen ist. Andernfalls müßte vom ‘Rücktritt von der vollendeten Gebotserfüllung’ gesprochen werden, was jedoch, weil juristisch schief, untunlich wäre.

250 Samson, Welzel-FS, S. 598; Engisch, Gallas-FS, S. 183.

251 Reinhard Zimmermann, NJW 1977, S. 2104.

252 Engisch-FS, S. 387.

253 Strafrecht AT, S. 402.

voraussichtlich verhindern werden, ein beendeter Gebotserfüllungsversuch[254] liegt noch nicht vor. Gerade auch in diesen Fällen ergibt sich die Antwort aus der hier entwickelten systematischen Lösung. Schon jeder kleine Teilabschnitt des gesamten Rettungsgeschehens verändert ja die Rettungskausalität und damit das Kausalitätsgefüge des Opfers. Mithin besteht zwar weiterhin die 'Freiheit', keine neue Rettungskausalität zu begründen, daneben aber auch das Verbot, bereits bestehende zu vernichten. Hat der Täter eine Rettungsleine ins Wasser geworfen, die er noch in der Hand hält, um sie dann stückweise in das Wasser gleiten zu lassen, und verharrt er kurz danach untätig in dieser Position, so daß die Leine nicht weiter auf das Opfer zutreibt, so macht er sich insoweit nur nach § 323 c StGB strafbar, und zwar in Form des Nichttuns[255]. Denn in diesem Augenblick ist eine selbständige taugliche Kausalität nicht vorhanden. Ebenso im Gletscherspaltenfall: Wer die Leiter in der Hand hält und auf halbem Wege anhält, macht sich nur wegen § 323 c StGB durch Nichttun strafbar[256]. Denn, da sie sich nicht selbständig und tauglich weiter zum Opfer bewegt, ist auch noch kein rettender Kausalverlauf vorhanden. Aus diesem Grund steht es dem Hilfspflichtigen hier sogar 'frei', die Leiter fallen zu lassen oder zurückzuziehen (Tun). Allein die körperliche Existenz des Hilfspflichtigen ist Garant für die erfolgversprechende Kausalität. Hier aber überwiegt also noch die 'Freiheit', sich eines anderen zu besinnen.

Anders hingegen im Rettungsleinenfall, wenn der Hilfspflichtige bereits das gesamte zur Rettung notwendige Stück der Leine ins Wasser geworfen hat, sie auf das Opfer zutreibt und er sie nur noch am Ufer festhält. Wirft er sie jetzt vollständig ins Wasser, ist die ansonsten selbständige Kausalität, die sich durch die Verbindung mit dem Ufer auszeichnet, durch Tun abgebrochen mit der Folge des Vorliegens eines Begehungsdelikts. Der Täter mag die Leine dagegen, wenn er nunmehr gewillt ist, von weiteren Rettungsbemühungen abzusehen, zunächst am Ufer befestigen (veränderte (nicht abgebrochene!), bis dahin ebenso taugliche Rettungskausalität) und dann das Weite suchen. Wenn das Opfer die Leine danach unerwarteter Weise nicht ergreifen kann, liegt allenfalls[257] § 323 c StGB vor. Die gleiche Situation ist gegeben, wenn im Gletscherspaltenfall

---

254 Baumann-*Mitsch*, Strafrecht AT, § 15 Rdnr. 31; mißverständlich Schmidhäuser, Strafrecht AT, S. 402: Es sei eine „zunächst erbrachte, nun aber beendete, weiterhin aber erforderliche Hilfeleistung i.S. des § 323 c unterlassen worden".

255 Soweit auch Kühl, Strafrecht AT, § 18 Rdnr. 21, wenn er sagt, daß derjenige, der „den Rettungsring, den er gerade aus der Halterung genommen hat, nun doch nicht wirft, (..) trotz Ansetzens zur Rettungshandlung nur die Rettung unterlassen" habe.

256 Haft, Strafrecht AT, S. 172.

257 Man wird dort regelmäßig einen untauglichen oder fehlgeschlagenen Gebotserfüllungsversuch annehmen müssen, der nur bei weiterhin möglichen Rettungshandlungen zu einer Strafbarkeit aus § 323 c StGB wegen deren Nichtvornahme führt.

die Leiter zuvor befestigt worden ist, da nun die Rettungskausalität selbständig und tauglich, also auch ohne Abhängigkeit von der weiteren Existenz des Täters, besteht. Denn nunmehr ist die willentliche Tätigkeit des Hilfspflichtigen im Herunterlassen der Leiter allenfalls eine Verzögerung der bereits angelegten Kausalität. Selbständig ist sie nämlich schon ab dem Zeitpunkt, in dem sie durch die Schwerkraft von selbst in die Spalte hinabgefallen wäre. Zieht der Hilfspflichtige sie trotzdem zurück, macht er sich eines Begehungsdelikts durch Tun strafbar.

Ebenso auch dann, wenn die ungesicherte Leine bzw. Leiter bereits in erreichbarer Nähe des Opfers ist[258]. Es besteht kein Unterschied zu der Situation, in der der Täter diese zuvor festgemacht hat. Daß der Täter sie noch 'in der Hand' hat, spielt nunmehr keine Rolle, denn der Kausalverlauf ist bereits am erhofften Ziel und damit tauglich. Der Rettungspflichtige ist jetzt nicht mehr 'Garant'[259] dafür, daß die Kausalität erfolgsversprechend bleibt. Sie ist es in diesem Augenblick bereits selbst, der Rettungspflichtige ist nunmehr ein fester Bestandteil der rettenden Kausalität. Zieht er die Leiter nun wieder zurück, liegt eine Begehungstat vor.

Dieser Umstand mag auf den ersten Blick befremden, doch hilft eine Betrachtung der Situation: Hat der Hilfspflichtige die Leine bzw. Leiter befestigt, so ist die von ihm zur Rettung verlangte Teilhandlung ja bereits geschehen, er kann sich quasi nicht mehr auf eine ihm gegebene 'Freiheit' zur Inaktivität berufen. Und dasselbe muß gelten, wenn die Leine bzw. Leiter gleichsam an ihm 'befestigt' und in dieser Situation selbständig ist. Um sich nur der Gefahr der Bestrafung aus einem echten Unterlassungsdelikt auszusetzen mag daher jeder seine Rettungsaktivitäten einstellen, rückgängigmachen darf er sie dagegen eben nicht. Und gerade darin besteht die Motivation für eine erhöhte Strafwürdigkeit.

dd) Formel

Aus dem Vorgesagten ergibt sich damit auch ein dogmatisch taugliches und aus anderem Zusammenhang bereits bekanntes Kriterium zur Feststellung, wann ein Abbruch einer rechtsgutrettenden Kausalität, der dem Verbot des Abbruchs

---

258 So auch Samson, Welzel-FS, S. 598; Roxin, Engisch-FS, S. 387, bezeichnet diesen Zeitpunkt als den, in dem der Gebotserfüllungsversuch vollendet sei. Aus oben genannten Gründen ist dies aber dann nicht zutreffend, wenn man die Terminologie analog zum Rücktritt vom Versuch benutzt. Danach ist allenfalls der Versuch der Herbeiführung einer, vom Täter durch § 323 c StGB jedoch nicht verlangten, Rettung iS. eines Erfolgsdeliktes vollendet.

259 Nicht i.S.v. § 13 StGB, sondern in dem o.g. Sinne, daß damit noch ein „Rücktritt" mit der Folge nur eines verwirklichten echten Unterlassungsdelikts eintreten würde.

rechtsguterhaltender Kausalitäten unterfällt, vorliegt: Wenn und sobald die Kausalität bei *Wegdenken weiterer Veränderungen durch den Täter* weiterhin *in tauglicher oder sogar tauglicherer Weise zum Opfer hinwirkt oder bereits am Ziel ist*, ist ein Abbruch derselben verboten[260]. Solange dies nicht der Fall ist, liegt kein Abbruch und mithin lediglich eine Gebotsverletzung vor.

Prüft man diese Formel am *Fall 2*, so ergibt sich sofort: Sobald der Anzeigebrief in den Postkasten geworfen bzw. einem Dritten[261] zum Einwerfen übergeben worden ist, besteht die rettende Kausalität in tauglicher Weise selbständig weiter. Aus den genannten Erwägungen über die Unerheblichkeit der dem Kausalverlauf zugrundeliegenden Motivation liegt eine geschützte Kausalität im Vorgriff auf die noch folgenden Erwägungen nämlich ebenso schon dann vor, wenn ein Dritter den Anzeigebrief ohne Kenntnis von dessen Inhalt zum Postkasten bringt. Ein Abbruch derselben, also die Rücknahme aus dem Postlauf oder Hinderung des Dritten am Einwurf, führt damit immer zu einer Begehungstat. Ebenso liegt es, wenn der Täter den Anzeigebrief zur Abholung durch einen Dritten bereitgelegt hat und noch vor Eintreffen des Abholenden vernichtet. Auch dort hat der Täter alles zur Gebotserfüllung Notwendige getan, der Abholende stellt sich aus Sicht des Täters als selbständige taugliche Rettungskausalität dar. Vernichtet er den Brief, so greift er in das bereits bestehende Kausalgefüge ein und bricht die Kausalität ab, er macht sich einer Begehungstat[262] schuldig[263].

W i l h e l m[264] unterliegt insoweit im von ihm dahingehend abgewandelten Fall, daß der Täter den Anzeigebrief aus dem Postlauf nimmt und zerstört, zu diesem Zeitpunkt aber zu einer erneuten Anzeige deswegen außerstande ist, weil er den Sachverhalt mittlerweile vergessen hat, wohl einem Irrtum, wenn er Straflosigkeit annimmt. Er behandelt nämlich den Fall unter dem Gesichtspunkt der letzten Handlungsmöglichkeit und vermag eine Strafbarkeit des Täters nur dann zu erkennen, wenn und soweit man ihm entweder die Berufung auf die Handlungsunmöglichkeit verwehren kann oder die Rücknahme des Briefes als

---

260 Samson, Welzel-FS, S. 598; Baumann-*Mitsch*, Strafrecht AT, § 15 Rdnr. 31.

261 S. dazu im Näheren unten II..

262 Also z.B. einer Beihilfe zum geplanten und dann zur Ausführung gelangten Totschlag, dagegen wohl nicht, wie es Roxin, Täterschaft und Tatherrschaft, S. 525/ 526, entgegen A r m i n K a u f m a n n annimmt, unmittelbar eines Totschlages: Den Totschlag begeht ein anderer, mittelbare Täterschaft scheidet mangels Tatherrschaft aus.

263 A.A. Ranft, JZ 1987, S. 862: Der Abbruch des rettenden Kausalverlaufs vollziehe sich noch innerhalb des zustehenden Handlungsspielraums und entfalte noch keine unmittelbare Außenwirkung. - Dem kann aber nur dann gefolgt werden, wenn der Täter selbst den Brief zur Post geben wollte und ihn davor vernichtet, denn nur dann hängt die Rettung von einem weiteren Verhalten seiner selbst ab.

264 Diss. 1992, S. 51 ff..

vom Gebotstatbestand mitverboten ansieht. Einer Unterscheidung zwischen fortbestehender oder letzter Handlungsmöglichkeit bedarf es aber nicht; und W i l h e l m setzt sich auch selbst zu dieser Lösung in Widerspruch, da er für den ersten Fall bereits ein Begehungsdelikt annimmt[265]. Auch dort steht aber eine Unterlassungstat nicht mehr primär in Frage. Derjenige, der einen von ihm geworfenen Rettungsring begehungstatbestandsbegründend wieder zurückzieht, sieht sich allenfalls der Strafbarkeit aus § 323 c StGB als mit dem Begehungsdelikt konkurrierendem Folgetatbestand ausgesetzt, die 'ursprüngliche' Hilfspflicht hatte er bereits erfüllt. Ebenso geht W i l h e l m durchaus recht in seinen Ausführungen, wonach dem Täter im Fall kein Unterlassungstatbestand nachgewiesen werden könne. Er läßt aber unberücksichtigt, daß eine Begehungstat vorliegt, nämlich die Beihilfe zum anzeigepflichtigen Delikt.

ee) „Vollendung" der Rettungs"tat"

Es sei auch ein Wort darüber verloren, wie sich die strafrechtliche Einordnung darstellt, wenn das Opfer die Rettungsleine oder die Leiter bereits ergriffen hat. Viel zu wenig ist darauf eingegangen worden, daß auch bei Befürwortung der 'Hilfskonstruktion' der Vollendung erst bei Eintritt des gewünschten Erfolges[266] spätestens genau in diesem Augenblick das Opfer bereits *gerettet* ist[267]. Das kommt auch bei R o x i n[268] nicht klar genug zum Ausdruck, wenn er diesen Zeitpunkt lediglich als einen solchen umschreibt, „der die Umkehr nicht mehr als Unterlassen durch Tun, sondern als reines Begehungsdelikt erscheinen läßt". Entgegen seiner Auffassung läßt sich m.E. aber eine logische Grenzlinie erkennen, die sich mit mathematischer Exaktheit ziehen läßt. H a f t[269] spricht zumindest davon, daß die Rettungsmaßnahme effekiv geworden sei und meint damit offensichtlich, ohne es so zu benennen, die Vollendung der Rettungstat. Es gibt hierbei *insoweit* tatsächlich eine Analogie zum Delikt, dem nach dem Beendigungs- noch ein Vollendungsstadium folgt, um jegliche differenzierende Betrachtung der dazwischen bedeutsamen Ereignisse, namentlich eines Rücktritts, ab dem Vollendungszeitpunkt auszuschließen. Mit Ergreifen des Rettungsmittels ist die Rettungstat also nach der genannten Hilfskonstruktion vollendet. Damit besteht jedoch gleichzeitig sofort eine Situation, die es dem Opfer aus eigener Kraft ermöglichen würde, sich zu retten. Es liegt also kein „Unglücksfall" mehr vor. Denn wer dem durch eine Leine gesicherten Nichtschwimmer diese entreißt, ist ja auch eines Begehungsdelikts strafbar.

---

265 Diss. 1992, S. 49.
266 S.o. unter B. I. 2. b) aa) χ).
267 Samson, Welzel-FS, S. 584.
268 Engisch-FS, S. 386.
269 Strafrecht AT, S. 172.

Das Beispiel läßt sich weiterführen. Schafft es das Opfer gerade noch, sich die Leine umzubinden, um dann bewußtlos zu werden, liegt ein neuer „Unglücksfall" vor. Hat der Hilfspflichtige die Leine zuvor befestigt und geht er angesichts der neuen Situation von dannen, macht er sich nicht wegen eines Abbruchs einer rechtsguterhaltenden Kausalität, sondern lediglich nach § 323 c StGB strafbar. Hält der Täter die Leine dagegen in der Hand, darf er sie diesmal *nicht* loslassen. Denn er gehört, da die Rettungskausalität ja bereits abgeschlossen ist, nunmehr zu den rechtsguterhaltenden Kausalitäten, die er nicht abbrechen darf. Er könnte also regungslos stehenbleiben und wäre dann, wenn das Opfer ertrinkt, auch nur nach § 323 c StGB strafbar. Es handelt sich bei seiner Situation aber, wie dargelegt, gerade nicht um eine Garantenstellung[270]. Denn die hat auch derjenige, an dessen Gürtel sich ein auf einer Bergwanderung Abgeglittener und in eine Schlucht zu stürzen Drohender festhält, nicht[271]. Es ist ihm eben allgemein verboten, den Griff zu lösen und 'nur' geboten, dem Opfer zu helfen. Regt er sich nicht, trifft ihn damit die Verantwortlichkeit nur aus § 323 c StGB.

7. Ergebnis

Der Rücktritt vom Gebotserfüllungsversuch kann nicht in strenger Analogie zum Rücktritt vom Versuch mit umgekehrten Vorzeichen gelöst werden. Lediglich für die Fälle des unbeendeten Versuchs wäre dies möglich, doch ist dieses Ergebnis eher zufällig und gründet sich schlicht darauf, daß noch keinerlei Rettungskausalität entstanden ist.

Der beendete Gebotserfüllungsversuch stellt zudem grundsätzlich zugleich die Vollendung der Gebotserfüllung dar. Die Annahme einer Rücktrittsmöglichkeit nach Beendigung des Gebotserfüllungsversuchs ist nur dann möglich, wenn man unter „Vollendung" den Eintritt des gewünschten, jedoch nicht geforderten Erfolges versteht.

Die Figur des Unterlassens durch Tun ist dabei grundsätzlich geeignet, diese Fallgruppe einer Lösung zuzuführen, doch vermag die Grenzziehung, nach der erst bei Vollendung der Gebotserfüllung im Sinne des Eintritts des gewünschten Erfolges eine Begehungstat, davor lediglich eine echte Unterlassungstat durch Tun vorliegen soll, noch nicht voll zu überzeugen. Zum einen ist auch nach den Vertretern dieser Theorie eine exakte Grenzziehung nicht möglich, zum anderen wird der Tatsache, daß schon im Falle eines beendeten Gebotserfüllungsversuchs eine Rettungskausalität besteht, nicht in ausreichendem Maße Rechnung getragen.

---

270 S.o. unter 4. b) aa) α).

271 Zumindest nicht aus dieser Situation heraus. Die Garantenstellung aus Gefahrgemeinschaft soll hier unberücksichtigt bleiben.

Auch der Versuch der Herleitung einer Begehungsstrafbarkeit über die Garantenstellung führt zu keiner befriedigenden Lösung. Aus § 323 c StGB selbst kann keine solche begründet werden. Weiter kommen Garantenpflichten speziell aus dem Herrschaftsgedanken dann nicht in Betracht, solange nicht ein über die reine Rettungshandlung hinausgehendes Abhängigkeitsverhältnis zwischen Hilfspflichtigem und Opfer begründet worden ist.

Vielmehr kann man die Rechtsfigur des Unterlassens durch Tun insoweit konkretisieren, als der Abbruch einer tauglichen Rettungskausalität ab dem Zeitpunkt einer Begehungstat zuzuordnen ist, in dem sie selbständig ohne weiteres Zutun des Hilfspflichtigen besteht. Dies ist immer schon dann der Fall, wenn und sobald die Kausalität bei Wegdenken weiterer Veränderungen durch den Täter weiterhin in tauglicher oder sogar tauglicherer Weise zum Opfer hinwirkt oder bereits am Ziel ist.

Obwohl es im Rahmen der Gebotstatbestände keinen geschuldeten Erfolg gibt, könnte zwar von einer 'Vollendung' der Gebotserfüllung gesprochen werden, wenn der erwünschte Erfolg eintritt. Dieser Zeitpunkt ist sogar entgegen den Vertretern dieser Theorie exakt feststellbar. Dann jedoch steht eine Gebotsverletzung nicht mehr im Raume, die rettende Kausalität wandelt sich mit 'Vollendung' direkt in eine rechtsguterhaltende um, so daß deren Abbruch auf jeden Fall einem Begehungsdelikt zuzuordnen ist.

II. Die Beteiligung Dritter am Rücktritt vom Gebotserfüllungsversuch

Es muß noch auf die Konsequenzen der dargestellten Lösung für den Fall eingegangen werden, daß sich der Hilfspflichtige zur Verwirklichung seines 'Rücktritts' eines Dritten bedient. Fraglich ist dann die Strafbarkeit sowohl des Hilfspflichtigen als auch die des Dritten.

1. Anstiftung Dritter

Wenn z.B. der Dritte, wie in dem von R o x i n[272] gebildeten Beispiel, auf Bitten des Täters den von diesem vorher geworfenen Rettungsring vor Erreichen des Zieles anhält und damit zu einer eigenen Tat angestiftet wird, so ergeben sich, wie die R o x i n s c h e Lösung zeigt, erhebliche Probleme bei der Beurteilung dieses Verhaltens. Denn er kommt, auf Grundlage der Rechtsfigur des Unterlassens durch Tun, zu dem Ergebnis, daß der Dritte in diesem Fall wegen unterlassener Hilfeleistung gem. § 323 c StGB zu bestrafen sei, hingegen bei Vorliegen der übrigen Voraussetzungen als Totschläger, wenn er die Rückholung aus eigenem Antrieb vornimmt. R o x i n dehnt aber dabei den grundsätz-

272 Engisch-FS, S. 392.

lichen Gedanken der Neutralisierung des bereits Geschehenen durch den Täter m.E. zu weit auf *eigene* Taten Dritter aus, wenn er sagt: „Was der die Rettungskausalität Abbrechende fühlt und erstrebt, ist gleichgültig: entscheidend ist, ob er auf der Seite des Hilfsverpflichteten für diesen oder aus eigener Verantwortung gegen ihn wirkt"; es handele „sich durchaus nicht um eine subjektive Abgrenzung"[273]. Darin liegt nämlich ein schwer lösbarer Widerspruch: Denn wenn der Dritte bei Abbrechen der Rettungskausalität aus eigenem Antrieb echter Begehungstäter ist und es sich weiter nicht um eine subjektive Abgrenzung handeln soll, dann kann man doch konsequenterweise hier nicht anders entscheiden. Was Roxin als „wesentlich anderen" „objektiven Sinn eines Verhaltens (...), je nachdem, ob der Handelnde den erfolgversprechend ins Werk gesetzten Rettungsplan eines Dritten vereitelt, oder ob er diesem Dritten auf dessen Wunsch beim Rücktritt von seinen nachträglich bereuten Erfolgsabwendungsbemühungen zur Hand geht"[274], sieht, ist eher nur die 'objektive' *Motivation,* die zur Tat führt, weniger der „Sinn" der Tat selbst. Dieser ist in beiden Fällen doch der Abbruch der Rettungskausalität. Die Argumentation überzeugt also zwar dann, wenn in dem Verhalten des Dritten nur eine *Beihilfe*handlung zum, nach Roxin insoweit konsequenten, Rücktritt vom Gebotserfüllungsversuch zu sehen wäre. Es handelt sich aber daneben auch um eine *Anstiftung*, die *Motivation* zur Tat kommt also von außen. Und nicht der Täter bricht dabei die Rettungskausalität ab, sondern der dazu angestiftete Dritte. Aber es soll ja gerade unerheblich sein, ob dieser subjektiv der Meinung ist, er 'helfe' dem Anstiftenden. Andernfalls ermöglichte dies, jegliche Tat eines dazu Angestifteten in eine Beihilfe des Angestifteten zur Tat des Anstifters umdeuten zu können, was der Eigenart der Anstiftung widerspräche.

Noch deutlicher wird dies am Beispiel desjenigen, der einen eingeweihten Dritten darum bittet, die von ihm (dem Bittenden) in den Postlauf gegebene Verbrechensanzeige zurückzuholen[275]. Wenn sich nun Roxin[276] gegen die Lösung Armin Kaufmanns[277] wendet, der Dritte mache sich damit der Beihilfe zum geplanten Verbrechen schuldig, so läßt er dabei unberücksichtigt, daß auch nach seinen Ausführungen die Haupttat, das Verbrechen, ja gar nicht von demjenigen, der die Verbrechensanzeige in den Postlauf gebracht hat, begangen wird. Der Dritte geht also nicht nur dem Anstiftenden auf dessen Wunsch beim Rücktritt von seinen nachträglich bereuten Erfolgsabwendungsbemühungen zur Hand, sondern unmittelbar auch dem Haupttäter des Verbre-

---

273 Roxin, Engisch-FS, S. 392.
274 Engisch-FS, S. 392.
275 Roxin, Engisch-FS, S. 391.
276 Engisch-FS, S. 391.
277 Dogmatik, S. 195.

chens. Wenn er weiter Armin Kaufmann entgegenhält, daß dieser ja auch die Strafbarkeit des vom Gebotserfüllungsversuch Zurücktretenden lediglich aus § 138 StGB herleite[278], so ist letzterem zugute zu halten, daß an der zitierten Stelle[279] von der Aushändigung des Anzeigebriefs aus dem Postlauf durch einen Nichteingeweihten die Rede ist. Beide Konstellationen unterscheiden sich jedoch in einem entscheidenden Punkt: Während nämlich hier die Beihilfe des Eingeweihten zur Haupttat wohl unzweifelhaft feststeht, handelt es sich dort nicht um eine Anstiftung, sondern um ein in mittelbarer Täterschaft begangenes Delikt, nach der Roxinschen Lösung also lediglich um ein echtes Unterlassungsdelikt des Herausverlangenden[280]. Während also dort der Täter die Tat selbst durch einen anderen begeht, kann hier die Beihilfe des Angestifteten zum angezeigten Verbrechen kaum geleugnet werden. Wenn aber nun Roxin, um seine Lösung zu stützen, eine 'An-stiftung' zur Beihilfe zum Verbrechen und damit eine Beihilfe des Täters zum Verbrechen[281] deswegen ablehnt, weil „der meist von Zufälligkeiten abhängige Umstand, daß er einen anderen um die Rückholung bittet, ihn (...) sinnvollerweise nicht auf dem Umweg über die Anstiftung zum Begehungstäter (...) machen kann", so kollidiert dies insoweit mit dem Institut der Anstiftung: Denn danach ist es doch gerade nicht zufällig, ob man eine eigene Tat ausführt oder einen Dritten dazu bestimmt. Die nach der Roxinschen Argumentation dem Anstifter zugute kommende Quasi-Privilegierung könnte daher zwar analog § 28 Abs. 2 StGB[282] zugunsten des Täters Berücksichtigung finden. Dem Dritten kann dann aber, wenn er sich zur eigenen Tatbegehung entschließt, nicht ein solches dem Anstiftenden angeblich anhaftendes Privileg zugute kommen. Andernfalls wäre sonst auch der Garant, der zur Unterlassung von einem Nichtgaranten angestiftet wird, straflos, was nicht sein kann[283].

Aus diesen Erwägungen heraus kann mit der vorgenannten Argumentation Roxins nur gemeint sein, daß der Anstifter *selbst* nicht wegen einer Beihilfe durch Anstiftung zur Beihilfe zum Begehungsdelikt, sondern aus dem Gedanken der Neutralisierung seiner Rettungshandlung heraus nur wegen einer echten Unterlassung bestraft werden könnte, da sich auch die Anstiftungshandlung, ebenso wie die eigenhändige Neutralisierung, dann als Rücktrittshandlung zum Rücktritt vom Gebotserfüllungsversuch darstellen würde. Die originär verwirk-

---

278 Engisch-FS, S. 391.

279 Dogmatik, S. 108.

280 Androulakis, Studien, S. 155.

281 Anstiftung zur Beihilfe ist Beihilfe zur Haupttat: Tröndle, StGB, Rdnr. 9 zu § 26.

282 „§ 28. Besondere persönliche Merkmale. (...) (2) Bestimmt das Gesetz, daß besondere persönliche Merkmale die Strafe schärfen, mildern oder ausschließen, so gilt das nur für den Beteiligten (Täter oder Teilnehmer), bei dem sie vorliegen."

283 Tröndle, StGB, Rdnr. 19 zu § 13, Rdnr. 12 zu § 26.

lichte Tat des Angestifteten betrifft dies jedoch nicht, sie ist nicht akzessorisch zur Anstiftung.

Im Ergebnis ist es also so, daß, auch nach der Rechtsfigur des Unterlassens durch Tun, dann, wenn der Täter einen Dritten zum Abbruch der Rettungskausalität bestimmt, sich die Strafbarkeit des Dritten allein nach dem von ihm verwirklichten Tatbestand richtet, der Anstifter hingegen allenfalls insoweit straflos und nur wegen eines echten Unterlassungsdelikts strafbar sein mag.

Nach der hier vertretenen Ansicht hingegen stellt sich die Frage nicht, da, solange keine selbständige taugliche Rettungskausalität auf das Opfer hinwirkt, keine echte Begehungstat des Angestifteten vorliegen kann, im anderen Fall dagegen eine echte Begehung bereits vom Täter selbst vorliegen würde, bräche er die Rettungskausalität selbst ab, und so der Beurteilung auch der Anstiftung zur Beihilfe nach den allgemeinen Regeln nichts im Wege steht.

2. Beihilfe durch Dritte

Sofern ein Dritter dem Täter nur hilfreich zur Seite steht, kann an sich an einer akzessorischen Beihilfetat je nach Beurteilung der Haupttat *des Täters* kein Zweifel bestehen, so beispielsw., wenn der Dritte dem Hilfspflichtigen den Haken reicht, mit dem dieser die von ihm zuvor geworfene Rettungsleine zurückholt.

R o x i n nennt zwar die 'Beihilfe' zum echten Unterlassungsdelikt, meint aber wohl, wie oben dargelegt, die Anstiftung des Dritten. Es ergibt sich somit ein weiteres Argument gegen seine Lösung: Denn nach seiner Ansicht ist ja derjenige, der unaufgefordert die Rettungskausalität abbricht, aus einem echten Begehungsdelikt strafbar. Ebenso müßte dann aber auch derjenige, der unaufgefordert (andernfalls läge ja eine Anstiftung zur Beihilfe vor) Beihilfe leistet, wegen Beihilfe zum echten Begehungsdelikt strafbar sein. Dem könnte die R o x i n s c h e Lösung zwar dadurch entgehen, daß man auch dies unter ein Wirken f ü r den Hilfsverpflichteten fallen ließe. Das aber hätte zur Folge, daß entweder auch derjenige, der aus eigenem Antrieb die Rettungskausalität abbricht, nur dann aus einem echten Unterlassungsdelikt strafbar wäre, wenn dies (zufällig) auch dem Interesse des Hilfspflichtigen entspricht, oder nur derjenige, der ersichtlich g e g e n die Motivation des Hilfspflichtigen handelt, wegen eines echten Begehungsdelikts zu bestrafen wäre. Die Motivation des Hilfspflichtigen ist aber für die Strafbarkeit des Abbrechenden oder Beihelfenden grundsätzlich unbeachtlich, dies findet allenfalls über § 28 Abs. 2 StGB Berücksichtigung.

Im Ergebnis müßte daher m.E. auch nach der Rechtsfigur des Unterlassens durch Tun in ihrer bisherigen Dogmatik eine Beihilfe zum echten Begehungsdelikt angenommen werden. Nach der hier vertretenen Auffassung steht dies außer Zweifel, da auf jeden Fall eine echte Begehungstat auch des Hilfspflichtigen vorliegt.

3. Beihilfe des Hilfspflichtigen zum Abbruch der Rettungskausalität

Der Vollständigkeit halber sei abschließend der Fall des Hilfspflichtigen behandelt, der nach Begründung einer Rettungskausalität einem Dritten zu dessen Abbruch dieser Rettungskausalität Beihilfe leistet.

Auch hier wäre konsequenterweise nach der Figur des Unterlassens durch Tun die Beihilfehandlung, obschon die Haupttat des Dritten eine echte Begehungstat darstellt, als Neutralisierungshandlung zu werten und der Helfer, nicht der Haupttäter, nur nach dem echten Unterlassungsdelikt zu bestrafen. An diesem Fall zeigt sich aber erneut ein Kritikpunkt an der so verstandenen Figur des Unterlassens durch Begehen. Denn es wäre gewiß contra legem, eine unzweifelhafte Beihilfe zur Haupttat nicht als akzessorisch zu behandeln. Nimmt man dies somit nicht an, so läge dann ein m.E. unlösbarer Wertungswiderspruch darin, daß sich die Strafbarkeit des 'zurücktretenden' Anstifters nicht[284], die des Beihelfers dagegen schon nach der Haupttat richtete. Auch hier käme daher allenfalls die Anwendung des § 28 Abs. 2 StGB auf den Beihelfenden in Betracht.

Für die hier vertretene Ansicht besteht dagegen ebenfalls kein Problem, die Beihilfe zur Haupttat bleibt akzessorisch.

4. Ergebnis

Bedient sich der Hilfspflichtige zum Abbruch der von ihm gesetzten Rettungskausalität eines Dritten in Form der Anstiftung oder in mittelbarer Täterschaft, so könnte nach der Theorie der Rechtsfigur des Unterlassens durch Tun allenfalls er selbst in den Genuß der 'Privilegierung' dieser Rechtsfigur kommen, nicht jedoch der Dritte. Gleiches gilt für die Beihilfe des Hilfspflichtigen zum Abbruch der von ihm gesetzten Rettungskausalität durch einen Dritten. Eine bloße Beihilfe zur Neutralisierungshandlung des Hilfspflichtigen ist aber auch nach der Rechtsfigur des Unterlassens durch Tun jedenfalls eine solche zum echten Begehungsdelikt.

Nach der hier vertretenen Ansicht beurteilt sich die Strafbarkeit beider jeweils nach den allgemeinen Regeln und damit nach der jeweils gegebenen Haupttat, gleich von wem sie verwirklicht wird.

---

[284] S.o. 1..

III. Rücktritt vom Versuch

Kommt man nun mit der hier vertretenen Ansicht zu dem Ergebnis, daß in den diversen Fallgruppen ein echtes Begehungsdelikt vorliegt, dann stellt sich die Frage, ob und ggf. wie noch ein Rücktritt vom Versuch dieses Begehungsdelikts möglich ist.

Sobald der Täter eine fremde Rettungskausalität, die ohne weiteres eigenes Verhalten selbständig tauglich auf das Opfer hinwirkt, abbricht, ist ja aus seiner Sicht die letzte dazu notwendige Tathandlung begangen[285], so daß der Versuch des echten Begehungsdelikts beendet ist. Um strafbefreiend zurücktreten zu können, müßte der Täter nunmehr die Vollendung der Tat verhindern bzw. sich ernsthaft darum bemühen. Dies führt also dazu, daß der Täter, obwohl ihn ursprünglich nur die reine Hilfspflicht aus § 323 c StGB getroffen hat, jetzt tatsächlich dafür einzustehen hat, daß der Erfolg der Tat nicht eintritt, er also dafür zu sorgen hat, daß das Opfer auch tatsächlich gerettet wird.

Damit tritt jedoch die interessante Konstellation ein, daß es einerseits praktisch[286] keinen Versuch eines echten Unterlassungstätigkeitsdelikts geben kann, da das Unterlassen mit Einsetzen der Handlungspflicht bereits Vollendung darstellt[287] und ein strafbarer Versuch nicht angenommen werden kann, wenn der Täter im Zeitraum erfolgreicher Handlungsmöglichkeit doch noch seine Pflicht erfüllt[288]. Andererseits kann sich der Täter, wenn er eine begonnene Hilfeleistung nach den dargestellten Grundsätzen durch echte Begehung abgebrochen hat, nurmehr dann von seiner Versuchsstrafbarkeit befreien, wenn er den Eintritt des Erfolges verhindert oder sich zumindest ernsthaft darum bemüht. Dadurch also, daß der Täter vor Ablauf der Zeitspanne, in der eine Hilfeleistung nach § 323 c StGB möglich ist, anstatt sie zunächst ganz zu unterlassen, erst beginnt und dann zurücknimmt, ist er voll für die Verhinderung des Erfolges verantwortlich. In dem konstruierten Fall, daß die vom Täter zunächst geworfene Rettungsleine auf den zu ertrinken Drohenden zutreibt, vom Täter dann zurückgezogen und sofort wieder geworfen wird, das Opfer aber dann bereits an Unterkühlung verstorben ist, mag mangels Erkennbarkeit der Gefahr des Erfrierens für den Täter § 323 c StGB nicht erfüllt worden sein. Gleichwohl ist durch die echte Begehungstat der Tod des Opfers verursacht worden, wenn bereits kurz vorher dessen Leben noch hätte gerettet werden können.

Es fragt sich also, ob nicht ein strafbefreiender Rücktritt vom Versuch des Begehungsdelikts schon dann angenommen werden kann, wenn der Täter die nach § 323 c StGB gebotene Rettungshandlung im relevanten Handlungszeit-

---

285 Tröndle, StGB, Rdnr. 4a zu § 24.

286 M. Ausn. einiger weniger Fälle, vgl. BayObLG, NJW 1973, S. 770 f..

287 Tröndle, StGB, Rdnr. 9 zu § 323 c.

288 Tröndle, § 22 Rdnr. 22; Armin Kaufmann, Dogmatik, S. 228 f..

raum nachholt mit der Folge, daß auch bei Eintritt des tatbestandlichen Erfolges, z.B. dem Ertrinken des Opfers, eine Straflosigkeit eintreten kann. Hinsichtlich dieser Frage beginnt nun die These von Roxin, die bloße Neutralisierung eigener Rettungsbeiträge führe nur zur Strafbarkeit aus § 323 c StGB, erneut in gewissermaßen umgekehrter Form aktuell zu werden. Denn gerade in dieser Konstellation ist zumindest auf den ersten Blick schwer verständlich, daß zwar eine Erfüllung der Hilfspflicht noch möglich sein soll und damit eine Strafbarkeit aus § 323 c StGB ausscheiden könnte, trotzdem jedoch die Strafbarkeit aus einem echten Begehungsdelikt bestehen bliebe. Dem Täter könnte hier also die Möglichkeit offenstehen, die bereits verwirklichte echte Begehungshandlung zu 'neutralisieren', indem er die in § 323 c StGB geforderte Hilfeleistung erbringt.

Nun kann dies jedoch schon aus den dargelegten Grundsätzen des Verbots des Abbruchs jeglicher rechtsguterhaltender oder -rettender Kausalitäten schlicht nicht sein. Einmal in Gang gesetzt, kann eine danach abgebrochene Kausalität eben nicht durch Neuvornahme „neutralisiert", in diesem Zusammenhang besser „ersetzt", werden. Die oben angesprochene Wertung übersähe nämlich, daß es für den Täter ausgereicht hätte, nach Beendigung und damit Vollendung seiner Hilfeleistung von weiteren Handlungen Abstand zu nehmen. Entschließt er sich nun dazu, in das entstandene Kausalgefüge einzugreifen, treffen ihn die Konsequenzen mit voller Härte. Dabei mag man die von den Vertretern der Begründung einer Garantenstellung durch den Abbruch der Rettungskausalität angeführten Argumente[289] als Beleg dafür heranziehen, daß zwar nicht eine Garantenstellung entstanden, jedoch eine volle Verantwortlichkeit für den Nichteintritt des Erfolges wertungsmäßig die gerechte Folge dieses Verhaltens ist. Etwaige Korrekturen ließen sich mithin nur über die Strafzumessung vornehmen.

IV. Der „Sonderfall" des Abschaltens von Reanimierungsgeräten

Im Rahmen der hier dargelegten Argumentation ist es aufgrund der heftig geführten Diskussion um das Problem des Abschaltens von Reanimierungsgeräten unerläßlich, auch darauf im besonderen einzugehen. Denn auch hier geht es um den Abbruch einer Rettungskausalität. Zugrunde liegen der Diskussion im wesentlichen die folgenden Fälle:

---

[289] Gössel, ZStW 1984, S. 334; s.o. B. I. 4. c); da von einem echten Begehungsdelikt auszugehen ist, kommt eine unechte Unterlassungstat, wie dort ausgeführt, nicht in Betracht.

Fall 3: Die todkranke und im Koma liegende A ist an ein Reanimierungsgerät angeschlossen, ohne daß allerdings eine Verbesserung ihres Zustandes zu erwarten ist. Angesichts der Tatsache, daß die A nie wieder zu Bewußtsein kommen und lediglich auf unbestimmte Zeit künstlich am Leben erhalten wird, schaltet ihr Neffe B eines Nachts das Gerät ab. A stirbt kurze Zeit später an Kreislaufversagen.

Fall 4: Wie Fall 3, jedoch wird das Gerät durch den behandelnden Arzt B abgeschaltet, der keinen Sinn in der künstlichen Lebensverlängerung mehr sieht.

1. durch unbeteiligte Dritte

Lediglich zur Klarstellung sei zunächst erörtert, wie sich die Lage im *Fall 3* darstellt, wenn also ein an der medizinischen Behandlung bis dato Unbeteiligter das Reanimierungsgerät abschaltet. Hier ist es doch so, daß das Opfer durch die Herz-Lungen-Maschine am Leben erhalten wird, diese Maschine also eine rechtsguterhaltende Kausalität darstellt. Getreu den dargestellten Grundsätzen kann also kein Zweifel daran bestehen, daß ein Abbruch derselben durch Drükken des Aus-Schalters eine tatbestandliche Begehungstat durch Tun ist[290].

Anders hingegen, stellte man sich die Apparatur als eine vor, die in regelmäßigen Abständen immer wieder durch einen Knopfdruck neu aktiviert werden müßte. Bleibt hier ein unbeteiligter Dritter untätig, so kann ihn nur dann eine Verantwortlichkeit aus einem Begehungsdelikt treffen, wenn er eine Garantenstellung innehat. Übersehen werden darf jedoch nicht die daneben im Raume stehende Hilfspflicht aus § 323 c StGB[291].

2. durch den behandelnden Arzt

Ganz anders stellt sich hinsichtlich des behandelnden Arztes im *Fall 4* die Frage nach der strafrechtlichen Beurteilung. Unterstellt sei dabei, daß der Arzt die Patientin eigenhändig an das Reanimierungsgerät angeschlosen hat, also jedenfalls Garant ist.

Vorab ist darauf hinzuweisen, daß es sich hierbei nach der hier vertretenen Ansicht schon gar nicht um einen *Gebots*erfüllungsversuch handeln kann, da

---

290 Dies ist insgesamt völlig einhellige Meinung, so Engisch, Gallas-FS, S. 178; Frisch, Tatbestandsmäßiges Verhalten, S. 134; Kienapfel, Strafrecht AT, S. 477; Haft, Strafrecht AT, 7. Teil § 2; Leonardy, DRiZ 1986, S. 284; Rudolphi, Jura 1979, S. 43; Auer-*Eser*, Heilauftrag und Sterbehilfe, S. 141; LG Ravensburg, NStZ 1987, S. 230; so auch im Hinblick auf die folgende Diskussion die von Roxin, Engisch-FS, S. 399; Kühl, Strafrecht AT, § 18 Rdnr. 18.

291 Auer-*Eser*, Heilauftrag und Sterbehilfe, S. 94.

die unechten Unterlassungsdelikte einen Unterfall der Verbotstatbestände darstellen. Es geht nicht um eine Hilfs-, sondern tatsächlich um eine Erfolgsabwendungspflicht. Daher sollte von einem *Erfolgsabwendungs*versuch gesprochen werden, der nunmehr tatsächlich ein Stadium über die Beendigung bis zur Vollendung aufweisen kann. Zur Behandlung dieser Fallgruppe soll jedoch *ausnahmsweise* aufgrund der Tatsache, daß grundsätzlich von einem Gebotserfüllungsversuch die Rede ist, diese Terminologie im folgenden beibehalten werden:

Hier ist nun schon bezweifelt worden, daß der Arzt ein Tun vornimmt[292]. Sein Verhalten sei nicht anders zu beurteilen als der Abbruch einer bereits begonnenen manuellen Behandlung[293]. Der „soziale Sinn" sei mithin ein Nichttun[294], die Apparatur sei nur ein „verlängerter Arm" des Arztes auf höherer technisierter Ebene[295]. „Es wird also das vom Handeln überlagerte Unterlassen ad hoc hervorgezogen"[296]. Getreu der überwiegend vertretenen Gleichstellung von Nichttun und Unterlassen wäre dementsprechend von einem Unterlassungsdelikt auszugehen[297].

Dieses „kriminalpolitisch motivierte Beharren auf einem „Alt-Unterlassen"", also eine Einschätzung des Verhaltens entsprechend seinem *früheren* eindeutigen Unterlassungscharakter verstößt zwar als Analogie *zugunsten* des Täters nicht gegen Art. 103 Abs. 2 GG[298], wie S e e l m a n n[299] richtig feststellt. Aber unabhängig davon liegt eine Möglichkeit der Gleichsetzung mit dem Abbruch

---

292 Nachw. bei Otto/ Brammsen, Jura 1985, S 531 (Fn. 1).

293 Kienapfel, Strafrecht AT, S. 477.

294 Z.B. Ebert, Strafrecht AT, S. 157: Das (aktive) Abstellen des Beatmungsgerätes durch den Arzt sei als Unterlassung zu qualifizieren, da es seinem Sinn nach nichts weiter als eine Nichtfortsetzung der künstlichen Beatmung bedeute; ebenso Haft, Strafrecht AT, 7. Teil § 2; wohl auch Geilen, FamRZ 1968, S. 122 (Fn. 1a).

295 Geilen, JZ 1968, S. 151; Küper, JuS 1971, S. 476; Engisch, Dreher-FS, S. 329; Preisendanz, StGB, § 13, II. 2.; Frisch, Tatbestandsmäßiges Verhalten, S. 134; Jakobs, Strafrecht AT, S. 216; Wessels, Strafrecht AT, § 16 I. 2.; Reinhard Zimmermann, NJW 1977, S. 2105, allerdings mit anderer Begründung: Die Rettungshandlung stehe unter dem Vorbehalt weiterer Untersuchungen, es liege letztlich keine endgültige rechtsguterhaltende Kausalität vor; für Tun dagegen Krey, JuS 1971, S. 248; Jakobs, Strafrecht AT, 7. Abschn., Rdnr. 64, 66; Maurach/ Gössel, Strafrecht AT, Tb. 2, § 45 I., Rdnr. 33.

296 Herzberg, GA 1996, S. 13; ders., JuS 1996, S. 383.

297 Dieses Unterlassen soll dann aber nicht mehr tatbestandsmäßig sein, weil in der erwähnten Grenzsituation die Lebenserhaltungspflicht ende, Haft, Strafrecht AT, 7. Teil § 2 3..

298 „Art. 103. [Grundrechte vor Gericht] (...) (2) Eine Tat kann nur bestraft werden, wenn die Strafbarkeit gesetzlich bestimmt war, bevor die Tat begangen wurde. (...)."

299 JuSL 1987, S. 34.

einer manuellen Behandlung[300] gar nicht vor. Denn nach der hier vertretenen Ansicht ist ja bei dieser ein weiteres Verhalten des Arztes notwendig, bei der Verwendung eines Reanimators dagegen nicht. Daß solche Geräte eben zu diesem Zweck entwickelt und verwendet werden, hat aber zur Folge, daß der Patient unabhängig vom Verhalten eines Arztes am Leben erhalten wird. Wer diese Kausalität abbricht, erfüllt den Tatbestand eines echten Begehungsdeliktes durch Tun[301] ebenso wie derjenige, der den von ihm eingesetzten Herzschrittmacher mittels eines Magneten zum Stillstand bringt[302], eine Konstellation, die wohl niemanden am Vorliegen eines echten Begehungsdeliktes zweifeln ließe[303].

R o x i n[304] löst den Fall dagegen anhand der von ihm aufgestellten Grundsätze und kommt im Ergebnis zu einem straflosen Unterlassen durch Tun. Denn da der Arzt nach weitaus überwiegender Meinung nicht die Rechtspflicht habe, ein unaufhaltsam verlöschendes Leben künstlich zu verlängern[305], habe er die Reanimierungsbemühungen von vornherein lassen dürfen mit der Folge, daß sich das Abschalten als Aufgabe eines objektiv nicht gebotenen Erfolgsabwendungsversuches darstellt[306]. Dem ist entgegengesetzt worden, daß ja der Arzt

---

300 Wie sie z.B. Leonardy, DRiZ 1986, S. 283, vornimmt mit der Begründung, die Frage nach Tun oder Unterlassen könne nur an seiner Auswirkung auf die Behandlung beantwortet werden und nicht daran, ob diese durch ein faktisches Tun oder durch ein faktisches Unterlassen eingestellt wird.

301 Baumann-*Mitsch*, Strafrecht AT, § 15 Rdnr. 33; SK-*Rudolphi*, Rdnr. 47 vor § 13; Philipps/ Boley, Jura 1993, S. 258; Schlüchter, JuS 1976, S. 796, geht ebenso von einem Tun aus, meint aber, daß dieses Verhalten mit einem Unterlassen der weiteren Behandlung zusammenfalle. Hier aber zeigt sich wieder der Irrtum über die Bedeutung von Unterlassen und Begehen bzw. Nichttun und Tun: Der Arzt tut etwas, die zu entscheidende Frage ist allenfalls, ob er zur Weiterbehandlung verpflichtet ist. Das Unterlassen der Weiterbehandlung kann logischerweise diesem Tun nur nachfolgen, nicht mit ihm zusammenfallen.

302 Vgl. Dahm, Diss. 1978, S. 163.

303 Diese Betrachtungsweise zeigt eindrucksvoll, daß die Frage nach der, hier sicherlich gegebenen, ursprünglichen Pflicht zur Lebenserhaltung nichts mit der Tatsache zu tun hat, daß objektiv eine Tötung vorliegt.

304 Engisch-FS, S. 398 ff.; ders., NStZ 1987, S. 349.

305 Roxin, Engisch-FS, S. 396; Schreiber, NStZ 1986, S. 342; Dölling, MedR 1987, S. 9; ob dem so ist, mag durchaus bestritten werden, ist aber insoweit für die hiesige Betrachtung ohne Bedeutung, als daß an die Stelle der Straflosigkeit andernfalls die Bestrafung aus § 323 c StGB treten würde; davon geht offenbar auch Schmidhäuser, Strafrecht AT, S. 402 aus, lehnt aber ebenso eine echte Begehungstat ab.

306 So auch Kühl, Strafrecht AT, § 18 Rdnr. 19: „Die Pflicht zur Weiterbehandlung endet bei deren vom Arzt festzustellender Sinnlosigkeit; muß aber eine Behandlung wegen Sinnlosigkeit nicht aufgenommen werden, so darf sie nach erkannter Sinnlosigkeit auch abgebrochen werden"; dem folgt auch Dölling, MedR 1987, S. 10.

hier nichts anderes vornehme als der unbeteiligte Dritte[307]. Nur ist auch hier die Besonderheit, daß der behandelnde Arzt zum einen ja selbst die Kausalität gesetzt hat, zum anderen Garant und somit als rechtsguterhaltende Kausalität dem Patienten zur Seite gestellt, die Situation insoweit nicht völlig vergleichbar ist. Daher meint S a x[308] in dieser Lösung den Vorteil erkennen zu können, daß unterschiedliche Strafbarkeitsfolgen je nachdem, ob es sich um den behandelnden Arzt, dessen Vertreter oder einen sonstigen Dritten handelt, eintreten würden.

Es ist aber interessant zu prüfen, inwieweit sich R o x i n selbst auf der von ihm vertretenen Linie befindet. Denn nach seiner Lösung für die Fälle des Rücktritts vom Gebotserfüllungsversuch soll ja das Unterlassen durch Tun in ein Begehungsdelikt umschlagen, wenn der Gebotserfüllungsversuch vom Versuchs- in das Vollendungsstadium eingetreten ist[309]. Und dies nimmt er an, wenn der rettende Kausalverlauf die Sphäre des Opfers erreicht hat. Aber so liegt es doch auch hier: Der rettende Kausalverlauf hat hier die Aufrechterhaltung des Kreislaufs des Opfers zum Ziel und auch längst erreicht[310]. Lediglich das *Fernziel* dieser Behandlung ist die Verhinderung irreparabler Hirnschäden. Ein Rücktritt vom beendeten Gebotserfüllungsversuch läge also auch nach dieser Argumentation nur dann vor, wenn der Arzt den Patienten an die Maschine anschließt und sie noch vor Stabilisierung des Kreislaufs wieder abschaltet[311]. Danach ist durch die Herz-Lungen-Maschine dem Opfer bereits eine rechtsguterhaltende Kausalität anstelle der eigenen Herz- und Lungenfunktion zur Seite

---

307 So auch Bockelmann, Strafrecht des Arztes, S. 112; Baumann, Strafrecht AT, S. 239; Otto, GK Strafrecht AT, § 6 II. 3. a) cc).

308 JZ 1975, S. 138.

309 Zu beachten ist, daß hier tatsächlich von einer Differenzierung von beendetem Gebotserfüllungsversuch und Vollendung der Gebotserfüllung auszugehen ist. Denn der Arzt wird durch die Übernahme der Behandlung regelmäßig Garant für den Patienten, man kann also durchaus von einer 'Erfolgspflicht' sprechen.

310 So auch Sax, JZ 1975, S. 141; Reinhard Zimmermann, NJW 1977, S. 2104 (Fn. 41); Hirsch, Lackner-FS, S. 605; das verkennt Kühl, Strafrecht AT, Rdnr. 17, wenn er das Abschalten des Reanimators mit der Beendigung einer bloß manuellen Herzmassage vergleicht mit dem Argument, in diesem Fall habe der Helfer nur aufgehört, weiter zu helfen. Nur hilft der Helfer bei Reanimatoren nicht selbst, sondern eine Apparatur. Wer einem Gehbeschädigten die diesem zuvor gereichten Krücken wieder wegschlägt, begeht doch zweifellos auch ein Begehungsdelikt durch Tun. Wohl niemand würde hier auf den Gedanken kommen, die Hilfe würde lediglich schlicht abgebrochen.

311 Dahm, Diss. 1978, S. 152: Die Rettungskausalität hat das Opfer noch nicht erreicht, es liegen in Wirklichkeit zwei unabhängige Kausalverläufe vor, die durch das Gerät scheinbar miteinander verbunden werden und parallel, aber nicht im Zusammenhang verlaufen. Das Gerät überlagert zu diesem Zeitpunkt zwar die Atemfunktion, ersetzt sie jedoch noch nicht.

gestellt worden. Eine Vollendung und damit Rettung des Patienten liegt ja vor, der Tod aufgrund Kreislaufversagens ist abgewendet. Es besteht kein Unterschied zu dem Fall, in dem der in einer Gletscherspalte eingeschlossene Bergsteiger die hinabgelassene Rettungsleiter bereits hinaufsteigt. Auch hier nimmt R o x i n im Fallenlassen der Rettungsleiter ein Begehungsdelikt an[312]. Weiter wird dadurch deutlich, daß die Garantenstellung des Arztes in diesem Fall unbedeutend wird, da er seiner Garantenpflicht vollständig nachgekommen ist und nunmehr ausschließlich ein echtes Begehungsdelikt im Raume steht, ähnlich dem Vater, der sein Kind zwar durch einen Wurf aus dem Fenster vor dem Feuer rettet, es jedoch dadurch zu Tode kommt[313].

Und auch aus diesem Grunde muß der Versuch E n g i s c h s[314] letztlich scheitern, das Tun des Arztes habe die „Bedeutung" des Unterlassens weiteren Energieeinsatzes. Denn eines Energieeinsatzes, also weiterer Anstrengungen oder weiteren Aufwandes seitens des Arztes bedarf es doch gar nicht mehr, die Maschine läuft von selbst[315]. Daher ist dieser Ansicht nicht nur, wie es E n - g i s c h[316] andeutet, ein „"normatives" Element der „sozialen Sinnhaftigkeit""" eingeführt, sondern vielmehr gänzlich der Energiegedanke aufgegeben und ausschließlich der soziale Sinn an dessen Stelle getreten, weshalb dieses Element gerade nicht im Energieeinsatz einen Rückhalt erhält, sondern erst recht unbestimmt bleibt und daher keine überzeugende Begründung abgibt.

Die Frage muß und kann m.E. daher allein lauten, ob das Beenden der Herz- und Lungentätigkeit bei einem irreparabel Hirngeschädigten *im Ergebnis* als echtes Begehungsdelikt strafbar ist oder nicht[317], namentlich, ob es am Unrecht der Tat fehlt[318]; an der Tatsache, daß ein rechtsguterhaltender Kausalverlauf durch Tun abgebrochen wird[319], kann aber insoweit kein Zweifel bestehen[320].

---

312 Engisch-FS, S. 387.

313 Vgl. zur Fallgestaltung BGH, JZ 1973, S. 173 f..

314 Gallas-FS, S. 178.

315 Dies sieht auch Samson, Welzel-FS, S. 587.

316 Gallas-FS, S. 178.

317 Herzberg, JuS 1996, S. 383.

318 So auch Baumann-*Mitsch*, Strafrecht AT, § 15 Rdnr. 33; Hirsch, Lackner-FS, S. 606; SK-*Rudolphi*, Rdnr. 47 vor § 13; Fünfsinn, Fahrlässiges Verletzungsdelikt, S. 47; Otto, GK Strafrecht AT, S. 141, der von einer willkürlichen Entscheidung bei Annahme einer Unterlassung spricht; ähnlich kritisch Seelmann, JuSL 1987, S. 34, der die Frage stelt, ob man „das unter Gerechtigkeitsgesichtspunkten akzeptable Ergebnis nicht auf eine die Rechtssicherheit und die dogmatische Konsistenz weniger tangierende Art und Weise erreichen kann".

319 Rudolphi, Jura 1979, S. 40; Küpper, Grenzen, S. 82; Jescheck, Strafrecht AT, S. 546; Fünfsinn, Fahrlässiges Verletzungsdelikt, S. 47; Samson, Welzel-FS, S. 601.

320 Ebenso Sax, JZ 1975, S. 138.

Greift man die oben erwähnte Situation des lediglich beendeten Versuchs auf (Abschalten vor Stabilisierung des Kreislaufs), in der Roxin zu einem nach seiner Prämisse dann tatsächlich straflosen Rücktritt vom Erfolgsabwendungsversuch kommen müßte, so steht dem insoweit die hier vertretene Ansicht entgegen: Nachdem der Patient an die Maschine angeschlossen worden ist, steht eine selbständige taugliche Rettungskausalität unabhängig von einem weiteren Verhalten des Arztes zur Verfügung. Der Abbruch derselben ist damit eine Begehungstat, „da (der Arzt) ein Rettungswerk, das an sich selbständig weiterlaufen würde, abbricht. Welche Chance des Gelingens diesem Rettungswerk zukommt, kann für die Abgrenzung von Tun und Unterlassen nicht maßgebend sein“[321].

Wie nun in einem Fall, in dem die Maschine in regelmäßigen Abständen neu aktiviert werden muß, z.B. ein Infusionstropf regelmäßig neu zu füllen ist? In diesen Fällen ist grundsätzlich ein unechtes Unterlassen durch Nichttun anzunehmen[322]. Vielfach ist aber dort eine Gleichstellung mit der vorherigen Situation deswegen vertreten worden, weil es keinen Unterschied machen dürfe, ob man einen Aus-Schalter betätigt oder einen Ein-Schalter nicht betätigt; die technische Ausgestaltung dürfe nicht den Ausschlag geben[323]. Daß dies jedenfalls kein systematisches Argument ist, liegt auf der Hand. Denn hier wird die Wertung, der in diesem Fall durchaus zugestimmt werden kann[324], als Begründung herangezogen. Es bedürfte aber einer dogmatischen Fassung dieser Wertung. Betrachtet man die Situation, so ist jedenfalls klar: Der Arzt hat bereits eine rechtsguterhaltende Kausalität geschaffen, nicht lediglich eine rechtsguttrettende, mit der Folge, daß die Frage lauten muß, ob er sie durch das Nichttun strafbegründend abgebrochen hat. Besonderheit dieser Kausalität ist jedoch die, daß sie von vornherein darauf angelegt ist, nur für eine bestimmte Zeit dem Rechtsgut zur Seite zu stehen. Es ist also schon fraglich, ob es sich hierbei um eine Rettungskausalität handelt, die bereits selbständig weiterbesteht. Hier hilft

---

321 Jescheck, Strafrecht AT, S. 546; ebenso Philipps/ Boley, Jura 1993, S. 258; mit ‘Gelingen’ ist dabei wiederum nur das ‘Fernziel’, die Vermeidung irreparabler Hirnschäden, nicht die Stabilisierung des Kreislaufs, gemeint.

322 Implizit BGH, NJW 1995, S. 206; Reinhard Zimmermann, NJW 1977, S. 2105/ 2106; Vogel, MDR 1995, S. 338/339; Deichmann, MDR 1995, S. 983; problematisiert von Kutzer, ZRP 1997, S. 117.

323 Sch-Sch-*Stree*, Vorbem. §§ 13 ff., Rdnr. 160; Philipps, Handlungsspielraum, S. 140 ff., wendet sich generell gegen eine technische „Manipulation“ der richterlichen Entscheidung anhand der Unterscheidung von Tun und Unterlassen; Auer-*Eser*, Heilauftrag und Sterbehilfe, S. 138/ 139.

324 Auer-*Eser*, Heilauftrag und Sterbehilfe, S. 139, spricht dann auch von einem „Gipfel des Zynismus“, sollte der Arzt einen technischen Defekt erhoffen oder eine solchermaßen konstruierte Maschine verwenden, um „dem Alptraum des ad infinitum weiterlaufenden Respirators zu entgehen“.

die Parallele zu den bereits diskutierten Rettungsleinen-Fällen: Wenn sich der Hilfspflichtige dazu entschließt, dem Ertrinkenden jeweils ungesicherte Rettungsringe zuzuwerfen und bereits der erste sein Ziel verfehlt und vom Opfer wegtreibt, dann bleibt ihm nach der hier vertretenen Ansicht die Möglichkeit, weitere Würfe zu unterlassen. Die Folge ist dann nur eine Verantwortlichkeit aus § 323 c StGB[325]. Und auch der Arzt hat demnach eine zeitlich begrenzte Rettungskausalität in Gang gesetzt, nach deren Ablauf eine neue 'Unglückssituation' iSv. § 323 c StGB bzw. Erfolgsabwendungspflicht nach § 13 StGB entsteht. Die Folge seines Untätigbleibens bestimmt sich dann danach, ob er (noch) eine Garantenstellung innehat oder nicht. Dort mag man u.U. eine Garantenstellung und daher ein unechtes Unterlassungsdelikt ablehnen. Geht man aber vom Fortbestand der Garantenstellung aus, so bleibt auch hier nur die Frage nach der Rechtswidrigkeit der Nichtvornahme der Handlung.

Es besteht nämlich insoweit kein Unterschied zum vom BGH entschiedenen Fall[326], in dem einem unheilbar kranken, nicht mehr entscheidungsfähigen Patienten die Flaschennahrung entzogen und nur noch Tee verabreicht wurde. Denn ebensogut könnte man sich eine technische Konstruktion vorstellen, die unablässig die notwendige Nahrung mittels eines Tropfes zuführt. Trotzdem hat der BGH hier, wie erörtert im Ergebnis zu Recht, ein unechtes Unterlassen angenommen, indem er in der Nichtvornahme der gebotenen Handlung und gerade nicht im Abbruch der Ernährung das relevante Verhalten gesehen hat. Diese Frage ist aber nicht Gegenstand dieser Diskussion. Es bleibt aber dabei, daß in solchen Fällen eine abzubrechende Rettungskausalität gar nicht mehr besteht.

In diesem Zusammenhang noch ein Wort zu diesem vom BGH entschiedenen Fall, in dem zwei Garanten (der Arzt und der Ehemann der später Verstorbenen) das Pflegepersonal schriftlich angewiesen hatten, die Sondenernährung des Opfers über eine Magensonde einzustellen[327]. Geht man davon aus, daß dort regelmäßig weitere kalorienhaltige Nahrung „nachgefüllt" werden mußte, so liegt in deren Nichtvornahme ein Unterlassen. Der BGH hatte auf das Unterlassen abgestellt, denn dort liege das strafrechtlich relevante Geschehen[328]. Dies haben manche als Anerkennung der Rechtsfigur des Unterlassens durch Tun verstanden und darauf verwiesen, daß ja in der schriftlichen Anweisung ein faktisches Tun liege[329]. Zuzugeben ist dieser Deutung jedoch lediglich, daß in Fällen der mittelbaren Täterschaft der Tatmittler als Werkzeug des mittelbaren Täters fungiert und auf das Werkzeug, quasi gleich dem Respirator, durch Tun eingewirkt

---

325 So auch Armin Kaufmann, Dogmatik, S. 108.
326 NJW 1995, S. 204 ff. = NStZ 1995, S. 80 ff..
327 NJW 1995, S. 204 ff..
328 NJW 1995, S. 206.
329 Schöch, NStZ 1995, S. 154; Vogel, MDR 1995, S. 338/ 339.

wird[330]. Doch erfüllt ausschließlich der Tatmittler den objektiven Tatbestand, wenn auch als absichtslos doloses Werkzeug[331]. Die Einwirkungshandlung des mittelbaren Täters dient also nur der Begründung einer mittelbaren Täterschaft, nicht der Verwirklichung der Tat selbst[332], denn dies geschieht durch den Tatmittler.

Der BGH hat also richtigerweise den Abbruch einer quasi manuellen Behandlung als Unterlassen gewertet, die Einwirkungshandlung der Garanten spielte dabei nur eine Rolle für die Frage des Vorliegens einer Anstiftung oder einer mittelbaren Täterschaft. Deshalb war diese Frage auch systematisch nach der Bestimmung der Tathandlung zu erörtern und ist vom BGH auch dort erörtert worden[333]. Mit einer Anerkennung der Rechtsfigur des Unterlassens durch Tun hat dies also nichts zu tun.

Exkurs: Probleme des Betreuungsrechts

Allerdings hat der BGH in dieser letztgenannten Entscheidung den wahrscheinlich eklatantesten Berührungspunkt der Problematik mit dem Zivilrecht angesprochen, nämlich § 1904 BGB[334] i.d.F. des BtG vom 12.9.1990[335] und damit die Frage, ob nun in der Konsequenz der Abbruch einer Weiterbehandlung der Genehmigung der (rechtfertigenden?) Einwilligung des bestellten Betreuers durch das Vormundschaftsgericht bedarf. Dies deswegen, weil dies in § 1904 BGB u.a. für einen ärztlichen Eingiff verlangt wird, bei dem die begründete Gefahr besteht, daß der Betreute auf Grund dieser Maßnahme stirbt. Der BGH hat nämlich in dieser Entscheidung eine Genehmigungsbedürftigkeit bejaht und den Standpunkt vertreten, daß zwar „die Vorschrift auf den - tödlich verlaufenden - Behandlungs*abbruch* nicht unmittelbar anwendbar (sei); denn nach ihrem

---

330 Mit Roxin, Täterschaft und Tatherrschaft, S. 471, ist davon auszugehen, daß dies der einzige Weg der Begründung mittelbarer Täterschaft ist.

331 Vgl. den Fall RGSt 7, S. 111 ff.: Aussetzen durch positives Handeln des Vaters, der seine Töchter als Werkzeuge benutzte und diese ein Kleinkind auf der Straße aussetzten.

332 Ein anerkannter Fall der Rechtsfigur des „Täters hinter dem Täter" liegt nicht vor bzw. wäre andernfalls auch als solcher benannt worden.

333 NJW 1995, S. 206; daher überbewertet m.E. Bernsmann, ZRP 1996, S. 89, die Ausführungen des BGH als „näheres Eingehen" auf die Abgrenzung von Tun und Unterlassen bei Abbruch bzw. Beendigung lebenserhaltender Maßnahmen.

334 „§ 1904 BGB. [Ärztliche Maßnahmen] Die Einwilligung des Betreuers in eine Untersuchung des Gesundheitszustandes, eine Heilbehandlung oder einen ärztlichen Eingriff bedarf der Genehmigung des Vormundschaftsgerichts, wenn die begründete Gefahr besteht, daß der Betreute auf Grund der Maßnahme stirbt oder einen schweren länger andauernden gesundheitlichen Schaden erleidet. Ohne Genehmigung darf die Maßnahme nur durchgeführt werden, wenn mit dem Aufschub Gefahr verbunden ist."

335 BGBl. I, S. 2002.

Wortlaut (umfasse) sie nur aktive ärztliche Maßnahmen (...). Nach ihrem Sinn (müsse) sie jedoch in Fällen der Sterbehilfe jedenfalls dann - erst recht - entsprechend anzuwenden sein, wenn die ärztliche Maßnahme in der Beendigung einer bisher durchgeführten lebenserhaltenden Behandlung besteht und der Sterbevorgang noch nicht unmittelbar eingesetzt hat"[336]. Da der BGH ersichtlich nicht zwischen dem Abbruch einer (quasi-) manuellen Behandlung und dem Abschalten einer lebenserhaltenden Apparatur unterschieden, sondern auch im vorliegenden Fall der Beendigung einer manuellen Behandlung einen Abbruch einer lebenserhaltenden Maßnahme gesehen hat[337], bedarf es jeweils einer gesonderten Untersuchung der Richtigkeit seiner Erwägungen:

1. Prüft man die Anwendung des § 1904 BGB auf die Fälle des tatsächlichen Abbruchs lebenserhaltender Maßnahmen wie beispielsw. des Abschaltens von Reanimatoren, so führt die Argumentation des BGH zur Genehmigungsbedürftigkeit auch dann, wenn man entgegen der hier vertretenen Ansicht ein echtes Begehungsdelikt des Abschaltenden ablehnt. Denn es sei eine *entsprechende* Anwendung des § 1904 BGB geboten. Die direkte Anwendung scheide aus, da § 1904 BGB nur aktive ärztliche Maßnahmen wie Untersuchungen, Heilbehandlungen oder ärztliche Eingriffe betreffe. Der BGH[338] verkennt dabei aber, daß § 1904 BGB von einem explizit *aktiven* ärztlichen Handeln gerade nicht spricht. Eine entsprechende Auslegung des Begriffs 'Eingriff' ist m.E. nicht angezeigt, und wohl unzweifelhaft greift darüber hinaus ein Arzt nach sprachlicher Auslegung gerade dann 'ein', wenn er eine medizinische Maßnahme abbricht, die selbstständig weiterlaufen würde. Dies ist wahrscheinlich dann auch der Grund dafür, daß in der Lit. eine solche Unterscheidung oftmals schon gar nicht getroffen wird[339]. Schon deshalb hätte es also einer *entsprechenden* Anwendung des § 1904 BGB gar nicht bedurft. Dieses Problem umgeht erneut die hier vertretene Ansicht, die ohne Umschweife einen Behandlungsabbruch durch Abschalten lebenserhaltender Apparate als Begehungsdelikt ansieht, ihn damit schon dogmatisch als 'aktiv' iSd. BGH klassifiziert und mithin insoweit eine unmittelbare Anwendung des § 1904 BGB ermöglicht.

---

336 NJW 1995, S. 205.

337 NJW 1995, S. 204; ebenso OLG Frankfurt a.M., Beschl. v. 15.07.1998, Az.: 20 W 224/98.

338 Ihm folgen OLG Frankfurt a.M., Beschl. v. 15.07.1998, Az. 20 W 224/98 und insoweit auch Deichmann, MDR 1995, S. 984.

339 Palandt-*Diederichsen*, § 1904; anders hingegen MüKo-*Schwab*, Rdnr. 10 zu § 1904, der die schlichte Unterlassung einer Heilbehandlung nicht dem genehmigungspflichtigen Handeln gleichsetzt. Dies zu Recht, denn hier ist kein 'Eingriff' zu erkennen, allerdings fällt darunter gerade nicht der Abbruch einer Heilbehandlung.

Sofern gegen den Standpunkt des BGH weiter kritsch vorgebracht worden ist, § 1904 BGB umfasse nicht Maßnahmen, deren sicheres Ziel der Tod des Patienten ist[340], vermag dies nicht zu überzeugen. Die Berufung auf die Motive zu dieser Norm, die nur die Respektierung des Patientenwillens, nicht weiter behandelt zu werden, nicht jedoch eine Entscheidung darüber erwähnen[341], führt letztlich zu nichts. Denn insoweit geht es tatsächlich lediglich um die Frage, ob ein Eingriff *überhaupt* vorgenommen werden soll. Ein tatsächlicher Eingriff (in das Kausalgefüge!) liegt noch nicht vor und kann auch nicht mit der Entscheidung darüber gleichgesetzt werden. Und wenn weiter vorgebracht wird, § 1904 BGB habe nur lebensbedrohliche Maßnahmen im Auge, nicht jedoch solche, deren Folge der sichere Tod des Patienten ist, so vermag die gegenteilige Argumentation des BGH über das argumentum a fortiori[342] eben schon zu überzeugen[343]. Denn einen lebensbedrohlicheren Eingriff als den der sicheren Tötung kann es nicht geben.

Schließlich dient als ablehnendes Argument gegen die Anwendbarkeit des § 1904 BGB noch die These, daß eine richterliche *Entscheidung* über Leben und Tod bislang dem deutschen Recht fremd gewesen sei[344]. Sie bleibt es aber auch weiter. Denn lediglich die (mutmaßliche) Einwilligung des Patienten als eine der notwendigen Rechtmäßigkeitsvoraussetzungen muß vorliegen, nicht jedoch wird dadurch das gesamte Handeln des Arztes per se rechtmäßig[345]. Außerdem sind auch richterliche Entscheidungen über die Eingehung des Risikos des Todes dem deutschen Recht fremd. Der Vormundschaftsrichter genehmigt vielmehr nur die die Willensäußerung des Patienten ersetzende Entscheidung des Betreuers, und eine rein nach strafrechtlichen Gesichtspunkten zu entscheidende Frage ist dann, ob eben eine mutmaßliche Einwilligung vorliegt und ob diese zur Straflosigkeit des Handelns führt[346].

Infolgedessen ist § 1904 BGB auf den Fall des Abbruchs selbstständig laufender lebenserhaltender Maßnahmen unmittelbar anwendbar[347], jedoch abhän-

---

340 Deichmann, MDR 1995, S. 984; wohl auch Kutzer, NStZ 1994, S. 114: Nach dem Sinn und Zweck des § 1904 BGB dürfte dies im Regelfall zu verneinen sein.

341 BT-Drucks. 11/ 4528, S. 142.

342 NJW 1995, S. 205.

343 Ebenso Schöch, NStZ 1995, S. 156.

344 Deichmann, MDR 1995, S. 985.

345 MüKo-*Schwab*, Rdnr. 23 zu § 1904; so auch Deichmann, MDR 1995, S. 984; dagegen Schöch, NStZ 1995, S. 156: Die Entscheidung binde den Arzt, er habe keinen anzuerkennenden Entscheidungsspielraum.

346 Deichmann, MDR 1995, S. 984.

347 Ausdrücklich zustimmend Klaus Dörner, ZRP 1996, S. 96.

gig von der Frage, ob eine solche Einwilligung überhaupt das Handeln des Arztes zu rechtfertigen vermag[348].

2. Betrachtet man dagegen das Abbrechen manueller Lebenserhaltungsmaßnahmen, so stellt sich in der Tat die Frage nach der, vom BGH[349] bejahten, Frage nach der entsprechenden Anwendung des § 1904 BGB. Denn dort liegt ein 'Eingriff' iSv. Eingreifen in das das Rechtsgut determinierende Kausalgefüge nicht vor. Und gerade deshalb stößt die Auffassung des BGH in diesem Fall auf tiefgreifende Bedenken: Denn die Eigenart der manuellen Behandlung ist ja die, das quasi permanent das Fortbestehen einer Garantenpflicht in Frage steht, die zu einer erneuten Vornahme einer Maßnahme verpflichtet. Nimmt man nunmehr eine Situation an, in der eine solche Garantenpflicht, aus welchen Gründen auch immer, nicht mehr besteht, so ist der Arzt zur Fortsetzung (besser: zur erneuten Vornahme) einer Behandlung nicht mehr verpflichtet. Und eine rechtsguterhaltende Kausalität, die abgebrochen werden könnte, besteht nicht. Die Situation ist also gleich der, die vor Einleitung irgendeiner Behandlung bestanden hat. Dort aber bedarf der Arzt ggf. der Genehmigung des Vormundschaftsrichters nur zur Einleitung einer Behandlung, unzweifelhaft aber nicht zu deren Nichtvornahme[350]. Eine andere Auslegung des § 1904 BGB ist von dessen Wortlaut sowie Sinn und Zweck nicht mehr gedeckt, eine Anwendung des argumentum a fortiori scheidet aus: Es geht nun nicht um einen Eingriff in ein Kausalgefüge, sondern dessen genaues Gegenteil, nämlich um einen Nichteingriff.

Auf Fälle des manuellen Behandlungsabbruchs ist also § 1904 BGB weder direkt noch entsprechend anwendbar, eine entsprechende Weiterbehandlung kann ohne vormundschaftsgerichtliche Genehmigung unterlassen werden.

3. Ergebnis

Der Behandlungsabbruch durch Abschalten von Reanimationsgeräten ist, da bereits eine selbständige taugliche Rettungskausalität gegeben ist, ebenso wie beim Ausschalten durch unbeteiligte Dritte, bei Vornahme durch den behandelnden Arzt als echtes Begehen zu qualifizieren. Die dagegen vorgebrachten Argumente, die namentlich darauf abstellen, daß lediglich etwas abgebrochen werde, was von vornherein hätte unterlassen werden können, sind insoweit nicht geeignet, den Abbruch der Rettungskausalität wegzuleugnen.

---

[348] Dazu unten V. 2..

[349] Ebenso OLG Frankfurt a.M., Beschl. v. 15.07.1998, Az.: 20 W 224/98.

[350] Für diesen Fall ist der entsprechenden Argumentation von Deichmann, MDR 1995, S. 985, zuzustimmen.

Die diesen Argumentationen zugrunde liegende Wertung kann aber im Rahmen der Rechtswidrigkeit Bedeutung finden.

Steht der Patient unter Betreuung, so bedarf der Abbruch der lebenserhaltenden Maßnahmen darüber hinaus der vormundschaftsgerichtlichen Genehmigung gem. § 1904 BGB, wenn er im Abschalten selbstständig laufender Apparaturen besteht. Eine manuelle Heilbehandlung kann dagegen ohne vormundschaftsgerichtliche Genehmigung eingestellt werden.

V. Ausschluß der Rechtswidrigkeit

Näher ist schließlich noch darauf einzugehen, wie es sich mit der Strafbarkeit bzw. der Rechtswidrigkeit verhält, wenn der Täter die Rettungskausalität zwar abbricht, den letztlich eintretenden Erfolg jedoch insoweit nur bedingt vorsätzlich herbeiführen wollte, als er die Rechtsgutsverletzung durch Abbruch der Rettungskausalität verhindern bzw. einem anderen Rechtsgut zur Durchsetzung verhelfen wollte. Hierzu sollen nach allgemeinen Erörterungen insbesondere die Fälle des Abschaltens von Reanimatoren beleuchtet werden.

1. Kollision desselben Rechtsgutes

Ähnlich demjenigen, der in Ausführung einer Rettungshandlung die Rechtsgutsverletzung herbeiführt (so z.B. im Rahmen einer riskanten Operation, die letztlich zum Tode des Opfers führt[351]), sind auch Konstellationen denkbar, in denen der Retter im Abbruch der Rettungshandlung die größeren Chancen für das Opfer sieht[352]. So z.B., wenn der Hilfspflichtige zunächst ein Boot auf den im See zu ertrinken Drohenden zustößt, dies jedoch dann wieder zurückholt, um es selbst zu besteigen, auf den zu ertrinken Drohenden zuzusteuern und ihm damit vermeintlich sicherere Hilfe zu bieten. Ertrinkt zwischenzeitlich das Opfer und wäre dies bei frühzeitigerer Ankunft des angestoßenen Bootes nicht der Fall gewesen, so hat der Hilfspflichte, wenn er diese Gefahr billigend in Kauf genommen hat, nach der hier vertretenen Ansicht die Rechtsgutsverletzung durch echtes Begehen herbeigeführt, und zwar objektiv wie subjektiv tatbestandlich, so daß eine Straflosigkeit u.U. nur dann gegeben sein könnte, wenn der Abbruch der rechtsgutrettenden Kausalität gerechtfertigt gewesen wäre.

---

351 Beisp. bei Tröndle, StGB, Rdnr. 7 zu § 34.

352 Vgl. den Fall in BGH, JZ 1973, S. 173 f., in dem der BGH eine Abwägung der mit Sicherheit eintretenden Rechtsgutsverletzung gegen das kleinere Übel und der geringeren Wahrscheinlichkeit der Rechtsgutsverletzung verlangt und daraus sogar eine Handlungspflicht folgert, ohne allerdings, wie Ulsenheimer, JuS 1972, S. 254/255, bemängelt, den rechtfertigenden Grund dafür genau zu bezeichnen.

Da der Täter hier eine Rechtsgutsverletzung vornimmt, um eine *vermeintlich* effektivere Rettungshandlung zu ermöglichen, ist an einen rechtfertigenden Notstand gem. § 34 StGB[353] zu denken. Denn die Gefahr für das Rechtsgut, hier das Leben des Opfers, besteht, die Verletzungshandlung wird letztlich begangen, um die Gefahr vom Opfer abzuwenden. Die sich grundsätzlich stellende Frage, ob die in § 34 StGB vorausgesetzte Rechtsgüterkollision auch dasselbe Rechtsgut betreffen kann, wird richtigerweise allgemein bejaht[354], so daß letztlich eine Abwägung vorzunehmen ist, die sich, da es jeweils um das Schutzgut 'Leben' desselben Rechtsgutsträgers handelt, einzig auf den Grad der Wahrscheinlichkeit des Gefahreneintritts[355] beschränken kann[356]. Die Frage ist also, ob die Rettung des Opfers durch das herrenlose Boot unwahrscheinlicher als die mittels des vom Hilfspflichtigen später gesteuerten Bootes gewesen wäre. Und da diese Interessenlage ex post zu beurteilen ist, kommt man zu dem Ergebnis, daß, da das Boot selbstständig tauglich auf den Ertrinkenden zutrieb, der Grad der Wahrscheinlichkeit zumindest gleich der an ihrer Stelle vorgenommenen Handlung war. Mithin kommt, da jedenfalls keine höhere Wahrscheinlichkeit für das Gelingen der ersatzweise vorgenommenen Rettungshandlung bestand, eine Rechtfertigung gem. § 34 StGB nicht in Betracht.

Hat der Täter die Grade der Wahrscheinlichkeit der jeweiligen Gefahr irrig anders und zu seinen Gunsten gewichtet, so verbleibt ihm nur eine Berufung auf den Irrtum über Rechtfertigungsgründe und mithin einen Verbotsirrtum gem. § 17 StGB[357], im Rahmen dessen noch die Vermeidbarkeit dieses Irrtumes in Frage steht, hier jedoch nicht Gegenstand der Untersuchung ist.

Es stellt sich hier, da es um eine Straftat im Rahmen einer Rettungshandlung geht, schließlich die Frage nach dem erlaubten Risiko als dort grundsätzlich[358]

---

353 „§ 34. Rechtfertigender Notstand. Wer in einer gegenwärtigen, nicht anders abwendbaren Gefahr für Leben, Leib, Freiheit, Ehre, Eigentum oder ein anderes Rechtsgut eine Tat begeht, um die Gefahr von sich oder einem anderen abzuwenden, handelt nicht rechtswidrig, wenn bei Abwägung der widerstreitenden Interessen, namentlich der betroffenen Rechtsgüter und des Grades der ihnen drohenden Gefahren, das geschützte Interesse das beeinträchtigte wesentlich überwiegt. Dies gilt jedoch nur, soweit die Tat ein angemessenes Mittel ist, die Gefahr abzuwenden."

354 Tröndle, StGB, Rdnr. 6 zu § 34; Wessels, Strafrecht AT; § 8 IV. 5.; ebenso im Ergebnis Ulsenheimer, JuS 1972, S. 255, der aber noch die Gesetzeslage vor Inkrafttreten des § 34 StGB im Auge hat und eine Gleichsetzung der Risikoabwägung mit der Rechtsgüterkollision nach dem Rechtfertigungsgrund des übergesetzlichen Notstandes befürwortet.

355 Tröndle, StGB, Rdnr. 11 zu § 34.

356 So auch Kutzer, ZRP 1997, S. 119.

357 „§ 17. Verbotsirrtum. Fehlt dem Täter bei Begehung der Tat die Einsicht, Unrecht zu Tun, so handelt er ohne Schuld, wenn er diesen Irrtum vermeiden konnte. Konnte der Täter den Irrtum vermeiden, so kann die Strafe nach § 49 Abs. 1 gemildert werden."

358 Vgl. Maiwald, Jescheck-FS, S. 406.

in Betracht kommender Rechtfertigungsgrund. Er ist aber für die hier behandelten Fälle des vorsätzlichen Abbruchs einer Rettungskausalität grundsätzlich abzulehnen. Denn auch wenn das erlaubte Risiko im allgemeinen gleichsam bei vorsätzlichen wie fahrlässigen Delikten Bedeutung haben kann[359], so liegt es in der hier zu behandelnden Problematik doch so, daß es keine Berechtigung dafür geben kann, die als solche erkannte Rettungskausalität um einer anderen Willen abzubrechen. Denn diese Konstellation unterfiele ihrem Charkter nach der schuldausschließenden Pflichtenkollision, doch fehlt jedenfalls eine Opferung *eines* Rechtsgutes um eines *anderen* Willen: Hier bedarf es tatsächlich der Kollision zweier verschiedener Rechtsgüter. Hier hingegen kommt dem Täter allenfalls ein entschuldigender Verbotsirrtum zugute.

Anders kann es allerdings liegen, wenn nicht die Rettungskausalität *ersetzt* werden soll, sondern *versehentlich* abgebrochen wird. Während also hier die Frage nach der Berechtigung des Austauschs zweier Rettungshandlungen davon abhängt, ob der Abbruch der bereits bestehenden Kausalität um der zweiten Willen gerechtfertigt ist, besteht dort die Problematik, ob ein Abbruch u.U. noch unter eine bloße Schlechterfüllung des Gebotes fällt. Beide Fallgruppen schließen sich jedoch hinsichtlich des erlaubten Risikos aus: Wird eine Rettungskausalität abgebrochen, *um* eine andere *zu ermöglichen*, so kann dies nur vorsätzlich geschehen. In den hier fraglichen Fällen ist dies jedoch klar rechtswidrig und allenfalls entschuldigt. Hingegen kann ein versehentliches Abbrechen einer Rettungskausalität in diesen Konstellationen nur in der Form stattfinden, daß der Täter neben der bereits existierenden Rettungskausalität eine zweite begründen will. Aber dann stellt sich ebenfalls allein die Frage nach der Beurteilung dieser Handlung im Rahmen der Fahrlässigkeit.

Daher bleibt die Diskussion um die Anwendbarkeit des Instituts des erlaubten Risikos den weiteren Erörterungen zum fahrlässigen Abbruch einer Rettungskausalität vorbehalten[360]. Denn dort sind, wie zu zeigen sein wird, allgemeine Erwägungen zum Zusammentreffen von Fahrlässigkeit und echtem Unterlassungsdelikt von Bedeutung und daher zweckmäßigerweise im Anschluß an diese anzustellen.

2. Sterbehilfe

Nur am Rande kann, da ansonsten die zu führende Diskussion den hier gesteckten Rahmen überschreiten würde, die Sterbehilfe im Lichte der Rechtfertigung behandelt werden. Es geht dabei entsprechend der dieser Abhandlung ge-

---

359 Maiwald, Jescheck-FS, S. 422/ 423; Stratenwerth, Strafrecht AT, Rdnr. 346.

360 S.u. 3. Abschn. B. I. 3. b).

genständlichen Problematik einzig um die sog. 'passive' Sterbehilfe[361], also derjenigen, deren unmittelbares Ziel nicht die Beschleunigung des natürlichen Sterbeprozesses, sondern der Abbruch der den Prozeß verlängernden Maßnahmen, wie im Fall des Abstellens von Reanimatoren, ist. Mittelbares Ziel ist dennoch der Tod des Menschen.

Wie dargestellt, ist die Möglichkeit, eine Rechtspflicht zum Handeln zu verneinen[362], unabhängig von der evtl. moralischen Richtigkeit dieser Annahme, nicht geeignet, das Abschalten eines Reanimators für nicht tatbestandlich und damit straflos zu erklären. Denn der objektive Tatbestand ist gerade doch gegeben[363]. Es läßt sich nicht aus dem objektiven Tatbestand der echten Begehungsdelikte entnehmen, daß ein bestehender rechtsguterhaltender Kausalverlauf deswegen abgebrochen werden dürfte, weil irgendwann einmal eine Rechtspflicht, diesen einzuleiten, nicht bestanden hat. Auch die Begründung nach S a x[364] , wonach es sich zwar um ein Begehen handele, dieses jedoch, weil nur dem natürlichen, zum Tode führenden Krankheitsprozeß wieder sein Lauf gelassen werde, nicht die Todesursache setze und damit straflos sei, trägt sich nicht. Danach wäre jedweder Abbruch einer durch einen Garanten gesetzten Rettungskausalität straflos, da ja nur das den natürlichen Verlauf hemmende Element zurückgezogen würde. Und allein das scheinbar bestechende Argument, anders als im Falle einer tödlichen Injektion werde das Leben verglichen mit der Erwartung trotz der Krankheit nicht verkürzt, sondern das künstliche Verlängern verhindert, führte schließlich zu der bereits kritisierten Konsequenz, daß dann auch der Abbruch einer selbst gesetzten Rettungskausalität, beispielsw. das Anhalten der zu einem Ertrinkenden hingestoßenen Holzplanke, aufgrund der Neutralisierung dieser Rettungshandlung straflos wäre.

Außerdem bejahen die Vertreter dieser Theorie trotzdem die Strafbarkeit eines unbeteiligten Dritten, der das Gerät abschaltet, obschon dieser auf keinen Fall jemals eine Rechtspflicht zum Einleiten des rechtsguterhaltenden Kausal-

---

361 Vgl. AE-Sterbehilfe, S. 4, 13; auch nach der Def. der SAMW, NJW 1996, S 767, ist dies „der Verzicht auf lebenserhaltende Maßnahmen oder deren Abbruch in bestimmten Situationen"; ursprünglich war sie in der schweizer Strafrechtswissenschaft unklar, Heine, JR 1986, S. 315/316; Ulsenheimer, Arztstrafrecht, S. 180 ff., behandelt diese Fälle dagegen unter dem Stichwort der aktiven Sterbehilfe.

362 BGH, NStZ 1985, S. 121: „Andererseits darf der Arzt berücksichtigen, daß es keine Rechtsverpflichtung zur Erhaltung eines erlöschenden Lebens um jeden Preis gibt. Maßnahmen zur Lebensverlängerung sind nicht schon deswegen unerläßlich, weil sie technisch möglich sind. Angesichts des die bisherigen Grenzen überschreitenden Fortschritts medizinischer Technologie bestimmt nicht die Effizienz der Apparatur, sondern die an der Achtung des Lebens *und* der Menschenwürde ausgerichtete Einzelfallentscheidung die Grenze ärztlicher Behandlungspflicht."

363 A.A. Tröndle, StGB, Rdnr. 17 vor § 211.

364 JZ 1975, S. 149.

verlaufs hatte[365]. Darin liegt jedoch der eigentlich gravierende Widerspruch, denn konsequenterweise müßte jedem beliebigen Dritten dann ebenso der straflose Abbruch der künstlichen Beatmung offenstehen[366]. Auch wenn, namentlich von den Befürwortern der Rechtsfigur des Unterlassens durch Tun nach der von Roxin entwickelten Dogmatik, dies deswegen straflos sein soll, weil auch der Abbruch einer Rettungshandlung danach lediglich dem § 323 c StGB unterfalle, dann besteht trotzdem keine vollends vergleichbare Lage, wie sie Roxin zur Begründung heranzieht[367]. Denn nach seiner Lösung stellt sich dies als Neutralisierung der Rettungshandlung dar, während der Dritte eine Kausalität abbreche, die zu seiner Strafbarkeit führe. Ein Widerspruch liegt aber darin, daß dort vom Täter an sich eine Rettungshandlung gefordert wird, also eine Verpflichtung zum Tätigwerden besteht und nur der Bereich der Strafbarkeit aus § 323 c StGB vom Abbrechenden, dem Arzt, nicht verlassen worden sein soll, während aus Sicht des Dritten eine *gebotene* Rettungskausalität gegeben sei. Beim Abschalten von Reanimationsgeräten aber soll ja gerade die künstliche Lebensverlängerung „zwecklos“[368] und „völlig aussichtslos“[369] sein und daher eine wegen „der Hoffnungslosigkeit der Situation“[370] *nicht geforderte* Lebensverlängerung abgebrochen werden dürfen. Da danach aber letztlich niemand zur Vornahme einer solchen Lebensverlängerung verpflichtet sein soll, ist nicht ganz verständlich, warum zwar ein Dritter strafbar sein sollte, der Arzt dagegen aber nicht[371]. Der Dritte stellt doch ebenso den status quo ante her, nach dem das Leben des Patienten schon zu Beginn der Behandlung „verloren“ war im Gegensatz zur Fallgestaltung beim Rücktritt vom Gebotserfüllungsversuch. Roxin selbst begibt sich in die Gefahr der Widersprüchlichkeit wenn er anschließend sagt, daß man auch dann die Abnahme von der Herz-Lungen-Maschine als straflos ansehen müsse, wenn sich wegen Verschlechterung des Zustandes des Patienten erst *später* herausstellt, daß nunmehr eine Einleitung künstlicher Lebensverlängerungsmaßnahmen nicht mehr indiziert wäre, und diesen Fall mit dem vergleicht, daß derjenige, der die Anzeige eines Verbrechens gebotenerweise vornimmt, den Brief aber dann aus dem Postlauf nimmt, als sich herausstellt, daß das deliktische Vorhaben in ein nicht anzeigepflichti-

---

365 Roxin, Engisch-FS, S. 399; einschränkend Sax, JZ 1975, S. 150.

366 Diesen Widerspruch deckt Dencker, NStZ 1992, S. 314/315, auf, allerdings im Hinblick auf das Argument, der Patient habe keinerlei ‘Chance’ auf ein weiteres Leben im materiellen Sinne mehr. Der Dritte „töte“ nicht. Joerden, NStZ 1993, S. 270, formuliert in bezug auf diese Ausführungen diesen Widerspruch explizit.

367 Engisch-FS, S. 399.

368 Roxin, Engisch-FS, S. 398.

369 Roxin, Engisch-FS, S. 398; auch Hirsch, Lackner-FS, S. 606.

370 Roxin, Engisch-FS, S. 398.

371 So auch Küpper, Grenzen, S. 82.

ges Vorhaben umgeändert worden ist[372]. Holt aber nunmehr ein Dritter den Brief aus dem Postlauf heraus, so ist dieser trotzdem wegen einer Teilnahmehandlung am nunmehr geplanten Delikt zu bestrafen[373]. Ist aber, wie es R o x i n daher m.E. wohl eher hätte vergleichen müssen, mittlerweile gar kein Delikt mehr geplant, ist der Dritte ebenso nicht strafbar, da er nunmehr keinerlei 'Anzeige' verhindert hat. Aber gerade dies zeigt, daß ein Dritter, der ein Reanimationsgerät bei Aussichtslosigkeit der Behandlung abschaltet, nach dieser Ansicht ebenfalls straflos sein müßte[374].

Dies wird dann auch mitunter, insoweit konsequent, vertreten[375]. Es ist aber m.E. entgegen E s e r[376] sehr wohl ein Grund ersichtlich, weshalb Dritte anders als der für die Behandlung zuständige Arzt behandelt werden sollten. Denn allenfalls der Arzt ist zur medizinischen Einsicht in der Lage, ab wann das Leben unrettbar verloren ist. Diese Entscheidung Dritten, noch dazu aus nicht kodifizierten Erwägungen heraus, zur Disposition zu stellen, ist zum einen dem deutschen Strafrecht aus guten Gründen fremd, zum anderen, wie die Rechtfertigung E s e r s[377], der Dritte mache sich sowieso regelmäßig wegen Fehlens der medizinischen Einsicht wegen Versuchs strafbar, zeigt, kriminalpolitisch gefährlich: Denn wenn dieser unter Verkennung der tatsächlichen Gegebenheiten die Behandlung abbricht, so mag er wegen Vollendung zu bestrafen sein, dem Opfer hilft dies nicht mehr. Es wäre ein Novum der Strafrechtslehre, erklärte man für schlichtweg jedermann das Schutzgut 'Leben' für in bestimmten Fällen dispositiv oder erloschen und öffnete man damit einer Flut von entsprechenden Fehleinschätzungen und Rechtsgutsverletzungen Tür und Tor.

Daß daher überwiegend versucht wird, diese Konsequenz auszuschließen, zeigt doch gerade, daß es weniger um die entsprechende Dogmatik, sondern vielmehr um die Konstruktion einer erwünschten Straflosigkeit für bestimmte Personengruppen, namentlich Ärzte, geht[378], die nach der hier vertretenen Ansicht nur durch den Gesetzgeber normiert werden könnte. Denn im Abschalten des Reanimators liegt, wie dargestellt, der Abbruch einer rechtsguterhaltenden Kausalität, an der tatbestandlichen echten Begehungstat besteht m.E. kein Zweifel.

---

372 Engisch-FS, S. 399/ 400.

373 S.o. II. 2..

374 So auch Samson, Welzel-FS, S. 603 (Fn. 92).

375 Sax, JZ 1975, S. 150; Auer-*Eser*, Heilauftrag und Sterbehilfe, S. 141.

376 Auer, Heilauftrag und Sterbehilfe, S. 141.

377 Auer, Heilauftrag und Sterbehilfe, S. 141 (Fn. 239), unter Hinweis auf Sax, JZ 1975, S. 150.

378 So auch Samson, Welzel-FS, S. 601/ 602.

Denselben Vorwurf müssen sich daher diejenigen[379] gefallen lassen, die eine Tatbestandlichkeit schon wegen Sozialadäquanz verneinen. Diese Ablehnung bereits der 'Tötung' ist nicht Gegenstand dieser Abhandlung, sie muß in ihrem Rahmen als gegeben unterstellt werden. Dennoch bleibt festzuhalten, daß, so gerecht und nachvollziehbar die einzelnen Argumente sein mögen, erst eine gesetzliche Regelung das für Recht erklären kann, was als solches empfunden wird. Denn in Wahrheit liegt in dem Argument der 'Sozialadäquanz' der Vorwurf, daß ein (angeblich) allgemein als für nicht strafwürdig erachtetes Verhalten noch als solches unter Strafe gestellt ist.

Und auch der Rückgriff auf die (angeblich erloschene) Garantenstellung hilft hier nicht weiter, es liegt ein echtes Begehungsdelikt vor, kein unechtes Unterlassungsdelikt. Außerdem muß zu bedenken gegeben werden, daß die angeführte Garantenstellung, sollte sie allein der die Rechtspflicht begründende Umstand sein, z.T. erst nach Beginn der Behandlung, mitunter erst durch den Anschluß an das Reanimationsgerät überhaupt entsteht, also u.U. gar nicht für die vorherige Einleitung der rechtsgutrettenden Kausalität ursächlich gewesen ist[380]. Man kann aber schwerlich einem Garanten die Freistellung von einer Rechtspflicht erteilen, die ihn ursprünglich sowieso gar nicht betroffen hat.

Aber auch eine Heranziehung des § 34 StGB[381] bleibt meist verwehrt, schon weil eindeutig eine Lebensgefahr nicht abgewendet, sondern im Gegenteil herbeigeführt wird. Um die hier anzustellende Untersuchung nicht zu überstrapazieren, soll davon ausgegangen werden, daß es sich bei dem Patienten um einen irreversibel Bewußtlosen handelt. Insofern erübrigen sich hier die Lösungsansätze, die einen Behandlungsabbruch anstelle des Hinausschiebens des sicheren Todes um den Preis unerträglicher Schmerzen entsprechend dem rechtfertigenden Notstand für zulässig erachten[382]. Auch die widerstreitenden Interessen, die § 34 StGB voraussetzt, sind, wie es H e r z b e r g[383] überzeugend und ausdrücklich[384] entgegen seiner früheren Ansicht[385] ausführt, einseitig nicht gegeben, es liegt kein widerstreitendes Interesse bei einem irreversibel Bewußtlosen vor.

Grundsätzlich stünde aber die Möglichkeit offen, eine rechtfertigende Einwilligung entsprechend dem erklärten oder mutmaßlichen Willen des Patienten

---

379 Herzberg, NJW 1996, S. 3048 f..

380 Z.B. im Zuge eines „Schichtwechsels" der diensttuenden Ärzte, vgl. Sax, JZ 1975, S. 138. Dort stellt sich dann nämlich die Frage, ob der Bereitschaftsarzt in die Garantenstellung seines Vorgängers eintritt oder nicht. Dafür Ranft, JZ 1987, S. 914.

381 BGH, NJW 1997, S. 810: „allenfalls".

382 Z.B. Dölling, MedR 1987, S. 9.

383 NJW 1996, S. 3045 ff..

384 NJW 1996, S. 3048.

385 NJW 1986, S. 1640 (Fn. 21).

anzunehmen[386]. Dabei herrscht die Auffassung vor, daß sogar eine dem wirklichen oder anzunehmenden Patientenwillen widersprechende Ausschöpfung intensivmedizinischer Technologie rechtswidrig und mit dem Anspruch des Schwerstkranken, unter Beachtung des Selbstbestimmungsrechts sterben zu dürfen, nicht vereinbar sei[387]. Es soll hier aber nicht in die Problematik eingedrungen werden, ob der Selbsttötungswille des Patienten zu respektieren ist und ihm dabei sogar tätliche Hilfe geleistet werden darf. Denn selbst wenn man dies durchweg als zulässig erachtete, so bliebe doch immer noch ungeklärt, ob dieser Rechtfertigungsgrund auch für unbeteiligte Dritte eingreifen würde. Aus den entspechenden Stimmen läßt sich jedoch durchweg nur entnehmen, daß der behandelnde Arzt gerechtfertigt sein soll[388]. Was einen unbeteiligten Dritten angeht, so könnte dort keine Ausnahme gemacht werden, doch stehen m.E. einer solchen Ausweitung die bereits oben genanten Gründe entgegen. Die Entscheidung über den Abbruch einer lebenserhaltenden Maßnahme soll, wenn überhaupt, nur von einem dazu auch Qualifizierten, mithin dem Arzt getroffen werden können, nicht jedoch durch jeden Dritten.

Unabhängig von den vorstehenden Erwägungen vermögen diese de lege lata im Rahmen der hier vertretenen Auffassung sowieso nicht rechtfertigend zu wirken: Denn es handelte sich, da ein echtes Begehungsdelikt anzunehmen ist, um eine Einwilligung, die gerade nicht rechtfertigend wirkt[389]. Denn aus § 216 StGB läßt sich nach h.M.[390] das generelle Verbot der Tötung auf Verlangen herleiten. Und gerade aus diesem Grunde wurde und wird versucht, entweder die Tatbestandsmäßigkeit des Verhaltens des Arztes auszuschließen oder dessen Tat in eine unechte Unterlassungstat umzudeuten[391], ein Vorgehen, das nach der hier vertretenen Auffassung gerade nicht gangbar ist.

Es zeigt sich also, daß das Abschalten eines Reanimators, auch wenn es im Ergebnis weitgehend als nicht strafwürdig befürwortet wird, nach der derzeitigen Rechtslage nicht rechtmäßig ist und rein dogmatisch kein Weg an der Annahme einer rechtswidrigen echten Begehungstat vorbeiführt. Und selbst wenn man eine rechtfertigende Einwilligung in diesen Fällen für zulässig erachtete, so sollte sie ausschließlich, da es um die aktive Beendigung des Lebens geht, lediglich dem Arzt zur Rechtfertigung gereichen, nicht jedoch der Allgemeinheit im ganzen. Eine gesetzestechnische Klarstellung der (allseits gewollten)

---

386 BGH, NStZ 1992, S. 35; BGH, NJW 1997, S. 810.

387 Tröndle, Rdnr. 17 vor § 211; BGH, NStZ 1992, S. 34 = BGHSt 37, S. 376 ff..

388 Z.B. Sax, JZ 1975, S. 138.

389 Dahm, Diss. 1978, S. 135.

390 Vgl. für viele Tröndle, StGB, Rdnr. 14 vor § 211.

391 Dahm, Diss. 1978, S. 157.

Rechtmäßigkeit ist daher, auch bei Befürwortung einer unechten Unterlassungstat, notwendig[392].

3. Konsequenzen

Welche Konsequenzen sind aus den hier gefundenen Ergebnissen zu ziehen? Die vorangegangenen Ausführungen legen dar, daß der Abbruch einer lebenserhaltenden Maßnahme sowohl durch den behandelnden Arzt als auch durch jeden Dritten eine echte Begehungstat darstellt, die durch herkömmliche Rechtfertigungsgründe nicht gedeckt ist. Ebenfalls ist auch dann, wenn man von einer unechten Unterlassungstat ausgehen wollte, eine Berufung darauf nicht möglich.

Mit Interesse mögen hierbei daher Tendenzen beachtet werden, den irreversibel bewußtlosen[393] Menschen als nicht geeignetes Tötungsobjekt bzw. den Behandlungsabbruch nicht als 'Tötung' anzusehen. Denn das Rechtsgut 'Leben' sei aufgrund eines Tatbestandsausschlusses wegen Haftungsbegrenzung durch den Schutzzweck der Norm nicht verletzt[394]. Ohne diese, weniger strafrechtlich als ethisch-moralisch zu beantwortende Frage[395] hier zu diskutieren, ist aber die Bedenklichkeit solcher Begründungen herauszustellen. Diese zwar nicht hinsichtlich der zugrunde liegenden Erwägungen oder des gefundenen Ergebnisses. Sie liegt vielmehr in der Tatsache, daß, wenngleich u.U. dogmatisch lösbar, eine Frage von solchem Gewicht nicht in mehr oder weniger vagen dogmatischen Erwägungen ihre Lösung finden sollte, sondern de lege ferenda geregelt werden muß. Andernfalls verlöre das Strafrecht sowohl an Klarheit als auch an Akzeptanz in der Gesellschaft. Die im Zusammenhang mit den von der Rechtsprechung entschiedenen Fällen von (aktiver wie passiver) Sterbehilfe jeweils neu entbrannte leidenschaftliche Diskussion zeigt, wie wichtig eine klare Regelung ist.

Wenngleich nicht Aufgabe dieser Abhandlung sein soll, den Bereich der Sterbehilfe umfassend zu bearbeiten, bedarf es eines Eingehens wenigstens auf den Bereich der passiven Sterbehilfe durch den Abbruch lebenserhaltender Maßnahmen. Denn offensichtlich halten alle an der Diskussion beteiligten Stimmen diesen unter bestimmten Voraussetzungen für im Ergebnis nicht strafbar bzw. nicht strafwürdig[396]. Es ist daher zu fordern, eine allgemeinverbindliche Lösung in Form eines Strafgesetzes zu bilden, die allen Ansichten gerecht

---

392 Ebenso für viele Eser, JZ 1986, S. 794.

393 Also noch nicht irreversibel Hirntoten. Dieser ist nach dem h. klinischen Todesbegriff bereits tot, Tröndle, StGB, Rdnr. 3 vor § 211.

394 Sax, JZ 1975, S. 149.

395 Steffen, NJW 1997, S. 1619.

396 Zu diesem Resumee gelangte schon Simson, NJW 1964, S. 1157.

wird. Und dabei bietet sich zunächst, wie diese Abhandlung gezeigt hat, die Klarstellung an, daß unabhängig von der dogmatischen Einordnung des Verhaltens des Abbrechenden der Abbruch an sich angesprochen wird, so daß eine weitere Diskussion um den Deliktstypus ausgeschaltet wird. Eine solche Gesetzesänderung ist bereits 1986 als Teil des sog. Alternativentwurfs eines Gesetzes über Sterbehilfe veröffentlicht worden (s. Anhang 1). Unabhängig von den, hier nicht zu vertiefenden, Fragen nach den möglichen rechtfertigenden Gründen entspricht dieser Entwurf den hier geforderten Merkmalen[397]. Denn dadurch, daß man sowohl der Abbruch (und damit gleich, ob durch Tun oder Nichttun) als auch das Unterlassen lebenserhaltender Maßnahmen für unter bestimmten Umständen gerechtfertigt erklärte, erübrigte sich jegliche Diskussion um Umfang und Reichweite der ärztlichen Behandlungspflicht bzw. der Garantenstellung qua Behandlungsübernahme und führte damit zur dringend erforderlichen Rechtssicherheit[398]. Und gerade dies ist wünschenswert, um zum einen den Strafgerichten, zum anderen vor allem der Ärzteschaft eine konkrete Richtlinie für die Fälle der passiven Sterbehilfe zu geben[399].

Im Ergebnis ist also zu fordern, eine Erweiterung der §§ 211 ff. StGB entsprechend den als AE-Sterbehilfe bereits vorgelegten Normen vorzunehmen.

4. Ergebnis

Im Falle einer echten Begehungstat durch den Abbruch einer selbständigen tauglichen Rettungskausalität sind Sachverhalte denkbar, in denen eine vermeintliche Rechtfertigung nach § 34 StGB wegen Rechtsgüter- bzw. Interessenkollision in ein und demselben Rechtsgut unter falscher Gewichtung der jeweiligen Wahrscheinlichkeit der zu erwartenden Rechtsgüterbeeinträchtigung gegeben ist, so daß allenfalls ein entsprechenden Verbotsirrtum gem. § 17 StGB in Betracht kommt. Die Anwendbarkeit des Instituts des erlaubten Risikos scheidet angesichts der Fallkonstellation grundsätzlich aus.

Versperrt ist auch dieser Weg, ebenso wie andere Versuche zur Rechtmäßigkeitserklärung, in Fällen der passiven Sterbehilfe durch einen Behandlungsabbruch. Dieser bleibt nach dem derzeitigen Strafgesetz grundsätzlich rechtswidrig und strafbar und ist nur de lege ferenda überzeugend lösbar, insbesondere, wenn man Dritte tunlichst von der Rechtfertigung ausschließen will. Eine vom Grundsatz her dem entsprechende Lösung ist bereits als AE-Sterbehilfe vorgelegt worden.

---

397 Und schließt sich den Gründen von Eser, JZ 1986, S. 793 ff., an.

398 So auch Dölling, MedR 1987, S. 11.

399 Der Vorstand der Bundesärztekammer kann die passive Sterbehilfe nicht durch seine Richtlinien verbindlich regeln, vgl. Schöch, NStZ 1995, S. 154, sie binden insbesondere die Gerichte nicht, Kutzer, ZRP 1997, S. 119.

VI. Zusammenfassung

Die Fallgruppe des vorsätzlichen Abbruchs selbst gesetzter Rettungskausalitäten, in denen der Täter einen Gebotserfüllungsversuch vorzeitig abbricht, können nicht in Analogie zum Rücktritt vom Versuch gelöst werden. Denn zum einen fehlt es an einem vergleichbaren Sachverhalt, zum anderen vermag diese Lösung keine Begründung dafür zu liefern, warum eine echte Begehungstat bei Vorliegen eines 'beendeten' Versuchs neben dem angenommenen echten Unterlassungsdelikt ausscheiden soll.

Die Theorie des Unterlassens durch Tun kann in ihrer bisherigen dogmatischen Herleitung noch keine voll zufriedenstellende und abschließende Begründung geben. Denn sie führt zwar die Neutralisierung des bereits Geschehenen als wesentlichen Gesichtspunkt an, sieht sich aber jede kritischer systematischer Argumente ausgesetzt. Weiter gesteht sie mit der bisherigen dogmatischen Herleitung ein, keine exakte Grenzziehung des Umschlagens in ein echtes Begehungsdelikt ermöglichen zu können und bleibt insoweit hinter dem hier gesteckten Ziel zurück, eine umfassende Lösung zu geben.

Auch die Herleitung einer Garantenstellung aus dem Gebotstatbestand selbst scheidet aus, da ansonsten die Gebotstatbestände regelmäßig nach Ansetzen zum gebotenen Verhalten in Begehungsdelikte umschlagen würden und dies als systemwidrig so nicht gewollt sein kann. Aus der Erfüllung der Gebotspflicht heraus kommt es nur dann zu einer Garantenstellungsbegründung, wenn eine Vertrauenslage gegeben ist, die das Opfer oder Dritte gerade aus dem Vertrauen auf die Hilfeleistung des Täters heraus zum Unterlassen eigener Hilfsmaßnahmen animiert. Diese Ingerenzgarantenstellung ist auf alle übrigen Fälle nicht anwendbar.

Aus dem Abbruch der Rettungskausalität selbst folgt dagegen zwar grundsätzlich eine Garantenposition, sie kommt jedoch aus Konkurrenzgesichtspunkten nur dann zum Tragen, wenn nicht der Abbruch selbst schon ein echtes Begehungsdelikt darstellt.

Zur Konkretisierung des Rechtsgedankens des Unterlassens durch Tun ist daher der Grundsatz des generellen Verbots des Abbruchs einer Rettungskausalität heranzuziehen, der eine abgebrochene Gebotserfüllung dann als ein echtes Begehungsdelikt qualifiziert, sobald die in Gang gesetzte rettende Kausalität in tauglicher Weise ohne weitere Veränderung der Situation durch ein weiteres Verhalten des Täters auf das Rechtsgut hinwirkt.

Somit ist auch in den besonders praxisrelevanten Fällen des Abschaltens von Reanimatoren eine echte Begehungstat anzunehmen, sofern nicht außerhalb der hier geführten Diskussion Gründe oder Normen bestehen, die ein solches Verhalten ausnahmsweise erlauben. Dort ist aber auch § 34 StGB, der ansonsten wegen Rechtsgüterkollision in ein und demselben Rechtsgut anwendbar sein kann, ausgeschlossen. Deshalb ist dringend eine Kodifizierung spezieller Rechtfertigungsgründe entsprechend dem AE-Sterbehilfe zu fordern.

C. Ohne eine Handlungspflicht gesetzte Kausalitäten

Zu berücksichtigen ist außerdem die Fallgruppe, in der ursprünglich für keinen der Beteiligten eine Hilfspflicht bestanden hat. Ihre Behandlung kann aufgrund der oben vorgenommenen umfassenden Erörterung der Rücknahme von aufgrund einer Hilfspflicht gesetzten Rettungskausalitäten knapper ausfallen, da sich, wie zu zeigen sein wird, die Ergebnisse im wesentlichen decken.

I. Struktur des Falles

Die Struktur dieser Fallgruppe unterscheidet sich von oben B. lediglich dadurch, daß keinerlei Pflicht zur Begründung einer, nunmehr aber bestehenden Rettungskausalität bestand. Beispielhaft:

Fall 5: A wirft dem im See zu ertrinken drohenden Hund des B eine Rettungsleine zu, zieht sie jedoch dann wieder zurück.

Fall 6: A, der von einem geplanten nicht anzeigepflichtigen Vergehen erfahren hat, sendet eine entsprechende Anzeige ab, nimmt diese jedoch sodann wieder aus dem Postlauf zurück.

II. Der Rücktritt vom Erfolgsabwendungsversuch

Da hierbei keine Gebotserfüllung im Raume steht, sollte man diese Fallgruppe mit Roxin[400] als Rücktritt vom *Erfolgs*abwendungsversuch bezeichnen. Dabei ist jedoch seiner zu dieser Fallgruppe gewählten Terminologie „strafloses *Unter*lassen durch Tun“[401] insoweit zu widersprechen, als zwar im Rahmen seiner dogmatischen Ausführungen die „Straflosigkeit des nach den Umständen (wenn auch nicht gesetzlich) erwarteten Handelns auf rechtlichen Überlegungen beruht“[402], der Begriff der Unterlassung aber aus bereits dargelegten Gründen nach der hier vertretenen Ansicht quasi „überbelegt“ ist und daher, da vorliegend weder eine Unterlassung im engeren noch im weiteren Sinne in Frage

[400] Engisch-FS, S. 394.
[401] Engisch-FS, S. 393; Hervorhebung durch den Verf..
[402] Engisch-FS, S. 393 (Fn. 45), 380 (Fn. 1).

steht, aus Klarheitsgründen durchaus von einem bloßen „Lassen" die Rede sein sollte.

1. Grundsätzliche Anwendbarkeit der erarbeiteten Ergebnisse

Aus der Tatsache heraus, daß den Gebotsnormen keine Erfolgspflicht bezüglich der Rettungshandlung zugrunde liegt, folgt, daß die oben erarbeiteten Ergebnisse hinsichtlich des unbeendeten und beendeten Gebotserfüllungsversuchs und der 'vollendeten' Gebotserfüllung entsprechend auf die hier zu behandelnde Fallgruppe anzuwenden sind. Denn für die Qualifikation als Rettungskausalität ist unerheblich, aus welcher Motivation heraus sie gesetzt worden ist.

Ferner ist mithin die oben gefundene Formel zur Ermittlung des Zeitpunktes, zu dem das Verhalten des Täters in ein Begehungsdelikt umschlägt, auch hier anzuwenden. Denn Grundprämisse war und ist, daß *jegliche* rechtsgutrettende Kausalität, sofern sie selbständig und tauglich auf das Rechtsgut zuläuft und mithin zu dem dieses determinierenden Kausalgefüge gehörig ist, durch die Verbotsnormen geschützt ist.

Dies führt nun dazu, daß grundsätzlich mit R o x i n[403] nunmehr diejenigen Fälle, die zuvor nach einem echten Unterlassungsdelikt zu bestrafen gewesen wären, straflos sind. Allerdings getreu den hier gefundenen Ergebnissen, so daß im *Fall 6* keine Straflosigkeit, sondern Beihilfe zum, wenn auch nicht anzeigepflichtigen, Delikt gegeben ist, im *Fall 5* eine Sachbeschädigung gem. § 303 StGB[404]. R o x i n , der dagegen Straflosigkeit annimmt, bleibt zwar durchaus seiner Linie treu, doch ist dieser m.E. eben deswegen nicht zu folgen, weil der Täter nicht nur läßt, „wozu er nicht verpflichtet ist", sondern bereits in ein fremdes Kausalgefüge eingreift und damit etwas vornimmt, was ihm verboten ist. Auch hier vermag ein Blick auf Wertungsgesichtspunkte kein anderes Ergebnis nahezulegen: Denn auch wenn richtig ist, daß der Täter ursprünglich etwas tat, was er ohne weitere hätte lassen können, so ist sein überobligatorischer Einsatz jedoch jeweils bereits (frei-willig) geschehen. Es steht ihm nun frei, weitere überobligatorische Einsätze zu lassen, etwa, weil ihm weitere Bemühungen zu beschwerlich sind[405]. Ihm aber darüber hinaus ein Recht zuzubilligen, positive Veränderungen in der Kausalwelt des geschützten Rechtsgutes mittels eines weiteren (und quasi ebenso überobligatorischen Einsatzes) rückgängig zu machen, ist ebenso wie oben nicht zu befürworten.

---

403 Engisch-FS, S. 393.

404 „§ 303. Sachbeschädigung. (1) Wer rechtswidrig eine fremde Sache beschädigt oder zerstört, wird mit Freiheitsstrafe bis zu zwei Jahren oder mit Geldstrafe bestraft. (...)."

405 Engisch, Gallas-FS, S. 184.

Daher beurteilt sich auch die Beihilfe zum Rücktitt vom Erfolgsabwendungsversuch wie oben[406], ebenso die Anstiftung zur Rückgängigmachung durch den zunächst Erfolgsabwendenden.

Mithin ist auch ein Arzt, der ohne Lebenserhaltungspflicht einen Patienten an einen Respirator anschließt, nach denselben Grundsätzen wie oben zu behandeln.

2. Ausschluß der Rechtswidrigkeit

Zur Klarstellung sei noch bemerkt, daß dem Täter ja bei überobligatorischem Einsatz eigener Rechtsgüter regelmäßig die Vorschrift des § 34 StGB zu Hilfe kommt. Wandelte man den *Fall 5* also dahingehend ab, daß der Täter auf den zu ertrinken drohenden Hund bei schwerem Seegang sein eigenes, wesentlich wertvolleres Segelboot zutreiben läßt und diesem unweigerlich ein Mastbruch droht, so ist eine Rückholung des Bootes nach § 34 StGB gerechtfertigt[407].

Allerdings können wertungsmäßige Widersprüche dann gesehen werden, wenn beispielsw. Sachen des Täters von geringerem Wert als das geschützte Rechtsgut unterzugehen drohen, also im Fall z.B. ein alter Rettungsring des Täters. Lehnt man, wie die hier vertretene Ansicht, eine strafrechtlich relevante Neutralisierung des bereits Geschehenen grundsätzlich ab, so käme allenfalls die Anwendung der Grundsätze der a.l.i.c. für den Fall der schuldhaften Herbeiführung einer sonst die Rechtswidrigkeit ausschließenden Lage mit umgekehrten Vorzeichen in Betracht. Es wäre also daran zu denken, den Täter, weil er schuld*los* (durch Vornahme der nicht gebotenen Rettungshandlung) eine rechts*widrige* Lage (die Rückgängigmachung) herbeigeführt hat, straflos sein zu lassen, indem man die Schuldlosigkeit *nach*zieht. Aber unabhängig von der Tatsache, daß eine solche Konstruktion wohl den Rahmen außergesetzlicher Dogmatik sprengen würde, bedarf es ihrer m.E. nicht. Denn im Ergebnis wäre diese Konstruktion auch auf den *Fall 6* anzuwenden, wenn und soweit der Täter damit das in seinem Eigentum stehende Briefpapier zurückerhalten möchte. Dieser, zugegeben etwas überspitzte, Fall zeigt, daß es durchaus zumutbar ist, den Verlust eigener Rechtsgüter auch dann hinzunehmen, wenn er nicht rechtlich verlangt ist. Es ist daher als systemkonform hinnehmbar, daß der Täter nicht zur Rückgängigmachung seiner Erfolgsabwendung berechtigt ist, sondern stattdessen auf die zivilrechtlichen Ersatzansprüche aus GoA verwiesen wird.

Der Arzt, der ohne Rechtspflicht eine Reanimation vorgenommen hat, ist im übrigen lediglich nach den oben erörterten Lösungswegen bzw. nach einem de lege ferenda zu schaffenden speziellen Rechtfertigungsgrund gerechtfertigt.

---

406 A.A. insoweit konsequent Roxin, Engisch-FS, S. 394.

407 Tröndle, StGB, Rdnr. 11 zu § 34.

3. Ergebnis

Der Rücktritt vom nicht gebotenen Erfolgsabwendungsversuch ist entsprechend der für den Fall des Gebotserfüllungsversuchs gefundenen Ergebnisse zu lösen, der Täter daher in all jenen Fällen, in denen er dort nur nach einem echten Unterlassungsdelikt zu bestrafen ist, hier straflos. Im übrigen bleibt es bei der Bestrafung aus einem echten Begehungsdelikt.

In unverhältnismäßigen Fällen kommt dem Täter dort aber regelmäßig § 34 StGB zugute, ansonsten ist ihm die Verweisung auf zivilrechtliche Ersatzansprüche gegen den, dem seine Erfolgsabwendung zugute gekommen ist, als systemkonform zumutbar.

III. Beteiligung Dritter

Auch für den Fall der Beteiligung Dritter am Rücktritt vom Erfolgsabwendungsversuch des Täters gilt nichts anderes als bereits für den Fall des Rücktritts vom Gebotserfüllungsversuch: Eine Beihilfehandlung Dritter ist streng akzessorisch zur jeweils verwirklichten Tat des Zurücktretenden, ebenso die Anstiftung des Dritten durch den Zurücktretenden zur vom ersteren verwirklichten Tat. Roxin[408] ist hier zwar ebenso getreu seiner Grundsätze der Ansicht, in diesem Falle sei der Täter tatsächlich straflos und beruft sich auf sein Ergebnis, nach dem die Neutralisierung eigener Rettungsbemühungen lediglich zur Strafbarkeit aus dem echten Unterlassungsdelikt führt. Dieses „straflose Lassen durch Tun" ist zwar nach seiner Lösung konsequent, nach der hier vertretenen Ansicht aber nicht möglich: Denn für eine selbständige und taugliche Rettungskausalität wie die von ihm angeführte Anzeige eines nicht anzeigepflichtigen Delikts im Postlauf ist unerheblich, ob zu ihrer Begründung eine Rechtspflicht bestand oder nicht. Zweifel an dieser Schlußfolgerung Roxins ergeben sich dann auch, wenn man stattdessen unterstellt, der Täter entferne einen Brief aus dem Postlauf, der, wie er weiß, die Bitte des Absenders an den Empfänger enthält, an ein weit entlegenes Gehöft die monatliche Lebensmittellieferung zu senden. Unterbleibt diese daraufhin und verhungern daher die dort Lebenden, so wäre nicht ganz begreiflich, warum der Täter straflos sein sollte. Eine solchermaßen konsequente Anwendung der nach der Roxinschen Lösung für die Fälle des Rücktritts vom Gebotserfüllungsversuch gefundenen Schlußfolgerungen auf andere Sachverhalte ist daher m.E. bedenklich.

---

[408] Engisch-FS, S. 394.

IV. Zusammenfassung

Zusammenfassend läßt sich feststellen, daß es für die rechtliche Beurteilung eines Rücktritts vom Erfolgsabwendungsversuch unerheblich ist, ob dieser zur Gebotserfüllung oder ohne rechtliche Hilfspflicht vorgenommen worden ist. Im letzteren Fall ist der Täter daher statt eines echten Unterlassungsdelikts überhaupt nicht strafbar, in allen anderen unverändert wegen eines echten Begehungsdelikts.

D. Die 'omissio libera in causa'

Schließlich bleiben im Zusammenhang mit der Diskussion um die Rechtsfigur des Unterlassens durch Tun noch die Fallkonstellationen zu untersuchen, die sich dadurch auszeichnen, daß sich der Adressat einer Norm, die ihm eine Erfolgsabwendung auferlegt, durch ein Tun außerstande setzt, diese Erfolgsabwendung vorzunehmen. Diese, meist als omissio libera in causa bezeichnete, Problematik wird üblicherweise veranschaulicht anhand folgender Fälle:

Fall 7: Weichenwärter A betrinkt sich zu Beginn seines Dienstes bis zu einem Stadium der Schuldunfähigkeit. Infolge dessen ist er nicht in der Lage, die Weiche für den kurz darauf durchfahrenden Personenzug umzustellen. Der Zug rast auf das Abstellgleis und entgleist, Insassen kommen dadurch zu Tode.

Fall 8: Mutter A unterläßt es, lebensnotwendige Medikamente für ihr krankes Kind B einzukaufen. A kann daher B nicht helfen, als dessen Zustand sich lebensbedrohlich verschlechtert. B stirbt.

Fall 9: Wie Fall 8, nur wirft die A die Medikamente zuvor weg.

I. Struktur des Falles

Grund für die Abhandlung dieser, auf den ersten Blick nicht als Abbruch rettender Kausalität erkennbaren, Fallgruppe ist zum einen die Tatsache, daß sie im Rahmen des schon oben bedeutsamen sog. Unterlassens durch Tun als einer der Anwendungsfälle diskutiert wird. Zum anderen hat sie eine Garantenkausalität und damit einen Spezialfall des Abbruchs einer rechtsguterhaltenden Kausalität zum Gegenstand. Denn auch sie ist dem Rechtsgut für den Fall einer Rechtsgutsgefährdung und damit quasi als präventive rettende Kausalität zur Seite gestellt.

Wichtig im Zusammenhang mit der folgenden und noch weiter unten zu führenden Diskussion ist dabei die Abgrenzung zweier verschiedener zeitlicher Phasen: Da es um die Garantenkausalität und damit die Erfolgsabwendungspflicht geht, ist die Zäsur zu beachten, die sich durch den Eintritt der konkreten Rechtsgutsgefährdung ergibt, mithin also der Zeitpunkt, zu dem eine konkrete Erfolgsabwendung erst möglich ist.

1. Phase ab Erfolgsabwendungsmöglichkeit

Unabhängig vom Ergebnis der folgenden Erörterungen bleibt grundsätzlich festzuhalten, daß die Problematik der Handlungsvereitelung ab dem Zeitpunkt, zu dem eine Erfolgsabwendung möglich wäre, mit der Problematik des Zeitpunktes der endgültigen Erfüllung des unechten Unterlassungsdelikts konkurriert.

Macht sich nämlich der Garant die erste Erfolgsabwendungsmöglichkeit bei deren Eintritt zunichte, wäre dies unerheblich, wenn man davon ausgeht[409], daß er bereits bei Unterlassen dieser ersten Möglichkeit den Tatbestand des unechten Unterlassungsdelikts verwirklicht hätte[410]. Bei dieser Betrachtungsweise hätte sich der Täter durch die Handlungsvereitelung lediglich der Möglichkeit eines späteren Rücktritts begeben, was für die Konstruktion des Tatbestandes ohne Bedeutung wäre und nur im Rahmen der Strafzumessung eine Rolle spielen würde[411].

Sähe man dagegen die Verwirklichung des unechten Unterlassungsdelikts erst im Verstreichenlassen der letzten Rettungsmöglichkeit, dann fehlte, ebenso wie bei der Handlungsvereitelung vor Eintritt einer Erfolgsabwendungsmöglichkeit (dazu unten 2.), die Handlungsmöglichkeit zu diesem Zeitpunkt mit der Folge, daß in gleicher Weise die Figur der 'omissio libera in causa' heranzuziehen wäre, um eine Strafbarkeit aus dieser Handlungsvereitelung heraus zu begründen. Allerdings wird man hier wohl auf die Sichtweise des Täters abstellen[412] und daher, da der Täter im entscheidenden Augenblick glaubt, nach Vernichtung des Rettungsmittels den Erfolg nicht mehr abwenden zu können, bereits von einer Vollendung ausgehen müssen.

Im Rahmen dieser Abhandlung kann daher die Frage unentschieden bleiben, wann bei länger andauernder Erfolgsabwendungsmöglichkeit der Tatbestand des unechten Unterlassungsdelikts erfüllt wird. Denn unabhängig von der Bestimmung dieses Zeitpunktes liegt entweder ein durch Nichttun erfülltes Unterlassungsdelikt oder schon vorher ein Delikt vor, das ebenso wie die Handlungs-

---

409 Wie z.B. Herzberg, MDR 1973, S. 93.

410 Struensee, Stree/ Wessels-FS, S. 147.

411 Wilhelm, Diss. 1992, S. 44; Struensee, Stree/ Wessels-FS, S. 147.

412 Schröder, JuS 1962, S. 86.

vereitelung vor Eintritt der konkreten Erfolgsabwendungsmöglichkeit als 'omissio libera in causa' erfüllt worden ist. Nur diese zweite Variante ist daher im folgenden zu behandeln.

2. Phase vor der Erfolgsabwendungsmöglichkeit

Vor dem Eintritt einer Erfolgsabwendungsmöglichkeit besteht jedenfalls keine Möglichkeit, die durch die Handlungsvereitelung des Täters begründete *Nichtabwendung des Erfolges selbst* für strafbar zu erklären, da im konkreten Zeitpunkt mangels Handlungsmöglichkeit keine Handlungspflicht mehr besteht[413]. Im Fall tritt also die Unfähigkeit zur vom Garanten erwarteten Handlung durch ein Tun bzw. Nichttun schon weit vor Eintritt der konkreten Rechtsgutsgefährdung ein und wirft die Frage auf, ob nicht bereits oder sogar nur durch dieses Tun bzw. Nichttun ein unechtes Unterlassungsdelikt begangen wird.

II. Parallele zur a.l.i.c.

Die *Fälle 7 bis 9* werden allgemein unter dem Stichwort der omissio libera in causa behandelt. Bei näherer Betrachtung stellt sich diese Terminologie jedoch als doppelt mißverständlich heraus.

1. 'Omissio libera in causa' im engeren Sinn

Die Fallgestaltung im *Fall 7* drängt dabei auf jeden Fall zum Vergleich mit den Regeln der a.l.i.c.[414]. Denn unterstellt man dem Weichenwärter eine Berauschung zu dem Zwecke, die richtig gestellte Weiche dann im berauschten Zustand falsch umzustellen, so liegt deren regelmäßiger Fall vor, der wohl niemanden am Vorliegen eines Tuns sowie eines echten Begehungsdelikts zweifeln läßt.

Die dogmatische Konstruktion der a.l.i.c. ist umstritten. Im wesentlichen begegnen sich die Modelle der Schuld- und der Tatbestandsvorverlegung. Erstere verlegt lediglich den Schuldvorwurf auf den Zeitraum, in dem der Täter noch zu einer Willensbetätigung fähig war[415], letztere bereits die tatbestandliche Ausführungshandlung vor[416], und zwar im wesentlichen, da keinesfalls ein Erfolg unmittelbar über das Betrinken an sich herbeigeführt wird, mit der Begründung,

---

413 Wilhelm, Diss. 1992, S. 44/ 45.

414 Engisch, Gallas-FS, S. 166 (Fn. 5), hält eine Parallele zur a.l.i.c. für „durchaus angebracht"; Andoulakis, Studien, S. 156; Maurach, JuS 1961, S. 376 f..

415 Wessels, Strafrecht AT, § 10 III. 4..

416 Ebert, Strafrecht AT, S. 89; Bertel, JZ 1965, S. 54.

die a.l.i.c. sei ein Unterfall der mittelbaren Täterschaft[417]. Es stellt sich zwar zu letzterem schon die Frage, wie dies bei eigenhändigen Delikten zu lösen wäre, da dann nur eine Teilnahme am eigenhändig begangenen Delikt vorliegen könnte[418]. Sie muß aber hier insoweit nicht entschieden werden, als es grundsätzlich darum geht, welche Handlung nun diejenige ist, die zum tatbestandlichen Erfolg führt, gleich, ob sie vom Täter als unmittelbarem Täter oder mittelbar durch sich selbst als eigenem Werkzeug begangen wird.

a) Anknüpfungspunkt der Haftung im Falle der a.l.i.c.

Bertel[419] behauptet aber nun, bei der a.l.i.c. knüpfe die *Haftung* nicht erst an die im berauschten Zustand begangene Tat, sondern bereits an das Sich-Betrinken an. Er befindet sich aber m.E. im Irrtum. Denn diese These ist so nur beim Vollrausch gem. § 323a StGB[420] richtig, da dort die Tathandlung das Sich-Versetzen in den Rausch, die Rauschtat lediglich objektive Bedingung der Strafbarkeit ist[421]. Dagegen steht bei der a.l.i.c. die tatbestandsmäßige Handlung im Vordergrund, die allerdings im schuld- oder handlungsunfähigen Zustand begangen wird und nur hinsichtlich der Herbeiführung der Schuld- oder Handlungsunfähigkeit das Sich-Betrinken Anknüpfungspunkt ist. Der Täter mag daher zur Tatausführung ansetzen, wenn er zur Flasche greift[422], doch begeht er sie noch nicht. Die eigentliche Tathandlung folgt später[423]. Davon muß m.E. auch ausgegangen werden, wenn man, wie Bertel, dem Tatbestandsvorverlegungsmodell folgt. Denn auch wenn der Täter mittelbar durch sich selbst die Tat begeht und die Haftung im Fall der mittelbaren Täterschaft an die Einwirkungshandlung knüpft, so ist doch zu berücksichtigen, daß es sich nach den Vertretern dieser Ansicht um einen *Sonderfall* der a.l.i.c. handelt. Und die Besonderheit liegt nun einmal darin, daß jeweils ein und dieselbe Person sowohl mittelbarer Täter als auch Werkzeug ist. Es wäre m.E. eine unnatürliche Aufspaltung des Lebenssachverhalts, wenn man unberücksichtigt ließe, daß, anders

---

417 Roxin, Strafrecht AT, Rdnr. 60 zu § 20; Jakobs, Strafrecht AT, 17. Abschn, Rdnr. 64; Maurach, JuS 1961, S. 376.

418 Mit Jerouschek, JuS 1997, S. 388.

419 JuS 1965, S. 53/54.

420 „§ 323a. Vollrausch. (1) Wer sich vorsätzlich oder fahrlässig durch alkoholische Getränke oder andere berauschende Mittel in einen Rausch versetzt, wird mit Freiheitsstrafe bis zu fünf Jahren oder mit Geldstrafe bestraft, wenn er in diesem Zustand eine rechtswidrige Tat begeht und ihretwegen nicht bestraft werden kann, weil er infolge des Rausches schuldunfähig war oder weil dies nicht auszuschließen ist. (...).“

421 Otto, GK Strafrecht BT, § 81 II. 1., 2..

422 H.M., vgl. Tröndle, StGB, Rdnr. 21 zu § 20 m.w.N.; a.A. Maurach, JuS 1961, S. 377: Straflose Vorbereitungshandlung zu einem unechten Unterlassungsdelikt.

423 Vgl. OLG Hamm, NJW 1959, S. 1980: Die Zurechnung der Tat bleibt bestehen.

als im Regelfall der mittelbaren Täterschaft, der Täter die Tat auch selbst begeht. Andernfalls bedürfte es der a.l.i.c. ja nicht, man könnte unmittelbar § 25 Abs. 1 StGB[424] anwenden.

Wenn B e r t e l weiter anführt, damit werde entgegen dem Sinn und Zweck der a.l.i.c. der Schuldunfähige bestraft, so geht er m.E. wiederum fehl: Gerade der Schuldunfähige soll doch bestraft werden, indem ihm zusätzlich die Herbeiführung der Schuldunfähigkeit vorgeworfen wird.

Es besteht daher insoweit kein entscheidender Unterschied zwischen dem Schuld- und Tatbestandsvorverlegungsmodell, als die *Haftung* bei Vorliegen einer a.l.i.c. *aus der im Defektzustand begangenen Tat* herrührt.

b) Subsidiarität der a.l.i.c.

Der Begriff der *omissio* libera in causa bezeichnet nun nichts anderes als die a.l.i.c., nur ist er ebenso wie die m.E. fehlerhafte Gleichsetzung von Nichttun und Unterlassen unsauber. Denn *actio* ist auch hier immer im Sinne einer Handlung, nicht nur im Sinne eines Tuns zu verstehen. Der Weichenwärter im Fall könnte also, wie jeder andere Begehungstäter auch, an sich nach diesen Regeln behandelt werden[425]. Betrinkt sich dabei ein Dritter mit ihm, um ebenfalls nicht selbst die Weiche stellen zu können, so fällt eine Strafbarkeit dessen aus, weil ihn mangels Garantenstellung keine Verantwortlichkeit für die Abwendung des Erfolges trifft. Der Weichenwärter hingegen hat eine Garantenstellung inne und kommt danach für eine Strafbarkeit nach den Regeln der a.l.i.c. grundsätzlich in Betracht.

So begründet M a u r a c h[426] das Vorliegen eines unechten Unterlassungsdelikts dann auch damit, daß die dolos herbeigeführte Handlungsunfähigkeit ebenso wie bei echten Begehungsdelikten nach den anerkannten Regeln der a.l.i.c. weggedacht werden könne und zieht daraus den Schluß, deswegen sei das Sich-Betrinken nicht objektives Tatbestandsmerkmal eines Begehungsdelikts, sondern eine straflose Vorbereitungshandlung iSd. a.l.i.c. und tatsächlicher Anknüpfungspunkt das Nichtstellen der Weiche[427]. Im Ergebnis liegt also nach M a u r a c h eine glatte omissio (besser: actio) libera in causa vor.

Diese Schlußfolgerung überzeugt jedoch in dieser Ausschließlichkeit nicht. Denn damit, daß das Betrinken selbst jedenfalls keine echte Begehungstat dar-

---

424 „§ 25. Täterschaft. (1)Als Täter wird bestraft, wer die Straftat selbst oder durch einen anderen begeht. (...).“

425 Mit v. Overbeck, GS 88, S. 325, läge ein „Kommissivdelikt durch Unterlassung durch Begehung“ vor.

426 JuS 1961, S. 376/377.

427 Dem stimmen Welp, Vorangegangenes Tun, S. 137/138, und Küpper, Grenzen, S. 79, mit derselben Argumentation zu; dagegen Bertel, JZ 1965, S. 53.

stellt, ist nichts darüber ausgesagt, ob nicht stattdessen in der Person des Weichenwärters bereits eine *unechte* Unterlassungstat mit dem Sich-Betrinken erfüllt ist. Zwar ist Maurach darin Recht zu geben, daß keine Ingerenzhaftung durch das Sich-Betrinken anzunehmen ist, da die Garantenstellung schon aus der Stellung als Weichenwärter folgt[428]. Doch geht er nicht darauf ein, warum gerade wegen dieser bereits bestehenden Garantenstellung nicht schon ein unechtes Unterlassen durch das Sich-Betrinken selbst begründet ist. Die Tatsache, daß bei begründeter Ablehnung dieser Möglichkeit dann eine Herleitung einer Strafbarkeit vorbehaltlich der weiteren Erörterungen aus der a.l.i.c. heraus möglich sein könnte, ersetzt nicht diese notwendige Begründung selbst, sondern setzt sie stillschweigend voraus.

Aber gerade die Frage, ob ein unechtes Unterlassen schon im Betrinken selbst gegeben ist, beantwortet die Anwendung der Regeln der a.l.i.c. nicht, sondern stellt nur fest, daß, *vorbehaltlich des Eingreifens einer originären Strafbarkeit im Herbeiführen der Schuldunfähigkeit*, eine omissio libera in causa im engeren Sinn gegeben sein könnte.

c) Keine Handlungspflicht zum Anknüpfungszeitpunkt

Was die Vertreter dieser Ansicht daneben weiter meist unberücksichtigt lassen ist die Tatsache, daß die Regeln der a.l.i.c. doch nur dann angewendet werden können, wenn eine Handlungspflicht des Täters besteht[429]. Daß die a.l.i.c. sowohl Fälle der Schuld- als auch der Handlungsunfähigkeit umfaßt, resultiert allein daraus, daß im regelmäßigen Anwendungsfall des echten Begehens trotz Handlungsunfähigkeit[430] ein geschützter Kausalverlauf durch ein Verhalten des Täters abgebrochen wird. Im Falle einer unterlassenen Erfolgsabwendung entfällt aber bei Fehlen der Handlungsfähigkeit auch die Pflicht zur Vornahme einer Handlung selbst. Deshalb ist auch das Argument von Engisch[431] für eine Parallele zur a.l.i.c., dort sei der Handlungsunfähige auch kein 'Handelnder', nicht durchschlagend: Denn trotzdem trifft ihn dort ja die Pflicht, keine Rechtsgüter zu verletzen, während hier eine Handlungspflicht gar nicht gegeben ist.

Was daher insbesondere die Vertreter der Rechtsfigur des Unterlassens durch Tun zu begründen suchen, ist, daß trotz Fehlens der Handlungsfähigkeit mit der

---

428 JuS 1961, S. 377.

429 Seelmann, JuSL 1987, S. 35; auf diese Unterscheidung weist daher auch Hruschka, Strafrecht, S. 59, hin.

430 Gemeint sein kann damit nur die Unfähigkeit zur Vornahme eines willensgetragenen Verhaltens.

431 Gallas-FS, S. 166 (Fn. 5).

Folge fehlender Handlungspflicht ein unechtes Unterlassungsdelikt verwirklicht ist[432].

d) Fazit

Die omissio libera in causa ist zwar grundsätzlich nach den Regel der a.l.i.c. zu behandeln, Anknüpfungspunkt der Haftung wäre aber dort die im Defektzustand begangene Tat. Unberücksichtigt bleibt aber bei der Lösung der Fallgruppe über die unmittelbare Anwendung der a.l.i.c. zum einen schon die Frage, ob nicht schon in der den Defektzustand herbeiführenden Handlung die einzige und unmittelbare Tathandlung eines unechten Unterlassens liegt. Denn durch den Wegfall der Handlungsmöglichkeit entfällt zum anderen zugleich die Handlungspflicht des Garanten, eine im Defektzustand begangene Tat liegt schon gar nicht vor. Die Regeln der a.l.i.c. allein führen daher bei unechten wie auch bei echten Unterlassungsdelikten zur Straflosigkeit.

2. 'Omissio libera in causa' im weiteren Sinn

Wie also insbesondere die *Fälle 8 und 9* zeigen, ist nicht etwa nur die bloße Schuld- oder Handlungsunfähigkeit, von der M a u r a c h ausgeht, Gegenstand der 'omissio libera in causa', sondern vielmehr das Nichtvorliegen einer Handlungspflicht zu dem Zeitpunkt, in dem an sich eine gebotene Handlung hätte vorgenommen werden müssen. Auch dieser Wegfall der Handlungspflicht ist durch ein vorheriges Verhalten begründet worden. Dies jedoch ist kein Fall der a.l.i.c., da es nicht um eine Vorverlegung, sondern um die Beurteilung dieses konkreten Verhaltens an sich geht[433]. Insoweit geht es sozusagen um eine omissio libera in causa im weiteren Sinn.

III. Handlungsvereitelung

Wird nun die Konstellation wie im *Fall 7* allgemein entgegen der Bezeichnung eben nicht als Unterfall der a.l.i.c. behandelt, sondern als solche, in der sich der Täter die Handlung zur gegebenen Zeit unmöglich macht, und steht fest, daß

---

[432] Diesen Vorteil der Lösung über die Rechtsfigur sieht dann auch Hruschka, Bockelmann-FS, S. 422; Seelmann, JuSL 1987, S. 35.

[433] Baumann-*Mitsch*, Strafrecht AT, § 15 Rdnr. 28; das übersieht z.B. auch Ebert, Strafrecht AT, S. 157, wenn er sagt, daß „die Anwendung des Vorverlegungsmodells (dann) zur Annahme eines Begehens" führe. Es steht aber keine Vorverlegung in Frage, da es in den diskutierten Fällen darum geht, daß gerade keine Handlungsmöglichkeit und damit keine Handlungspflicht bestanden hat.

dies keine a.l.i.c. darstellt, da nicht ein Teil der Tat vorverlegt wird[434], sondern die *einzig* anknüpfbare Handlung vor dem Zeitpunkt des Eintritts der Rechtsgutsgefährdung liegt, so sollte daher tunlichst überhaupt nicht von einer omissio libera in causa gesprochen werden (denn diese betrifft nur den oben diskutierten Fall der omissio libera in causa im engeren Sinn, ohne ihn dennoch abschließend lösen zu können), sondern von dem, was es ist: Eine Handlungsvereitelung[435]. Denn dort liegt, wie *Fall 7* zeigt, tatsächlich keine Möglichkeit zur Handlung vor, diese Unmöglichkeit ist jedoch durch eine frühere Handlung herbeigeführt worden. Nur insoweit ähnelt die Problematik der der omissio libera in causa im engeren Sinn. Es geht hier also um die Frage, ob in *dieser* Handlung bereits eine unechte Unterlassungstat liegt.

1. Ablehnung der Problematik?

S t r u e n s e e[436] glaubt mit auf den ersten Blick interessanter Begründung die Problemgruppe der Handlungsvereitelung insgesamt leugnen zu können. Er meint darin die regelmäßige Verwirklichung des Unterlassungsdelikts zu erkennen mit dem Argument, nur die sprachliche Darstellung bündele eine unzählige Menge von notwendigen Einzelakten zu „einer" Rettungshandlung oder zu „einer" Erfolgsabwendung und schüre dadurch das Mißverständnis, daß das Unterlassungsdelikt numerisch nur auf dem Fehlen „einer Handlung" beruhe, eine Gebotserfüllung in Wahrheit jedoch aus einer Vielzahl von konkreten Einzelakten bestehe und folglich eine Gebotsverletzung auf dem Ausbleiben dieser zahllosen Einzelakte beruhe[437]. Er diskutiert dies anhand der omissio libera in omittendo, also Unterlassung durch Unterlassen, und stellt sie, insoweit folgerichtig, mit denen der omissio libera in causa gleich[438]. Da die omissio libera in omittendo daher seiner Ansicht nach überflüssig ist und es weiter widersprüchlich sei, für die omissio libera in causa unterschiedliche Konsequenzen abzuleiten, kommt er zu dem Ergebnis, daß es keinerlei 'Konstruktionen' zur Lösung dieser Fallgestaltungen bedarf, sie vielmehr ein schlichtes Unterlassungsdelikt durch Unterlassen darstellen[439].

S t r u e n s e e gründet seine Ansicht aber ausschließlich auf die These, daß es grundsätzlich keiner Handlungsmöglichkeit für den Täter in dem Zeitpunkt bedürfe, zu dem dessen Eingreifen erforderlich würde[440]. Mit seiner entspre-

---

434 Dies ist das entscheidende Kriterium der a.l.i.c., Tröndle, StGB, Rdnr. 19 zu § 20.

435 Baumann-*Mitsch*, Strafrecht AT, § 15 Rdnr. 30.

436 Stree/ Wessels-FS, S. 148 ff..

437 Struensee, Stree/ Wessels-FS, S. 149.

438 Struensee, Stree/ Wessels-FS, S. 150.

439 Struensee, Stree/ Wessels-FS, S. 151.

440 Stree/ Wessels-FS, S. 148.

chenden Herleitung entkräftet er sich allerdings selbst: Wenn ihm auch darin recht zu geben sein mag, daß es zur Gebotserfüllung mehrerer Einzelakte bedarf, so ist nicht ersichtlich, inwieweit dieses Argument widerlegen sollte, daß es für den Grundsatz „ultra posse nemo obligatur" auf den Zeitpunkt des Entstehens der konkreten Erfolgsabwendungspflicht ankommt. Denn seine Erwägungen fußen auf der zweifelhaften Erkenntnis, daß „aus dem Fehlen auch nur einer einzigen dieser zahlreichen notwendigen Körperbewegungen - mag es *die erste* oder die letzte sein - resultiert, daß das ganze *Gebot* nicht erfüllt (sei) (...). Demnach (bilde) das Unmöglichmachen der (vollständigen) *Gebotserfüllung* durch vorangegangenes Unterlassen den Regelfall der Nichtbefolgung der Gebotsnorm"[441]. Struensee dreht sich mithin im Kreis, denn es geht im Kern ja gerade darum, wann das (angebliche[442]) Gebot sich an den Pflichtigen wendet. Und dies ist erst der Fall, wenn der konkrete Erfolg einzutreten droht. Struensee bleibt also schlicht eine Begründung für seine These schuldig. Seine Erwägungen sind daher trefflich heranzuziehen, wenn es um die Entscheidung geht, wann die (angebliche) Gebotsverletzung be- bzw. vollendet ist, für die Ausdehnung des § 13 StGB auf einen Zeitpunkt vor Eintritt der konkreten Erfolgsabwendungsmöglichkeit geben sie nichts her.

2. Lösung über die Figur des Unterlassens durch Tun

Die Frage ist aber gerade, ob sich eine Handlungsvereitelung vor Eintritt der konkreten Erfolgsabwendungspflicht als strafbare Handlung *hinsichtlich der unterbliebenen Erfolgsabwendung* darstellt.

Und gerade diese Frage beantworten die Vertreter der Rechtsfigur des Unterlassens durch Tun positiv und nehmen eine unechte Unterlassungstat durch Tun an[443]. Dabei stellt sich die Lösung folgendermaßen dar: Im Betrinken sehen sie zunächst ein eindeutiges Tun, ein Unterlassen im Sinne eines Nichttuns liege daneben gar nicht vor, der Weichenwärter unterlasse ja nichts[444]. Denn Voraussetzung für ein Unterlassen sei die generelle Handlungsfähigkeit, und eben diese sei nicht gegeben.

---

441 Struensee, Stree/ Wessels-FS, S. 149/ 150. Hervorhebungen durch den Verf..

442 Nach der hier vertretenen Auffassung handelt es sich um eine Verbotsverletzung.

443 Für viele Lackner, StGB, Rdnr. 3 zu § 13.

444 Dies erkennt auch Maurach, JuS 1961, S. 377: Streng genommen könne von einer Unterlassung wegen der Handlungsunfähigkeit des Pflichtigen nicht gesprochen werden, sie werde aber durch die anerkannten Regeln der a.l.i.c. fingiert; Roxin, Engisch-FS, S. 384, der selbst die von Maurach vorgenommene Fiktion des Unterlassens ablehnt; Androulakis, Studien, S. 156, spricht ebenfalls von einem aliud an Verhalten im Gegensatz zu einem plus.

Diese Begründung vermag aber nicht vollständig zu überzeugen. Denn der Begriff der Handlungsunfähigkeit darf nicht dahingehend verstanden werden, daß überhaupt keine Handlung im bereits weiter oben[445] definierten Sinne, also ein Verhalten, mehr möglich ist[446], sondern nur die Fähigkeit, *ein bestimmtes Tun* vorzunehmen. Ein Nichttun liegt aber trotzdem vor und kann nicht weggeleugnet werden, der tatbestandliche Erfolg tritt auch dadurch rechtlich ein[447]. Der Wegfall der Handlungsfähigkeit hat lediglich zur Folge, daß eine Handlungs*pflicht* wegen Fehlens der Möglichkeit zu einem erfolgsabwendenden Verhalten nicht besteht. Man kann daher u.U. im Ergebnis von einem Unterlassen durch Tun sprechen, gemeint sein kann aber nur die Ausschaltung der Handlungspflicht durch Tun. Dadurch, daß sowohl ein Tun (Sich-Betrinken) als auch ein Nichttun (Nichtstellen der Weiche) gegeben ist, bedarf es einer Begründung, weshalb gerade das Tun trotz späterer fehlender Handlungspflicht strafbegründend wirken soll.

Weiter wird daher zur Begründung vorgebracht, dieses Tun sei vom Gebotstatbestand mit verboten. Das an den Weichenwärter gerichtete Erfolgsabwendungs- und Rettungsgebot enthalte zugleich das sekundäre Verbot, sich der Erfüllung dieses Gebotes unfähig zu machen[448].

Schon aus bereits dargelegten dogmatischen Erwägungen heraus kann dem m.E. nicht zugestimmt werden. Die den Weichenwärter ansprechende Norm ist selbst ein Verbot, und zwar, da er Garant ist, das Verbot, die Erfolgsabwendung nicht zu verhindern[449]. Man mag daher allenfalls von dem sekundären Gebot, sich die Handlungsfähigkeit zu erhalten, sprechen[450]. Aber auch insoweit wurde bereits ausgeführt[451], daß es solche sekundäre Ge- oder Verbotsnormen grundsätzlich nicht gibt.

---

445 Teil 1 2. Abschn. B. I..

446 So aber Maurach, JuS 1961, S. 377; ebenso Bertel, JuS 1961, S. 53: „Solange er (der Bahnwärter) handlungsfähig ist, unterläßt er nichts, wozu er verpflichtet ist, und in dem Augenblick, in dem er handlungsunfähig geworden ist, kann von Unterlassen nicht mehr die Rede sein".

447 So SK-*Rudolphi*, Rdnr. 46 vor § 13; auch Samson, Welzel-FS, S. 598.

448 Bertel, JZ 1965, S. 55; Roxin, Engisch-FS, S. 384; SK-*Rudolphi*, Rdnr. 46 vor § 13; Hruschka, Strafrecht, S. 307.

449 Hruschka, Strafrecht AT, S. 60, sieht ebenso, daß die Rettungspflicht mit der Obliegenheit des Garanten nicht identisch ist, sondern eben etwas anderes, und daß beispielsw. durch §§ 212, 13 StGB eben nur die Verletzung der Pflicht, nicht jedoch die der Obliegenheit unter Strafe gestellt ist.

450 Kühl, Strafrecht AT, § 18 Rdnr. 22; Baumann-*Mitsch*, Strafrecht AT, § 15 Rdnr. 29; Kaufmann, Dogmatik, S. 211; Welp, Vorausgegangenes Tun, S. 138; Stoffers, Schwerpunkt der Vorwerfbarkeit, S. 334 ff., 380 f.; ders., JA 1992, S. 181.

451 Teil 1 2. Abschn. A. I. 1. b).

Die Rechtsfigur des Unterlassens durch Tun ist also in ihrer bisherigen Form nicht geeignet, die omissio libera in causa im weiteren Sinn abschließend zu lösen.

Hruschka vertritt nun die zunächst naheliegende Auffassung, die Fallgruppe der omissio libera in causa ließe sich einfach dadurch lösen, daß man eben die aktive Beseitigung der Handlungsmöglichkeit als Grund dafür nimmt, die Nicht-Vornahme der gebotenen Handlung in der Gefahrenlage doch zuzurechnen, mithin aus dem Handlungsgebot ein hypothetischer Imperativ abgeleitet werde, „sich bei Strafe der Zurechnung jedes durch eine Handlungsunfähigkeit bedingten Untätigbleibens als ein Unterlassen die Handlungsfähigkeit zu erhalten“[452]. Diese Zurechnung sei damit zu rechtfertigen, daß dem Garanten nicht, wie nach den Vertretern der Rechtsfigur des Unterlassens durch Tun, eine Pflicht-, sondern nur eine Obliegenheitsverletzung vorgeworfen wird, also nach wie vor an das Untätigbleiben angeknüpft werde. Zustimmung verdient jedoch nur der darin zum Ausdruck kommende Ansatz, daß es nach wie vor um den originären Imperativ geht[453]. Im übrigen läuft jedoch die Begründung auf eine schlichte Umbenennung eines *sekundären* Imperativs in einen *hypothetischen* Imperativ hinaus mit der Konsequenz, daß nicht das die Handlungsunfähigkeit herbeiführende Verhalten, sondern die tatsächliche Unterlassung die Tat darstellt. Im Ergebnis bewirkt diese Ansicht nur, daß die Regeln der a.l.i.c. auch für die Fälle unechter Unterlassung anzuwenden sind und dort neben der Handlungsunfähigkeit schlicht auch der Wegfall der Handlungspflicht zugerechnet wird. Eine *Begründung* für diese Eliminierung des Grundsatzes, wonach niemand zur Vornahme einer ihm unmöglichen Handlung verpflichtet ist, fehlt jedoch und macht diese Lösung lediglich zu einer Erweiterung der anerkannten Regeln der a.l.i.c., ohne sie jedoch systematisch stützen zu können.

Mithin sind die genannten Lösungsansätze nicht abschließend geeignet, die Verantwortlichkeit des Garanten aus der Verursachung des Wegfalls der Handlungspflicht überzeugend zu begründen. Festzuhalten bleiben aber für die weiteren Erörterungen zwei Erkenntnisse, die sich nach den diskutierten Ansichten scheinbar widersprechen: Zum einen die, wonach es auf die Handlungsvereitelungstat ankommt, zum anderen die, wonach darin eine Verletzung des primären Imperativs liegen müßte, um eine Strafbarkeit zu begründen. Nur bei Vereinbarkeit dieser beiden Prämissen ist ein dogmatisch schlüssiger Weg gefunden und soll im folgenden gesucht werden.

---

[452] Bockelmann-FS, S. 422; ders., Strafrecht, S. 306 ff..

[453] Den Hruschka allerdings, wie viele, als ein Gebot ansieht.

3. § 221 Abs. 1 2. Alt. StGB a.F./ § 221 Abs. 1 Nr. 2 StGB n.F. als gesetzlich normierter Fall?

Bei Betrachtung der Fragestellung liegt daher die Überlegung nahe, ob nicht schon im Tatbestand des § 221 Abs. 1 2. Alt. StGB a.F./ § 221 Abs. 1 Nr. 2 StGB n.F. ein *gesetzlich* normierter Lösungsweg vorgezeichnet ist. § 221 Abs. 1 2. Alt. StGB a.F betraf ja den Fall, daß sich derjenige, der für die Unterbringung etc. der hilflosen Person zu sorgen hat, nach h.M.[454] räumlich von dieser entfernte[455]. Aus der dort umschriebenen garantenähnlichen Position glaubte nun S t o f f e r s[456] eine Ähnlichkeit zur Figur des Unterlassens durch Begehen erkennen zu können, indem er den klaren Imperativ der Norm („Du sollst ... nicht verlassen") mittels der „Garantenstellung" zu einem unechten Unterlassungsdelikt umdeutet, da sich nur der Garant iSv. § 13 StGB durch Verlassen das Helfen unmöglich machen könne und damit § 221 Abs. 1 2. Alt. StGB a.F. eigentlich ein Unterlassungsdelikt sei[457]. Nach dieser Betrachtungsweise wäre hier ein unechtes Unterlassungsdelikt gegeben, das durch die im Tatbestand beschriebene Handlungsvereitelung verwirklicht würde und einen Hinweis auf ein an den Garanten gerichtetes Gebot, sich die Handlungsfähigkeit zu erhalten, beinhaltete.

Diese Ansicht begegnet grundlegenden Bedenken. Denn zum ersten bezeichnet § 221 StGB a.F. und n.F. mitnichten eine Garanten-, sondern, nach h.M.[458], eine garanten*ähnliche* Stellung. Daß sich die Voraussetzungen beider im wesentlichen decken, hat nichts mit der Qualifikation des Deliktes zu tun. Vielmehr macht die garantenähnliche Stellung des Täters in dieser Variante das Delikt lediglich ebenso zu einem Sonderdelikt[459] wie beispielsw. die Beamteneigenschaft in § 331 StGB[460]. Der strukturelle Unterschied des unechten Unterlassungsdelikts zum echten Begehungsdelikt besteht ja darin, daß im letzteren Fall der tatbestandliche Erfolg mechanisch auf den Täter zurückzuführen, dagegen im ersteren eine rein rechtliche Kausalität dergestalt gegeben sein muß, daß eine Erfolgsverwirklichung bei Wahrnehmung der Garantenpflichten ausgeblieben wäre. Durch das Verlassen bzw. Im-Stich-Lassen selbst tritt aber schon adäquat

---

454 Für viele Tröndle, StGB, Rdnr. 6 zu § 221 a.F..

455 § 221 StGB n.F. verzichtet nunmehr auf eine örtliche Trennung vom Opfer und läßt schon ein „Im-Stich-Lassen" genügen.

456 JA 1992, S. 178.

457 Wohl auch Meyer-Bahlburg, Diss. 1962, S. 9; abgelehnt von BGH, JR 1992, S. 247.

458 Tröndle, StGB, Rdnr. 4 zu § 221 a.F.; BGHSt 26, S. 37.

459 So auch Mitsch, JuS 1994, S. 556.

460 „§ 331. Vorteilsannahme. (1) Ein Amtsträger, oder ein für den öffentlichen Dienst besonders Verpflichteter, der einen Vorteil als Gegenleistung dafür fordert, sich versprechen läßt oder annimmt, daß er eine Diensthandlung vorgenommen hat oder künftig vornehme, wird mit Freiheitsstrafe bis zu zwei Jahren oder mit Geldstrafe bestraft.(...)."

kausal die konkrete Gefährdung ein, ohne das Ver- bzw. Im-Stich-Lassen eben nicht. § 221 Abs. 1 2. Alt. StGB a.F./ § 221 Abs. 1 Nr. 2 StGB n.F. ist ein eigentümliches Garanten-Begehungsdelikt, dem eine Garantenpflicht *zugrunde* liegt, die als Erfolgsabwendungspflicht auf die Vermeidung von Schaden und Gefährdung abzielt, aber in für § 221 Abs. 1 2. Alt. StGB a.F. relevanter Weise nur in der Begehungsform der „Gefährdung durch Verlassen", bei § 221 Abs. 1 Nr. 2 StGB n.F. durch „Gefährdung durch Im-Stich-Lassen" verletzt werden kann. „Die Gleichstellungsfrage betrifft deshalb primär nicht das Problem der Äquivalenz von aktiver Erfolgsbewirkung und unterlassener Erfolgsabwendung unter dem Aspekt der *Rechtsgutsgefährdung*, sondern spezifisch die Äquivalenz unter dem Gesichtspunkt dieser „Begehungsform"""[461]. Denn es kommt auf das Ergebnis des „Verlassens", das räumliche Abwesend-Sein, an[462]. Das ist auch der Grund dafür, daß § 221 Abs. 1 2. Alt. StGB a.F durchaus auch durch Unterlassen iSv. § 13 StGB begehbar war[463], beispielsw., wenn eine Mutter nach Eintritt der hilflosen Lage nicht zu ihrem Kind zurückkehrte[464]. Denn in diesem Fall tritt die konkrete Gefährdung durch die hilflose Lage selbst ein, nur wäre dies durch die Mutter *als Garantin* durch rechtzeitige Rückkehr zu verhindern gewesen.

Im Ergebnis handelt es sich bei § 221 Abs. 1 2. Alt. StGB a.F/ § 221 Abs. 1 Nr. 2 StGB n.F. damit um den Fall eines echten Begehungsdelikts, eine strukturelle Ähnlichkeit zur Rechtsfigur des Unterlassens durch Tun und damit eine Bestätigung der Annahme sekundärer Gebote scheidet damit aus.

4. Lösung über die Garantenkausalität

Wie stellt sich nun die Lösung einzig aus der Betrachtung der Kausalitäten dar? Der Weichenwärter ist zweifellos Garant iSv. § 13 StGB für den Nichteintritt einer Entgleisung des Zuges und damit dem Rechtsgut zur Seite gestellt. Indem er die dazu nötige Handlung, hier das Stellen der Weiche durch Tun, nicht vorgenommen hat, hat er *spätestens* diese Kausalität abgebrochen. Hier aber ergibt sich die Frage, ob nicht schon in der Berauschung selbst ein Abbruch dieser Kausalität vorliegt, genauer, ob zu der Garantenkausalität auch gehört, sich immer im handlungsfähigen Zustand zu erhalten[465], oder ob nur die Vornahme der

461 Vgl. Küper, Jura 1994, S. 523.
462 Küper, Jura 1994, S. 523.
463 BGH, JR 1992, S. 246 ff. (S. 247) m. krit. Anm. Horn, JR 1992, S. 248 f.; BGH, NStZ 1983, S. 454 ff. (S. 454); Lackner, StGB, Rdnr. 3 zu § 221 a.F.; Küper, Jura 1994, S. 523.
464 BGHSt 21, S. 47; v. Els, NJW 1967, S. 966; Lackner, StGB, Rdnr. 3 zu § 221 a.F..
465 So Stoffers, JA 1992, S. 181; Welp, Vorangegangenes Tun, S. 138; Samson, Welzel-FS, S. 598.

erforderlichen Handlung im Zeitpunkt der Rechtsgutsgefährdung Garantenkausalität ist und weiter, ob jede Verletzung der Garantenkausalität zugleich einen *strafrechtlich relevanten* Abbruch dieser Garantenkausalität darstellt.

Klarzustellen ist also, daß es bei dieser Fragestellung nicht um das, bereits abgelehnte, Vorliegen *sekundärer* Ge- oder Verbotsnormen geht, sondern *orginär* um die Frage, wann der *verbotene* Abbruch der Garantenkausalität, die *primäre* Verbotsverletzung, angenommen werden muß. Es ist schon dargelegt worden, daß die Garantenkausalität dem Rechtsgut *zur Seite gestellt*[466], ebenso, daß zwischen dem Abbruch der Kausalität und dessen Kausalität für den eingetretenen Erfolg scharf zu unterscheiden ist[467]. Jeglicher Abbruch rechtsguterhaltender Kausalitäten ist aber verboten. In dem Zeitpunkt also, in dem sich der Garant unfähig zur Vornahme der ihm obliegenden Handlungen macht, hat er dann auch diese Garantenkausalität abgebrochen, freilich noch ohne Folgen. Herzberg[468] formuliert im Zusammenhang mit der These, daß auf das defektfreie Handeln nicht abgestellt werden dürfe, daß dann das (dort im Defektzustand verwirklichte) Begehungsdelikt lediglich in ein Unterlassungsdelikt umschlage. Durch die Gefahrschaffung entstehe eine rechtliche Einstandspflicht für die Bedrohung des Objekts durch den eigenen Körper. Dieses Ergebnis führt also zur Annahme einer Ingerenzgarantenstellung und impliziert ein gefahrbegründendes Tun, das umgekehrt für die hiesige Argumentation zur Begründung der originären Verbotsverletzung des Garanten herangezogen werden kann. Und diese kann sowohl durch Tun[469] als auch durch Nichttun geschehen. Letzteres wäre beispielsw. der Fall, wenn der Weichenwärter auf dem Weg zum Dienst an der Bushaltestelle nicht aussteigt, sondern im Bus sitzen bleibt mit der Folge, daß das Weichenwärterhäuschen unbesetzt bleibt bzw. die Mutter im *Fall 8* die Medikamente nicht besorgt[470]. Nach der Terminologie der Vertreter der Rechtsfigur des Unterlassens durch Tun läge hier dann ein Unterlassen durch Nichttun vor[471].

---

466 Teil 1 2. Abschn. A. II. 2..

467 Teil 1 2. Abschn. C. II. 2..

468 Spendel-FS, S. 220.

469 Jakobs, Strafrecht AT, 7. Abschn., Rdnr. 69, spricht davon, daß das Sich-Betrinken Bedingung des Erfolges ist, geht also ersichtlich auch davon aus, daß damit bereits die vollständige Tathandlung erbracht ist, die ihrerseits zum tatbestandlichen Erfolg führt; dagegen Samson, Welzel-FS, S. 598: Der Weichenwärter setze generell keine Bedingung, da der notwendige Rettungsentschluß zum Zeitpunkt, in dem die Weiche gestellt werden müßte, noch fehle; dieser wird jedoch bei der Garantenstellung bereits vorausgesetzt, der Täter macht sich aber gerade diesen, von ihm geforderten, Entschluß durch das Sich-Betrinken unmöglich. Gerade deswegen ist dieses Tun verursachend.

470 Struensee, Stree/ Wessels-FS, S. 149.

471 Struensee, Stree/ Wessels-FS, S. 149: „omissio libera in omittendo“.

Im Ergebnis decken sich hierbei also die Rechtsfigur des Unterlassens durch Tun mit der hier vertretenen Ansicht. Der dogmatische Unterschied liegt aber in der Begründung: Während nach der bisher vertretenen Theorie des Unterlassens durch Tun das Vorliegen eines Nichttuns geleugnet und das Tun einem imaginären, aus dem Gebotstatbestand folgenden sekundären Verbot zugerechnet wird, vermag die hier vertretene Ansicht ohne Umwege zu begründen, daß das auch den unechten Unterlassungsdelikten originär zugrunde liegende Verbot schon mit Abbruch der Garantenkausalität zu irgendeinem Zeitpunkt sowohl in Form des Tuns (*Fälle 7 und 8*) als auch des Nichttuns (*Fall 9*) übertreten wird[472].

Und da der Abbruch der Garantenkausalität schon in der Herbeiführung der Unfähigkeit zur rechten Handlung zur rechten Zeit liegt, hat das zur Folge, daß zwingend von einem Versuch auszugehen ist, tritt der Erfolg (beispielsw. wegen Nichteintreffen des Zuges) nicht ein. Denn die Tathandlung nach der hier vertretenen Ansicht ist ja lediglich der Abbruch der Garantenkausalität. Jeder Garant begibt sich also in die Gefahr des Versuchs, wenn er sich zeitweise unfähig zur Erfolgsabwendung macht. Nicht zu verwechseln ist diese Erkenntnis mit dem Ergebnis, das die Vertreter der sog. Tatbestandslösung mit ihrer dogmatischen Begründung der a.l.i.c. finden. Sie verstehen ja die Berauschung als Unterfall der mittelbaren Täterschaft, in der Tatmittler und Tatwerkzeug in einer Person zusammenfallen mit der Folge, daß grundsätzlich ein Versuch im Sich-Betrinken zu sehen sei. Ob dem zu folgen ist, muß hier nicht entschieden werden, da es jedenfalls im Falle der a.l.i.c. durch einen Garanten nach den dargestellten Erwägungen neben einer dann eventuell vorliegenden mittelbaren Täterschaft um den tatsächlichen Abbruch einer Garantenkausalität geht, die in unmittelbarer Täterschaft begangen wird.

Soweit S e e l m a n n[473] eine im Hinblick auf Art. 103 Abs. 2 GG bedenkliche Analogie zu erkennen glaubt, geht er zwar insoweit recht, als der Abbruch der Garantenkausalität in dieser Feinheit auch tatsächlich nicht geregelt ist. Er ist es aber niemals, denn auch die 'normalen' Fälle unechten Unterlassens sind, bei Lichte betrachtet, nicht ohne weiteres für jeden einleuchtend unter § 13 StGB zu subsumieren, wenn schlicht davon die Rede ist, daß das Unterlassen dem Tun entsprechen muß. Wenn, dann ist § 13 StGB selbst im Hinblick auf

---

472 Soweit Hruschka, Strafrecht AT, S. 61, dies als „merkwürdiges" Ergebnis ansieht und den Einwand des Unterlassens durch Tun nicht gelten läßt, ist mit den vorliegenden Ausführungen die von ihm als „a priori" abgelehnte Behauptung mit einer Begründung versehen.

473 JuSL 1987, S. 35/ 36.

Art. 103 Abs. 2 GG bedenklich weit formuliert[474], und nur in der Folge sind es in dessen Rahmen auch die dogmatischen Lösungswege einzelner Fallgruppen.

5. Handlungsvereitelung als echte Begehungstat?

Ein Wort noch zu dem interessanten Gedanken, daß durch das Herbeiführen der Handlungsvereitelung dann eine echte Begehungstat angenommen werden könne, wenn ohne dieses Vorverhalten der tatbestandsmäßige Erfolg mit an Sicherheit grenzender Wahrscheinlichkeit abgewendet worden wäre. Dies soll beispielsw. dann der Fall sein, wenn im *Fall 8* der Vater oder ein Dritter anstelle der Mutter dem Kind das Medikament gegeben hätte[475]. Denn dann sei eine Kausalität vorhanden, die ansonsten, wenn nur die Mutter selbst hätte eingreifen können, wegen deren mangelnder Abwendungsbereitschaft nicht gegeben gewesen wäre.

Richtig an dieser Sichtweise ist, daß allein die Notwendigkeit einer hypothetischen Kausalität die Annahme eines echten Begehungsdelikts nicht hindern würde. Sie wird ja auch bei der Rückholung eines auf einen zu ertrinken Drohenden zutreibenden Rettungsringes, wie dargestellt, herangezogen. Im Vorgriff auf die weiter unten[476] noch zu behandelnde Frage der Vernichtung potentieller Rettungsmittel bleibt aber festzuhalten, daß die hypothetische Kausalität nicht auf alle erdenklichen Geschehnisse in der Zukunft bezogen werden kann, sondern immer konkrete Kausalverläufe betreffen muß. Mit anderen Worten verhindert die Mutter in diesem Fall zwar die Möglichkeit für den Vater oder andere Dritte, die Medikamente bei akuter Krankheit des Kindes zu verabreichen, doch liegt eine konkrete Kausalität, deren Fortlaufen hypothetisch unterstellt werden könnte, lediglich in der Garantenkausalität des Vaters, nicht jedoch in der Person des Dritten vor. Da der Täter, wenn er sich selbst die Handlungsmöglichkeit nimmt, damit bereits seine eigene Garantenkausalität abbricht, kann er zwar zu diesem Zeitpunkt auch andere, bereits bestehende Kausalitäten abbrechen, mithin aber auch nur die Garantenkausalität Dritter, hier des Vaters.

Eine echte Begehungstat ist also anzunehmen, wenn der Täter neben seiner eigenen die Garantenkausalität eines anderen abbricht, nicht jedoch, wenn lediglich Rettungsmöglichkeiten für andere Dritte für den Fall einer, noch nicht konkreten, Rechtsgutsgefährdung verhindert werden.

---

474 Vgl. d. Nachw. bei Tröndle, StGB, Rdnr. 3 zu § 13.

475 Baumann-*Mitsch*, Strafrecht AT, § 15 Rdnr. 30.

476 2. Abschn. C. I. 3..

IV. Handlungsvereitelung des nicht Erfolgsabwendungspflichtigen

Obschon die 'omissio libera in causa' grundsätzlich den Fall des sich seiner Handlungsfähigkeit beraubenden Garanten betrifft, kann sie ebenso das Modell betreffen, wonach ein Nichtgarant sich zur Gebotserfüllung bzw. Erfolgsabwendung zur rechten Zeit außerstande setzt.

1. Der lediglich Hilfspflichtige

Zunächst ist dabei der Fall von Interesse, in dem sich ein Adressat bereits vor Eintritt einer Rechtsgutsgefährdung der ihn dann treffenden Gebotserfüllungspflicht dadurch entzieht, daß er sich diese bereits zuvor unmöglich macht, also z.B. ein Autofahrer absichtlich seinen Verbandskasten zu Hause zurückläßt, um bei ihm etwa bei seiner Fahrt begegnenden Unglücksfällen nicht helfen zu können oder der (später) Anzeigepflichtige sich sinnlos betrinkt, um sich außerstande zu setzen, ggf. zur Polizei zu gehen.

R o x i n[477] verneint, im Ergebnis zu Recht, bei einem sich sinnlos betrinkenden Mitwisser eines Mordplanes eine Beihilfe zum anzeigepflichtigen Delikt mit der Begründung, es könne keinen Unterschied machen, wie es der Anzeigepflichtige erreicht, daß seine Anzeige unterbleibt. Dies bestätigt zwar auch die hier vertretene Ansicht: Eine rettende Kausalität liegt, da auch keine Garantenkausalität gegeben ist, nicht vor, da die Anzeige ja noch von einem weiteren Verhalten des Täters abhängig wäre. Mangels Abbruch einer Kausalität ist daher lediglich ein echtes Unterlassungsdelikt gegeben.

Doch diese Begründung trägt nur dann, wenn bereits eine Anzeigepflicht gegeben ist und betrifft daher gar keinen Fall einer vorzeitigen Handlungsvereitelung. Sie veranschaulicht aber nebenbei wiederum, daß das Verhalten, das zur Strafbarkeit führt, nicht von der ontischen Qualität abhängig ist. Daher überzeugt auch die von H r u s c h k a geäußerte Kritik an der Rechtsfigur des Unterlassens durch Tun nicht, wenn er behauptet, sie verwechsle das Verhältnis von Bedingung und Bedingtem durch die Konsequenz, derjenige, der den von einem Dritten in die Nähe eines Feuers gelegten Anzeigebrief nicht vor den diesen verschlingenden Flammen bewahrt, mache sich einer Verletzung der Anzeigepflicht durch Unterlassen schuldig. Die Rettung des Briefes ersetze aber nicht die Anzeige selbst, folglich ersetze auch nicht die Nicht-Rettung die Nicht-Anzeige[478]. Ersteres hat aber niemand behauptet, letzteres ist jedoch schlichtes Faktum: Denn unbestritten ist jedenfalls dann, wenn die letzte Möglichkeit zur Vornahme der gebotenen Handlung verstrichen ist, das echte Unterlassungsdelikt vollendet. Und gerade durch die Nicht-Verhinderung des Verbrennens

---

477 Engisch-FS, S. 383.

478 Bockelmann-FS, S. 434/435.

nimmt sich der Täter die sonst weiterhin gegebene Möglichkeit der Gebotserfüllung, er vollendet dadurch die Tat. Was vielmehr H r u s c h k a verwechselt, ist die, hier vertretene, Unterscheidung von Ge- und Verbot und der ontischen Qualität des Verhaltens. Daß die Erkenntnis, wonach ein echtes Unterlassen durch Tun bewirkt werden kann, eine im Ergebnis unspektakuläre ist, begründet nämlich keine Zweifel an der Richtigkeit dieser Annahme.

Die tatsächlichen Fälle der Handlungsvereitelung hingegen führen unproblematisch zur Straflosigkeit des Täters, und zwar allein deshalb, weil zu keinem Zeitpunkt eine Handlungspflicht bestand, zunächst, weil noch kein dazu führendes Ereignis vorlag, dann, weil eine Handlungsmöglichkeit nicht gegeben ist. Und im Gegensatz zum Garanten liegt auch kein Abbruch einer irgendwie gearteten Kausalität in der Herbeiführung der Handlungsunfähigkeit vor[479].

2. Der Nichtpflichtige

Nur der Vollständigkeit halber sei erwähnt, daß daher erst recht ein zu keinem Zeitpunkt Hilfspflichtiger allein deswegen zur Verantwortung gezogen werden kann, weil er sich die Handlungsfähigkeit zu einem ihm nicht gebotenen Verhalten nimmt, und zwar unabhängig davon, ob eine Erfolgsabwendung bereits möglich wäre[480] oder nicht.

3. Ergebnis

Die Handlungsvereitelung nicht Erfolgsabwendungspflichtiger ist, da es an einer abzubrechenden Kausalität fehlt, sowohl in Fällen möglicher Erfolgsabwendung als auch gegebener reiner Hilfspflicht straflos.

V. Zusammenfassung

Die überwiegend unter dem Begriff der omissio libera in causa diskutierte Herbeiführung der Unfähigkeit zur Erfolgsabwendung durch den Garanten ist nicht nach den Regeln der a.l.i.c. lösbar, da bereits in dem Verhalten, das zur Handlungsunfähigkeit führt, die Tat zu sehen ist. Dies folgt jedoch nicht aus der Leugnung des Vorliegens der Nichtvornahme der Erfolgsabwendung und Behauptung einer dem Abwendungsgebot innewohnenden Verbotsverletzung. Diese Konstruktion über die Rechtsfigur des Unterlassens durch Tun findet im übrigen auch keine Stütze in § 221 Abs. 1 2. Alt. StGB a.F./ § 221 Abs. 1 Nr. 2 StGB n.F.. Vielmehr ist bereits durch die Herbeiführung der Unfähigkeit zur

---

479 Baumann-*Mitsch*, § 15 Rdnr. 28.

480 Diesen Fall meint wohl Roxin, Engisch-FS, S. 394.

Erfolgsabwendung ein Abbruch der Garantenkausalität zu sehen, der gegen das den unechten Unterlassungsdelikten zugrunde liegende Verbot verstößt.

Bricht daher der Täter auch eine Garantenkausalität Dritter ab, so ist er bei Eintritt des Erfolges Täter eines echten Begehungsdelikts.

Liegt keine Garantenkausalität vor, so bleibt die Handlungsvereitelung wegen Nichtvorliegens einer abgebrochenen Kausalität straflos.

E. Zusammenfassung des ersten Abschnitts

Die Fallgruppe des vorsätzlichen Abbruchs selbst gesetzter Rettungskausalitäten, in denen der Täter einen Erfolgsabwendungsversuch vorzeitig abbricht, können nicht in Analogie zum Rücktritt vom Versuch gelöst werden, da es zum einen an einem vergleichbaren Sachverhalt fehlt, zum anderen diese Lösung keine Begründung dafür zu liefern vermag, warum eine echte Begehungstat bei Vorliegen eines 'beendeten' Versuchs ausscheiden soll.

Aus der Erfolgsabwendung heraus kommt es nur dann zu einer Garantenstellungsbegründung, wenn eine Vertrauenslage gegeben ist, die das Opfer oder Dritte gerade aus dem Vertrauen auf die Hilfeleistung des Täters heraus zum Unterlassen eigener Hilfsmaßnahmen animiert. Diese Ingerenzgarantenstellung ist auf alle übrigen Fälle nicht anwendbar.

Aus dem Abbruch einer Rettungskausalität selbst folgt dagegen zwar eine Garantenposition, sie kommt jedoch aus Konkurrenzgesichtspunkten nur dann zum Tragen, wenn der Abbruch selbst nicht schon ein echtes Begehungsdelikt darstellt.

Zur Konkretisierung des Rechtsgedankens des Unterlassens durch Tun ist daher das generelle Verbot des Abbruchs einer Rettungskausalität heranzuziehen, das eine abgebrochene Erfolgsabwendung dann in ein echtes Begehungsdelikt umwandelt, sobald die in Gang gesetzte rettende Kausalität in tauglicher Weise ohne weitere Veränderung der Situation durch ein weiteres Verhalten des Täters auf das Rechtsgut hinwirkt.

Diese Grundsätze gelten sowohl bei Rettungskausalitäten, die aufgrund einer, als auch bei solchen, die ohne eine Hilfspflicht gesetzt worden sind (s. Darst. 7).

Somit ist auch in den besonders praxisrelevanten Fällen des Abschaltens von Reanimatoren eine echte Begehungstat anzunehmen, sofern nicht außerhalb der hier geführten Diskussion Gründe oder Normen bestehen, die ein solches Verhalten ausnahmsweise erlauben. Dort ist aber auch § 34 StGB, der ansonsten wegen Rechtsgüterkollision in ein und demselben Rechtsgut anwendbar sein kann, ausgeschlossen. Deshalb ist dringend eine Kodifizierung spezieller Rechtfertigungsgründe entsprechend dem AE-Sterbehilfe zu fordern.

Die Fälle, in denen sich ein Garant vorzeitig die Erfolgsvermeidung unmöglich macht, sind schließlich nicht etwa als Paradefälle des Unterlassens durch Tun anzusehen. Vielmehr liegt bereits in der Herbeiführung der Unmöglichmachung der Erfolgsabwendung ein Abbruch der Garantenkausalität, der unmittelbar zu einem unechten Unterlassungsdelikt führt.

Dies ist auch der Grund dafür, daß derjenige, der die Garantenkausalität in Person eines Dritten durch Vernichtung dessen potentieller Handlungsmöglichkeiten für den Zeitpunkt der konkreten Rechtsgutsgefährdung abbricht, bei Eintritt des tatbestandlichen Erfolges aus einem echten Begehungsdelikt strafbar ist.

Liegt keinerlei Garantenkausalität vor, so kommt eine Strafbarkeit aus bloßer Handlungsvereitelung nicht in Betracht.

Zweiter Abschnitt
Der vorsätzliche Abbruch bestehender Rettungskausalitäten

Steht nun die Behandlung des Abbruchs selbstgesetzter Rettungskausalitäten fest, stellt sich die Frage nach der Übertragbarkeit der dort gefundenen Ergebnisse auf den, insoweit allgemeineren, Fall der fremdgesetzten bzw., umfassender gesagt, bereits bestehenden Rettungskausalitäten.

A. Betroffene Konstellationen

Im Gegensatz zu dem im ersten Abschnitt behandelten Problemkreis handelt es sich beim vorsätzlichen Abbruch bereits bestehender Rettungskausalitäten um eine Abwandlung dergestalt, daß nicht der Täter selbst, sondern ein anderer mit Rettungsbemühungen bzw. -handlungen begonnen hat und der Täter diese auf verschiedenste Art und Weise vereitelt.

B. Vereitelung rettender Kausalverläufe

Dabei sind den bereits diskutierten, vom Täter in Gang gesetzten Rettungskausalitäten am ähnlichsten solche, die zwar nicht vom ihm selbst, aber entweder 'natürlich' bzw. von einem Dritten angestoßen worden sind.

I. Natürliche 'Rettungs'-Kausalitäten

Als Ausgangspunkt dient eine kurze Betrachtung des Abbruchs rettender Kausalverläufe 'per se', also solcher, die nicht von Menschenhand zu diesem Zwekke in Gang gesetzt worden sind, sondern quasi zufällig auf das gefährdete Rechtsgut hinwirken.

Am Beispiel des in einem See zu ertrinken Drohenden, auf den die rettende Holzplanke zutreibt, ist schon dargestellt worden[481], daß sich derjenige, der diese Planke aufhält, eines echten Begehungsdelikts strafbar macht[482]. Für ihn stellt sich diese 'Rettungs'-Kausalität eben nicht als solche im eingangs beschrieben Sinne[483] dar, sie gehört vielmehr zu den das Rechtsgut erhaltenden bzw. es determinierenden Kausalitäten, die 'natürlich' bedingt sind. Demgemäß

---

481 S.o. 2. Teil 1. Abschn. B. I. 6. d) cc).

482 Roxin, Engisch-FS, S. 382; Engisch, Gallas-FS, S. 181; Stoffers, Schwerpunkt der Vorwerfbarkeit, S. 307; Blei, Strafrecht I, S. 312; Preisendanz, StGB, § 13, II. 2.; Sch-Sch-*Stree*, Vorbem. §§ 13 ff., Rdnr. 159; Arzt, JA 1980, S. 557.

483 1. Teil 1. Abschn. B..

ist auch unerheblich, ob es sich statt der Holzplanke um ein im Eigentum des Täters stehendes Boot handelt, das zufällig auf das Opfer zutreibt[484]. Ein Abbruch dieser Kausalitäten ist also immer als Verstoß gegen daß Verbot, rechtsguterhaltende Kausalverläufe abzubrechen, als echte Begehungstat strafbar.

G ö s s e l[485] kommt jedoch zu einem unechten Unterlassungsdelikt und stützt sich auf die Konstruktion, daß § 323 c StGB zwar durch ein Tun verwirklicht sei, von der Norm aber auch ein Verbot der Unmöglichmachung der Hilfeleistung ausgehe, nicht jedoch ein Gebot, das Opfer vor dem Tode zu bewahren. Der Täter habe aber durch das Zurückholen des Rettungsmittels die Gefahr für das Opfer erhöht und sei daher zum Garanten geworden und zur Vornahme einer rettenden Handlung verpflichtet. Diese Lösung überzeugt aber nicht. Denn der Täter hat nicht nur eine Gefahr erhöht, sondern eine Gefahr originär geschaffen, also in das Kausalgefüge eingegriffen. Überspitzt könnte sonst argumentiert werden, daß derjenige, der einen Schuß auf einen anderen abgibt, lediglich die Gefahr für diesen erhöht hat und nunmehr aus § 13 StGB für den Nichteintritt des Erfolges einzustehen hätte.

II. Fremde Rettungskausalitäten

Der dargestellten Situation des Abbruchs natürlicher 'Rettungs'-Kausalitäten ist wiederum die Konstellation am nächsten, in der ein Dritter seinerseits bereits eine rettende Kausalität in Gang gesetzt hat. Es stellt sich die Frage, ob nun von Menschenhand in Gang gesetzte Rettungskausalitäten im oben definierten Sinn aus Sicht des Täters für diesen ebenfalls rechtsguterhaltende Kausalitäten darstellen mit der Folge, daß ein Abbruch einen Verbotsverstoß darstellt, oder ob es einer differenzierten Betrachtung ähnlich der im Falle des Abbruchs selbst gesetzter Kausalitäten bedarf.

Es geht also mithin darum, ob das Kriterium der Entbehrlichkeit eines weiteren Verhaltens des Täters zumindest ausgedehnt werden kann auf eine Entbehrlichkeit des Verhaltens *irgendeiner anderen Person*. Und es ist offensichtlich, daß diese Erweiterung möglich und sogar zwingend ist. Denn es kommt ja, wie bereits festgestellt[486], lediglich auf den Kausalverlauf selbst an, es ist dagegen unerheblich, von wem und wann er in Gang gesetzt worden ist. Für den Täter unterscheidet sich die abgebrochene Rettungskausalität des Dritten nicht von

---

484 Sch-Sch-*Stree*, Vorbem. §§ 13 ff., Rdnr. 159.

485 ZStW 1984, S. 333/ 334.

486 2. Teil 2. Abschn. B. VI. 1..

sonstigen rettenden oder erhaltenden Naturkausalverläufen[487], weil ihm die Verbotsnorm den Abbruch von Rettungskausalitäten Dritter unabhängig davon verbietet, ob diese rechtlich geboten sind oder nicht[488].

Nichts gesagt ist aber an dieser Stelle darüber, welche Folge es hat, wenn es noch eines weiteren Verhaltens einer anderen Person bedarf und der Täter aber die bereits eingeleitete Rettung vereitelt. Dieser Bereich vom Beginn fremder Rettungsbemühungen bis zum letzten notwendigen Verhalten des Rettenden, das zu einer tauglichen selbständigen Rettungskausalität führt, bleibt der nachfolgenden abgetrennten Erörterung vorbehalten.

III. Zusammenfassung

Sowohl natürliche 'Rettungs'-Kausalitäten als auch von fremder Hand in Gang gesetzte Rettungskausalitäten unterfallen, gleich der Lösung für vom Täter selbst gesetzten Rettungskausalitäten, dem Schutz der Verbotstatbestände. Daher ist nach der erweiterten, oben bereits definierten Formel ein echtes Begehungsdelikt auf jeden Fall dann anzunehmen, wenn der Täter eine Rettungskausalität abbricht, sobald sie in tauglicher Weise selbständig ohne weiteres Verhalten *irgendeiner Person* auf das Opfer hinwirkt. Der dazwischen liegende Bereich ist damit insoweit noch nicht gelöst.

C. Vereitelung fremder Rettungsbemühungen aufgrund einer Handlungspflicht

Zu prüfen ist damit weiter, wie nun die Fälle zu behandeln sind, in denen eine taugliche selbständig auf das Opfer hinwirkende Kausalität aus Sicht des Hilfswilligen noch nicht besteht, namentlich, wenn es noch eines weiteren Verhaltens dessen bedarf, und der Täter dieses weitere Verhalten, die Rettungsbemühungen, vereitelt. Andernfalls, also wenn der Dritte nicht hilfswillig ist, liegt in seiner Person schon keine Rettungskausalität[489]. Dabei stellt sich dann die Frage, ob nicht das 'Recht' des Täters auf Vornahme eines bloßen Gebotsverstoßes

---

487 Welzel, Strafrecht, S. 204; Wilhelm, Diss. 1992, S. 48; Stoffers, Schwerpunkt der Vorwerfbarkeit, S. 307; Lackner, StGB, Rdnr. 3 zu § 13: Jede aktive Vereitelung eines vom Täter nicht selbst eingeleiteten Kausalverlaufs ist positives Tun.

488 Samson, Welzel-FS, S. 596; er meint hier aber ersichtlich auch die Situationen, in denen eine taugliche selbständige Rettungskausalität noch nicht in Gang gesetzt worden ist, wenn er allgemein von Rettungshandlungen Dritter spricht. Ob diese, im folgenden als Rettungsbemühungen bezeichneten, Handlungen aber ebenfalls uneingeschränkt so behandelt werden können, ist fraglich; ebenso Baumann, Strafrecht AT, S. 238.

489 Hruschka, Strafrecht AT, S. 60/61.

unter bestimmten Voraussetzungen eine Hinderung anderer an der Gebotserfüllung rechtfertigt oder ob auch hier bereits von einer selbständigen, weil vom Verhalten des Täters unabhängig auf das Opfer hinwirkenden, Rettungskausalität gesprochen werden muß mit der Folge der uneingeschränkten Bestrafung aus einem echten Begehungsdelikt.

I. Fallgruppen

Die zu diesem Problemkreis meist herangezogenen Variationen sollen dabei wiederum mit den klassischen Beispielsfällen verbildlicht werden:

Fall 1: *Der A will dem im See zu ertrinken drohenden C zu Hilfe eilen. Der B schlägt ihn nieder. C ertrinkt.*

Fall 2: *Der A will dem im See zu ertrinken drohenden C mit dem Boot des B zu Hilfe eilen. Der B hindert den A gewaltsam am Einsteigen. C ertrinkt.*

Fall 3: *Wie Fall 2, doch hält der B das Boot, nachdem A bereits eingestiegen ist, fest.*

Fall 4: *Wie Fall 1, doch überredet B den A, dem C doch nicht zu helfen.*

Fall 5: *Wie Fall 2, doch gibt der B dem A auf Frage die wissentlich unwahre Antwort, das Boot sei leck und werde untergehen. Der A bedient sich daraufhin nicht des Bootes, C ertrinkt.*

Fall 6: *Wie Fall 2, doch untersagt der B dem A die Benutzung seines Bootes. A bedient sich daraufhin nicht des Bootes, C ertrinkt.*

Fall 7: *Wie Fall 5, doch schweigt B auf die Frage des A. Dieser läßt daraufhin, da ihm das Risiko zu groß ist, von der Hilfeleistung ab. C ertrinkt.*

Fall 8: *C droht im See zu ertrinken. B, der alleine mit seinem Boot am Ufer ist, nimmt sein Boot mit sich und geht. Kurz darauf erscheint A am See, kann jedoch dem C ohne Boot nicht helfen. C ertrinkt.*

Fall 9: *Wie Fall 8, doch hat B, bevor er ging, noch ein zweites Boot am Ufer leck geschlagen.*

Fall 10: *Der A will den im See zu ertrinken drohenden C mit dem Boot des B, das sich in dessen verschlossenem Bootshaus befindet, zu Hilfe eilen. Der B weigert sich, den Schlüssel herauszugeben. C ertrinkt.*

Fall 11: *Wie Fall 10, doch wirft der B angesichts des auf sein Bootshaus zulaufenden A den Schlüssel in den See.*

1. durch aktives Eingreifen

Ganz im Vordergrund stehen dabei die Sachverhalte, in denen der Täter selbst angesichts der Rettungsbemühungen Dritter Handlungen vornimmt, die diese von dem geplanten Vorgehen abbringen. Es soll hier von aktivem Eingreifen im Gegensatz zur reinen Passivität gesprochen werden, bei der der Täter ein vom Rettungswilligen miteingeplantes Verhalten nicht vornimmt, ohne diese Terminologie mit der des (aktiven) Tuns oder des (passiven) Nichttuns verwechselt zu wissen. Es geht ausschließlich um die Differenzierung des (hypothetischen) Verlaufs der Rettungsbemühungen, da diese letztlich, wie zu erörtern sein wird, den Unterschied zwischen selbständiger und noch unselbständiger tauglicher Rettungskausalität ausmachen könnte.

a) Die gewaltsame Hinderung des Hilfswilligen

Zunächst fällt darunter die Situation, in der der Täter den Hilfswilligen durch physische Einwirkung daran hindert, in seinen Rettungsbemühungen fortzufahren, *Fälle 1 bis 3*.

aa) Im allgemeinen

Es gibt Ansichten, die im *Fall 1* ein in mittelbarer Täterschaft begangenes Unterlassungsdelikt mit der Begründung annehmen wollen, der durch die physische Einwirkung zur Untätigkeit verdammte Hilfswillige sei das Werkzeug des Täters mit der Folge, daß letzterem die Unterlassung zuzurechnen sei[490]. Denn obgleich der Täter eine Tätigkeit entfalte, sei diese doch auf das Unterlassen der Rettung gerichtet. R a n f t[491] hat dagegen vorgebracht, die Frage, ob dem Hintermann die Nichterfüllung einer Pflicht des Handlungswilligen als eigene Pflichtverletzung vorzuwerfen ist, könne erst entschieden werden, wenn zuvor festgestellt worden sei, daß das Verhalten des Hintermannes ein Unterlassen, nicht ein Tun im Rechtssinne sei, und weiter, daß ansonsten bei mangelnder

[490] Sauer, GS 114, S. 319/ 320; Theo Zimmermann, NJW 1952, S. 1322.

[491] JuS 1963, S. 343.

Hilfspflicht des Hilfswilligen eine Bestrafung des Hintermannes unakzeptablerweise gänzlich ausfallen würde[492]. Dies ist schon aus dogmatischen Überlegungen heraus richtig. Denn die Konstruktion der mittelbaren Täterschaft setzt voraus, daß das Werkzeug die Unterlassungstat tatbestandlich begeht[493]. Und dazu gehört die Möglichkeit der Hilfeleistung, die aber gerade durch die physische Einwirkung gar nicht mehr gegeben ist[494].

Nahezu einhellig wird deswegen in diesem Fall ein Begehungsdelikt des Täters angenommen[495]. R o x i n gibt zur Begründung an, daß bei diesem Sachverhalt eine ausschließlich 'fremde', erfolgsabwendende Kausalität zerstört werde[496], und S a m s o n führt weiter aus, daß sich die abgebrochene Rettungshandlung des Dritten nicht von sonstigen rettenden oder erhaltenden Naturkausalverläufen unterscheide[497].

Aus der Sicht der hier vertretenen Bedeutsamkeit der selbständigen tauglichen Rettungskausalität ergibt sich nichts anderes. Denn anders als im Falle des Abbruchs selbst gesetzter Rettungskausalitäten gibt es keine Schnittstelle zwischen Gebots- und Verbotsverletzung, die dazu führen würde, daß sich der Täter bis zum Eintritt einer tauglichen selbständigen Rettungskausalität noch im Bereich des echten Unterlassungsdelikts bewegte. Eine zielgerichtete Rettungsbemühung eines Dritten stellt aus seiner Sicht bereits eine solche Kausalität dar, da sie ja unabhängig von seinem eigenen Verhalten auf das Opfer hinwirkt. Dieser Betrachtungsweise ist also grundsätzlich zuzustimmen: Auch fremde Rettungsbemühungen determinieren den Bestand des Rechtsgutes ab dem Zeitpunkt ihres Bestehens und Unterfallen dem Verbot, solche Kausalitäten abzubrechen.

---

492 S.u. D. I..

493 Tröndle, StGB, Rdnr. 3 zu § 25.

494 Armin Kaufmann, Dogmatik, S. 190; Stoffers, Schwerpunkt der Vorwerfbarkeit, S. 304/ 305; Ranft, JuS 1963, S. 344.

495 Armin Kaufmann, Dogmatik, S. 190; Grünwald, Diss. 1956, S. 22; Roxin, Engisch-FS, S. 388; ders., Täterschaft und Tatherrschaft, S. 472; Engisch, Gallas-FS, S. 182; Samson, Welzel-FS, S. 596; Stoffers, Schwerpunkt der Vorwerfbarkeit, S. 305; ders., JA 1994, Heft 6, S. 46, 182; Blei, Strafrecht I, S. 312; Baumann, Strafrecht AT, S. 238; Preisendanz, StGB, § 13, II. 2.; Frisch, Tatbestandsmäßiges Verhalten, S. 134; Otto, GK Strafrecht AT, S. 142; Wessels, Strafrecht AT, § 16 I. 2.; Stratenwerth, Strafrecht AT, Rdnr. 224; Ebert, JuS 1976, S. 319/320; Kühl, Strafrecht AT, § 18 Rdnr. 20; Jescheck, Strafrecht AT, S. 546/547; Scheffler, NJW 1995, S. 234; Kienapfel, Strafrecht AT, S. 477; Baumann-*Mitsch*, Strafrecht AT, § 15 Rdnr. 31; SK-*Rudolphi*, Rdnr. 48 vor § 13; a.A. Meyer-Bahlburg, Diss. 1962, S. 16; Gössel, ZStW 1984, S. 328/ 329: echtes Unterlassungsdelikt durch Tun.

496 Engisch-FS, S. 388.

497 Welzel-FS, S. 596.

S e e l m a n n[498] hat dagegen zwar Bedenken dergestalt angemeldet, daß es sich bei dieser Betrachtung ebenso um eine hypothetische Kausalität des Verhaltens des Täters handele, die zwar bei unechten Unterlassungsdelikten ausreiche, nicht jedoch den Anforderungen der bei Handlungsdelikten erforderlichen condicio sine qua non entspreche[499]. Er befindet sich m.E. aber im Irrtum. Denn es geht nicht darum, daß das vom Täter *erwartete* Verhalten den Erfolg verhindert hätte, sondern darum, daß ohne sein *tatsächliches* Verhalten der Erfolg nicht eingetreten wäre. Fraglich ist nicht die Kausalität seines Verhaltens, sondern allenfalls derjenigen der vom Dritten ohne Dazwischentreten des Täters vorgenommenen Handlungen[500]. Dies aber ist keine Frage der Differenzierung von unechten Unterlassungs- oder Begehungsdelikten. Denn auch dann, wenn ein Täter beispielsw. die Bremsleitung des Fahrzeugs seines Opfers durchtrennt (Begehungsdelikt), stellt sich die (hypothetische) Frage, ob die Bremse ohne dieses Verhalten funktioniert hätte, ohne daß deswegen ein Kausalzusammenhang iSd. condicio sine qua non verneint werden könnte.

Nur ab wann bestehen in der Person Anderer selbständige Rettungskausalitäten? Denn wenn man im Vorgriff auf die weiteren Erörterungen[501] unterstellt, daß die bloße Vernichtung potentieller Rettungs*mittel* nicht zu einer Begehungstat führt, dann gibt es auch einen Zeitpunkt, in dem die 'Vernichtung' potentiell Rettungs*williger* im Hinblick auf das zu rettende Rechtsgut ebenso noch dem bloßen echten Unterlassen (neben dem durch die 'Vernichtung' selbst begangenen Delikt) zuzuordnen ist. Man wird daher, da es sich bei einer Kausalität nicht um bloße innere Vorgänge handeln kann, erst dann vom Beginn sprechen können, aber auch müssen, wenn der Hilfswillige seine Hilfeleistung nach außen sichtbar dokumentiert. Und man wird weiter einschränkend sagen müssen, daß auch die solchermaßen angezeigte Hilfeleistung selbständig und tauglich sein muß mit der Konsequenz, daß offensichtlich absolut untaugliche Hilfeleistungen nicht darunter fallen. Wer also einen als Nichtschwimmer bekannten Hilfswilligen, der sich zur Rettung in den See stürzen will, niederschlägt, haftet nicht aus einem echten Begehungsdelikt[502], ebenso nicht derjenige, der den aufgrund einer entsprechenden Rundfunkdurchsage vom anderen Ende der Stadt Loseilenden gewaltsam festhält.

---

498 JuSL 1987, S. 34; AK-*Seelmann*, Rdnr. 25 zu § 13.

499 Er kommt dann sogar, aus seiner Sicht konsequent, zu einer „nicht ganz unbedenklichen“ Analogie im Hinblick auf Art. 103 Abs. 2 GG.

500 So im Ergebnis auch Roxin, Täterschaft und Tatherrschaft, S. 472.

501 S.u. c) aa) β).

502 Maiwald, JuS 1981, S. 476.

bb) Abhalten vom eigenen Machtbereich im besonderen

Es ist aber fraglich, ob diese Lösung auch dann vertretbar ist, wenn der Täter mit der physischen Einwirkung auf den Dritten primär verhindern will, daß sein Eigentum benutzt wird (*Fälle 2 und 3*). Denn man kann durchaus zugeben, daß es zumindest zweifelhaft ist, warum zwar der Hilfspflichtige die 'Freiheit' genießt, selbst untätig zu bleiben, von dieser Freiheit aber nicht umfaßt sein sollte, daß auch sein Eigentum 'untätig' bleibt. Es wird dementsprechend auch vereinzelt vertreten, daß der Täter in diesen Fällen ebenso wie dann, wenn er einen notwendigen Rettungsbeitrag unterläßt[503], lediglich den Zugriff auf seinen Herrschaftsbereich abwendet und es daher keinen Unterschied machen könne, ob er beispielsw. das zur Rettung notwendige Boot nur nicht herausgibt oder dessen Benutzung verhindert[504]. Denn während die Begehungstatbestände regelmäßig verböten, in fremde Rechtsgüterkreise einzubrechen, geböten die echten Gebotstatbestände, eine persönliche *oder sächliche* Leistung aus dem eigenen Rechtsgüterkreis zu erbringen. Daher sei derjenige, der nur seinen eigenen Rechtsgüterkreis abschirme, vorbehaltlich einer Garantenpflicht nach § 323 c StGB zu bestrafen[505].

Die verwirrende Terminologie einer 'sächlichen' Leistungspflicht verschleiert jedoch, daß es immer nur um eine persönliche Leistungspflicht gehen kann, und sei es die, sein Eigentum herauszugeben. Daher ist es, wie dargestellt[506], durchaus so, daß ein 'Recht' besteht, die persönliche Leistung zu verweigern. Ein 'Recht', eigene Sachen 'abzu-schirmen', läßt sich daher nur für den Fall begründen, daß eine Herausgabe verweigert, nicht jedoch dann, wenn eine Wegnahme verhindert wird. „Hier liegt derselbe Unterschied vor, der zwischen einer zum Tode führenden aktiven Handlung und einer bloßen Untätigkeit auch sonst besteht“[507]. Dem ist daher im Ergebnis zu Recht entgegengesetzt worden, daß es im Gegenteil vielmehr keinen Unterschied machen dürfe, ob der Täter die Benutzung eines fremden oder seines eigenen Bootes gewaltsam verhindere[508].

Auch aus dem Gesichtspunkt des Verbotes des Abbruchs von Rettungskausalitäten ergibt sich nichts anderes, schon weil Eigentumsverhältnisse straf-

---

503 Dazu unten 2. a).

504 Ranft, JuS 1963, S. 342; Mayer-Bahlburg, GA 1968, S. 51; zweifelnd aber schon Landau, Diss. 1976, S. 191.

505 Ranft, JuS 1963, S. 344/345 hinsichtlich § 330 c a.F..

506 S.o. Erster Abschn. B. I. 6. b).

507 Roxin, Engisch-FS, S. 389.

508 Roxin, Engisch-FS, S. 389; Stoffers, Schwerpunkt der Vorwerfbarkeit, S. 308; ders., JA 1992, S. 182/183; Samson, Welzel-FS, S. 599.

rechtlich solange irrelevant sind[509], solange sich aus den Tatbeständen selbst nichts anderes ergibt. Daher ist auch die Vorschrift des § 904 BGB[510] zwar nicht geeignet, dieses Ergebnis zu begründen[511], aber doch dazu, es zu beweisen: Denn die systemkonforme zivilrechtliche Folge der Tatsache, daß auch der Zugriff auf das Eigentum strafrechtlich nicht verhindert werden darf, ist, daß dem Zugreifenden zivilrechtlich keine nachteiligen Folgen drohen[512].

cc) Fazit

Im Ergebnis besteht also eine Analogie zwischen selbst gesetzter und fremdgesetzter Rettungskausalität, jedoch keine absolute Gleichläufigkeit. Während der Rettende selbst seine Rettungsbemühungen noch bis zu dem Zeitpunkt zurücknehmen kann, ab dem eine Kausalität selbständig und tauglich ohne sein weiteres Verhalten auf das Opfer zuläuft, ist es ihm verwehrt, einen Hilfswilligen, der tauglich und selbständig eine Hilfe*leistung beginnt*, ab diesem Zeitpunkt daran gewaltsam zu hindern. Dabei ist strafrechtlich unerheblich, ob er damit lediglich seinen Herrschaftsbereich abschirmen will. Dies ist das Resultat aus der Gesetzeslage, die dem Einzelnen wegen seiner Selbstbestimmtheit noch etwas länger die Möglichkeit zubilligt, 'nur' eine Gebotsverletzung zu begehen.

b) Die „Abstiftung" des Hilfswilligen

Eine dem ähnliche Situation liegt weiter vor, wenn der Rettungswillige nicht durch physische, sondern allein durch psychische Einwirkung von seinen Bemühungen abgehalten wird, *Fälle 4 und 5*. Man hat hier von 'Abstiftung' gesprochen[513] und damit eine Parallelität zu den Täterschafts- und Teilnahmevorschriften des StGB assoziiert. Es ist allerdings fraglich, ob darin nicht auch eine bedenkliche Interpretation liegt.

---

509 Wessels, Strafrecht AT, § 16 I. 2..

510 „§ 904. Notstand.Der Eigentümer einer Sache ist nicht berechtigt, die Einwirkung eines anderen auf die Sache zu verbieten, wenn die Einwirkung zur Abwendung einer gegenwärtigen Gefahr notwendig und der drohende Schaden gegenüber dem aus der Einwirkung dem Eigentümer entstehenden Schaden unverhältnismäßig groß ist. Der Eigentümer kann Ersatz des ihm entstehenden Schadens verlangen."

511 Dahin kann man Roxin, Engisch-FS, S. 389, falsch verstehen, wenn er schreibt, der Gesetzgeber habe „das benötigte Gerät gerade ohne Rücksicht auf das Eigentum freigegeben"; ebenso mißverständlich SK-*Rudolphi*, Rdnr. 48 vor § 13, wenn dort auf die Verpflichtung des Bootseigentümers aus § 904 BGB abgestellt wird und der Eindruck entsteht, dies stelle erst das rechtswidrige Abbrechen einer rettenden Kausalreihe dar.

512 Stoffers, Schwerpunkt der Vorwerfbarkeit, S. 308; ders., JA 1992, S. 183.

513 Armin Kaufmann, Dogmatik, S. 191; Roxin, Täterschaft und Tatherrschaft, S. 519; Ranft, JuS 1963, S. 342; Engisch, Gallas-FS, S. 180.

aa) Anstiftung

Zunächst geht es um Sachverhalte, in denen der Täter den hilfsbereiten Dritten dazu überredet, in seinen Rettungsbemühungen nicht fortzufahren (*Fall 4*). Obwohl die Situation der einer Anstiftung entspricht, wird vereinzelt vertreten, daß darin nur die Hinderung des Zustandekommens oder der Ausführung eines Handlungsentschlusses liege[514] und sie deswegen allein nach den Begehungstatbeständen, nicht aber nach Teilnahmevorschriften zu beurteilen sei. Denn laut Armin Kaufmann gebe es (entgegen der ganz h.M.[515]) eine Teilnahme am Unterlassungsdelikt nicht, allerdings sei nach dem Umkehrprinzip, wenn das Unterlassen des Abstiftens vom verbotenen Handeln tatbestandliches echtes Unterlassungsdelikt sei, die Vornahme der Abstiftung vom gebotenen Handeln ein tatbestandliches echtes Begehungsdelikt [516]. Diese Ansicht trägt sich aber grundsätzlich nur dann, wenn man eine Teilnahme am Unterlassungsdelikt leugnet, was mittlerweile kaum mehr tragbar ist. Auch die hier vertretene Meinung vermag nicht zu erkennen, weshalb es einen Unterlassungsvorsatz und mithin die Möglichkeit des Hervorrufens dessen nicht geben soll. Außerdem erscheint hier die Anwendung des 'Umkehrprinzips' um seiner Existenzberechtigung willen erzwungen. Dies zeigt zum einen die Behauptung, im Gegensatz zur Anstiftung verliere der Abgestiftete seine Tatherrschaft über die gebotene Handlung, eine Haupttat fehle daher[517]. Weshalb aber der Abgestiftete die gebotene Handlung nicht doch noch vornehmen können soll, bleibt unbegründet. Zum anderen hätte dies die Konsequenz, daß derjenige, der einen Hilfswilligen abstiftet, unmittelbar aus einem echten Begehungsdelikt, dagegen derjenige, der diesen zur Tötung des zu Rettenden anstiftet, wegen Anstiftung zum echten Begehungsdelikt zu bestrafen wäre. Wenn auch die Straferwartung die gleiche ist, so bleibt der sich aus dem wertungsgemäßen Stufenverhältnis von Täterschaft und Teilnahme ergebende Widerspruch unaufgelöst. Das Umkehrprinzip ist daher m.E. untauglich, eine Anstiftung zum echten Unterlassungsdelikt abzulehnen und eine echte Begehungstäterschaft anzunehmen. Daran vermag auch nicht die stützende Begründung Armin Kaufmanns etwas zu ändern, wonach eine echte Begehungstäterschaft schon allein deswegen zwingend sei, da eine

---

514 Armin Kaufmann, Dogmatik, S. 191; Küpper, Grenzen, S. 78.

515 Vgl. die Nachw. bei Tröndle, StGB, Rdnr. 19 zu § 13; dies räumt Armin Kaufmann, Dogmatik, S. 191, hinsichtlich der Anstiftung auch selbst ein.

516 Dogmatik, S. 192/193; Welzel, Strafrecht, S. 221, lehnt ebenfalls generell die Möglichkeit der Teilnahme an echten wie unechten Unterlassungsdelikten ab. Der BGH, NJW 1995, S. 204, bejaht hingegen eine mittelbare Täterschaft des Garanten, im Fall aufgrund eines Ausnutzens des Verbotsirrtums der Tatmittler.

517 Armin Kaufmann, Dogmatik, S. 194.

„echte“ Kausalität bestehe[518]. Dies ist nämlich so nicht richtig, denn auch in Fällen der Anstiftung zum Begehungsdelikt ist der Anstifter ‘kausal’ für den Taterfolg, hat jedoch nicht den Tatbestand erfüllt. Seine ‘Kausalität’ beschränkt sich auf das Hervorrufen des Tatentschlusses. Ansonsten bedürfte es nicht des Instituts der Anstiftung, jeder Anstifter wäre dann automatisch unmittelbarer Begehungstäter.

Ein weiteres Argument für die Ablehnung einer Anstiftung könnte aber die Begründung einer mittelbaren Täterschaft sein. Z i m m e r m a n n[519] lehnt nämlich in diesem Fall eine Anstiftung mangels Rechtspflicht des Hilfswilligen ab[520], bejaht jedoch eine mittelbare Täterschaft, da ein heilbarer Erfolg verhindert worden sei. Grund dafür sei, daß sich das Tun zwar auf eine Unterlassung auswirke, die Unterscheidung zwischen Tun und Unterlassen aber keine Tatsachen-, sondern eine Wertungsfrage sei. Juristisch richte sich der Vorwurf gegen das Tun, es liege ein abgeleitetes Unterlassungsdelikt vor.

Aber schon mangels Tatherrschaft kommt m.E. auch hier eine solche mittelbare Täterschaft nicht in Betracht[521]. Denn nicht der Täter selbst bricht eine bestehende Rettungskausalität ab, sondern der dazu veranlaßte Dritte aufgrund eigenen Tatentschlusses. Zum anderen wäre, folgte man konsequent dieser These, eine Teilnahme durch Tun nicht denkbar, vielmehr beispielsw. der zum Mord nur Anstiftende wegen Mordes zu bestrafen, eine Folge, die contra legem wäre.

Vielmehr liegt, solange vom Hilfswilligen noch keine selbständige taugliche Rettungskausalität in Gang gesetzt worden ist, nur eine Anstiftung zur unterlassenen Hilfeleistung vor[522]. Ist daher die Unterlassung des Hilfswilligen mangels Rechtspflicht (z.B. bei erheblicher eigener Lebensgefahr) nicht rechtswidrig, so ist auch der ‘Abstifter’ straflos[523]. Sofern allerdings eine Rettungskausalität bereits besteht und diese der dazu angestiftete Hilfswillige sodann abbricht, handelt es sich um eine Anstiftung zum echten Begehungsdelikt.

---

518 Dogmatik, S. 203.

519 NJW 1952, S. 1321 f..

520 Obwohl ja eine Rechtspflicht, nämlich die aus § 323 c StGB, besteht; er hat aber offensichtlich den Fall der Garantenpflicht im Auge, den auch Arzt, JA 1980, S. 557, unter die Anstiftung zum unechten Unterlassungsdelikt subsumiert.

521 SK-*Rudolphi*, Rdnr. 45 vor § 13; Roxin, Täterschaft und Tatherrschaft, S. 520; Stoffers, JA 1992, S. 182.

522 So auch Otto, GK Strafrecht AT, S. 141/ 142; damit ist auch das von Arzt, JA 1980, S. 557, aufgezeigte Paradoxon der Situation aufgeklärt.

523 Sauer, GS 114, S. 320.

bb) Täuschung und Drohung/ Untersagung

Anders liegt es allerdings, wenn der Täter den Hilfswilligen durch eine falsche Auskunft oder eine Drohung davon abbringt, in seinen Bemühungen fortzufahren (*Fall 5*). Denn genau dann hat der Täter ja Tatherrschaft[524] und ist damit mittelbarer Täter[525]. Die mittelbare Täterschaft erstreckt sich jedoch nur auf das Delikt, das das 'Werkzeug' verwirklicht, der mittelbare Täter begeht ein „abgeleitetes Unterlassungsdelikt“[526]. Und dieses ist, mangelnde Garantenstellung unterstellt, lediglich eine unterlassene Hilfeleistung. Wenn allerdings eine selbständige taugliche Rettungskausalität bereits besteht, liegt wieder eine mittelbare echte Begehungstäterschaft vor.

Doch steht aus der hier vertretenen Ansicht über die Rettungskausalität weiter auch ei-ne unmittelbare Täterschaft im Raum[527]. Allerdings nehmen Arthur Kaufmann/ Hassemer[528] ein unechtes Unterlassungsdelikt an: Der Täter unterlasse lediglich etwas, da nicht eine Ursachenkette vorliege, sondern nur eine Nichtverursachung des Rettungsvorgangs. Zwar beherrsche er allein den Kausalverlauf. Das rechtlich Bedeutsame sei aber, daß er etwas nicht tue, denn er könne ja den tatbestandlichen Erfolg verhindern. Er sei daher unmittelbarer Täter durch Unterlassen, da die rettende Kausalreihe ja hypothetisch bereitstehe. Dem ist aber entgegenzusetzen, daß die Kausalreihe nicht nur hypothetisch, sondern tatsächlich besteht[529], der Täter sie aber abgebrochen hat. Er ist daher Täter eines echten Begehungsdelikts durch Tun. Denn dadurch, daß der Täter auf den Hilfswilligen als notwendigen Teil einer aus seiner Sicht selbständigen tauglichen Rettungskausalität dergestalt einwirkt, daß diese abgebrochen wird, hat er klar gegen das Verbot des Abbruchs rechtsgutrettender Kausalitäten verstoßen. Neben der Verwirklichung einer unterlassenen Hilfeleistung in mittelbarer Täterschaft ist er also auch wegen eines echten Begehungsdeliktes in unmittelbarer Täterschaft strafbar[530].

---

524 Insoweit geht Armin Kaufmann, Dogmatik, S. 196, fehl wenn er behauptet, der Genötigte begehe eine tatbetsandsmäßig-rechtswidrige Unterlassung.

525 SK-*Rudolphi*, Rdnr. 45 vor § 13; Roxin, Täterschaft und Tatherrschaft, S. 520/521; Brammsen, Entstehungsvoraussetzungen der Garantenpflichten, S. 204: allerdings nimmt er echte Begehungstäterschaft an.

526 Sauer, GS 114, S. 320.

527 Stree, Mayer-FS, S. 168 (Fn. 39); so im Ergebnis auch Kaufmann/ Hassemer, JuS 1964, S. 156.

528 JuS 1964, S. 156.

529 So im Ergebnis auch Armin Kaufmann, Dogmatik, S. 203.

530 Otto, GK Strafrecht AT, S. 142; Wessels, Strafrecht AT, § 16 I. 2.; Jescheck, Strafrecht AT, S. 546/ 547.

Wenn nun R a n f t[531] dieses Ergebnis unter Hinweis auf die reine echte Unterlassungsstrafbarkeit in Fällen des bloßen Schweigens[532] als „weder dogmatisch befriedigend noch gerecht“ erachtet, da der Täter lediglich zufällig „nein“ sage, wo er nur hätte schweigen müssen, und infolgedessen nur eine echte Unterlassungstat anerkennen will, so ist ihm, neben den Erkenntnissen der weiteren Erörterungen, vor allem eines entgegenzuhalten: Es handelt sich nämlich nicht um „Zufälligkeiten im äußeren Handlungsablauf“. Denn in Fällen des Schweigens ist der Rettungswillige nicht schlechter gestellt, hier hingegen schon, da der Täter dem Rettungswilligen durch die bewußt falsche Antwort den letzten Zweifel an der Tauglichkeit des Rettungsgeräts nimmt, die er andernfalls womöglich überwunden hätte. Derjenige jedoch, der diese Möglichkeit ausschließt, ist daher gerechterweise schwerer zu bestrafen als der lediglich Schweigende. Und dogmatisch hilft ein Blick auf die Unterscheidung zwischen Anstiftung und Beihilfe, um zu erkennen, daß die zielgerichtete Beeinflussung des Entschlusses strafwürdiger ist als lediglich dessen Unterstützung.

Ist nun in Fällen der Täuschung und Drohung nach dem Vorgesagten sowohl eine mittelbare echte Unterlassungs- als auch eine unmittelbare Begehungsstrafbarkeit anzunehmen, so kann man im *Fall 6* nicht anders entscheiden[533]. Denn wie es der Täter erreicht, daß der Hilfswillige unfreiwillig seinen Entschluß aufgibt, in den Rettungsbemühungen fortzufahren, ist unerheblich, solange nur der Täter selbst Tatherrschaft besitzt. Auch diese ist hier gegeben, der Täter hat es in der Hand, dem Rettungsdrang des Hilfswilligen freien Lauf zu lassen oder ihn zu unterbrechen.

Und aus der gewollten ‘Abschirmung’ des eigenen Rechtsgüterkreises[534] kann in all diesen Fällen nichts anderes gefolgert werden. Die persönliche Leistungspflicht umfaßt wiederum nur das ‘Recht’, kein Eigentum herauszugeben, nicht jedoch, die Wegnahme zu verhindern.

cc) Schweigen

Nimmt man zum Vergleich dazu den abgewandelten Fall, daß der Täter den Hilfswilligen absichtlich über für die Gebotserfüllung hilfreiche Umstände in Unkenntnis läßt, ihm also beispielsw. auf eine dahingehende Frage gar nicht antwortet (*Fall 7*), und der Hilfswillige dann von der Gebotserfüllung absieht, stellt sich die Situation wiederum anders dar: Tatherrschaft hat der Täter nicht, denn insoweit liegt nur die Nichtvornahme eines notwendigen Rettungsbeitra-

---

531 JuS 1963, S. 343.

532 S.u. cc).

533 Engisch, Gallas-FS, S. 181.

534 S.o. a) bb).

ges[535] vor. Es kann aber nicht jeder, der einen solchen Rettungsbeitrag nicht vornimmt, mittelbarer Täter qua Tatherrschaft über alle anderen Hilfspflichtigen sein. Denn die Tat, das Unterlassen der Hilfeleistung, begeht der solchermaßen in Unkenntnis Gelassene selbst nach allen ihm zur Verfügung stehenden Erkenntnissen. Und erst dann, wenn festgestellt ist, daß eine Vornahme der Hilfeleistung unter Benutzung beispielsw. des Bootes, auch wenn die Gefahr bestanden hätte, daß es leckt ist, zumutbar gewesen wäre, träte eine Strafbarkeit ein. Tatherrschaft kraft überlegenen Wissens ist also abzulehenen, eine mittelbare Täterschaft scheidet aus.

Aber auch eine echte Begehungstat kommt nicht in Betracht. Denn der Schweigende hat, wie dargelegt, allenfalls einen notwendigen Rettungsbeitrag unterlassen, aber ansonsten nicht in die Rettungskausalität eingegriffen. In diesem Fall also bleibt es bei der bloßen unterlassenen Hilfeleistung[536].

dd) Fazit

In den Fallgruppen der 'Abstiftung' ist zur Beurteilung der Strafbarkeit des Täters danach zu unterscheiden, ob er selbst oder der 'Abgestiftete' die Rettungskausalität abbricht.

Stiftet der Täter nur zum Abbruch an, so ist er lediglich als Anstifter zu dem durch den Angestifteten verwirklichten Delikt zu bestrafen.

Hat der Täter dagegen aufgrund entsprechender Täuschung, Drohung oder Untersagung Tatherrschaft inne und handelt der solchermaßen absichtslos dolose Dritte als sein Werkzeug, so verwirklicht er zum einen das durch den Dritten tatbestandlich erfüllte Delikt in mittelbarer Täterschaft. Daneben bricht er aber zum anderen unmittelbar die durch den Dritten bereits angelegte selbständige und taugliche Rettungskausalität ab und ist daher auch Täter eines echten Begehungsdelikts.

Unterläßt der Täter dagegen nur eine ihm bekannte und zur Durchführung der Rettung notwendige Auskunft, so ist dies allein die Nichtvornahme eines notwendigen Rettungsbeitrags und somit ausschließlich nach § 323 c StGB zu beurteilen.

c) Vernichtung bestehender effektiver Rettungsmöglichkeiten

Zur Vergleichbarkeit mit der zu behandelnden Problematik muß ergänzend noch darauf eingegangen werden, wie derjenige, der angesichts des zu ertrinken

---

535 S.u. 2. a).

536 Ebenso Ranft, JuS 1963, S. 342/343.

Drohenden lediglich sämtliche mögliche Rettungmittel beiseite schafft oder vernichtet (*Fälle 8 bis 11*), zu behandeln ist.

aa) ohne Beisein hilfsbereiter Dritter

Es sind Fälle denkbar, in denen zum Zeitpunkt der Handlung des Täters keine anderen Hilfspflichtigen gegenwärtig sind und der Täter auch keine selbst gesetzte Rettungskausalität abbricht, sondern (zunächst) allein dem Opfer potentielle Rettungsmöglichkeiten nimmt (*Fälle 8 und 9*).

α) Möglichkeiten für das Opfer selbst

Zunächst ist, in Abwandlung zu den bisher diskutierten Fällen, die Situation unter dieser Gruppe zu behandeln, in der das Opfer selbst dazu in der Lage wäre, sich zu retten, und diese Rettungsmöglichkeit durch den Täter versperrt wird. Die 'Rettungskausalität' geht also vom Opfer selbst aus, nur die Nutzung des Mittels, das aus seiner Sicht notwendig ist, wird verhindert. Der anschauliche Beispielsfall ist der, daß dem im steigenden Hochwasser zu ertrinken Drohenden vom Täter die Tür zu seinem Haus versperrt wird[537]. Der Fall ist insoweit problematisch, als an sich nur eine Hilfeleistung unterlassen[538], man aber auch sagen kann, daß eine Rettungsmöglichkeit gleich einer Naturkausalität vernichtet wird[539]. Man wird sich für letzteres und damit für eine echte Begehungstat entscheiden müssen[540]. Denn wenn schon die gewaltsame Hinderung des Hilfswilligen echtes Begehen ist, dann muß erst recht die gewaltsame Hinderung des Opfers selbst eine solche darstellen. Es handelt sich ebenso um den Abbruch einer selbständigen tauglichen Rettungskausalität aus Sicht des Täters[541].

Anders aber dann, wenn die Tür bereits verschlossen ist und vom Täter lediglich nicht geöffnet wird. Hier ist die Rettungskausalität nicht tauglich, es bedürfte noch eines zusätzlichen Verhaltens des Täters. Unterläßt er ein Aufsperren, ist er nur aus einem echten Unterlassungsdelikt zu bestrafen.

β) Möglichkeiten für Dritte

Kann sich das Opfer dagegen nicht selbst helfen und ist auch kein hilfsbereiter Dritter anwesend (*Fall 8 und 9*), so liegt in diesem Fall bei Vernichtung poten-

---

537 Meyer-Bahlburg, GA 1968, S. 51; Sch-Sch-*Stree*, Vorbem. §§ 13 ff., Rdnr. 159.

538 So im Ergebnis Meyer-Bahlburg, GA 1968, S. 51.

539 Herzberg, Unterlassung im Strafrecht, S. 38; so im Ergebnis Sch-Sch-*Stree*, Vorbem. §§ 13 ff., Rdnr. 159.

540 Jescheck, Strafrecht AT, S. 546/547.

541 Jakobs, Strafrecht AT, 7. Abschn., Rdnr. 63.

tieller Rettungsmittel offensichtlich noch keinerlei Kausalität vor, die abgebrochen werden könnte[542], so daß es schon deswegen ausschließlich bei einer Strafbarkeit aus einem echten Unterlassungsdelikt bleiben müßte, einem Unterlassungsdelikt, das auch durch ein Tun verwirklicht wird. Denn es liegt eine bloße Manipulation des letzten dem Täter möglichen Handlungszeitpunkts vor, da er sich, wenn er die Rettungsmittel zerstört, lediglich zur Vornahme der gebotenen Handlung außerstande setzt[543] wie er dies auch tut, wenn er sich selbst nebst Rettungsmitteln entfernt[544].

R o x i n ist dagegen zunächst anderer Ansicht, wenn er denjenigen, der noch vor Herannahen eines rettungswilligen Dritten das einzig zur Rettung in Betracht kommende Boot oder kurz vor Eintreffen des Hilfswilligen die einzige zur Rettung notwendige Telefonleitung zerstört[545], nach einem echten Begehungsdelikt bestrafen will. Zumindest für den Fall, daß der Täter einen Hilfswilligen noch nicht ausgemacht hat, kann dem aus bereits oben diskutierten Gründen[546] nicht gefolgt werden. Denn in der Konsequenz hieße das, daß beispielsw. derjenige, der sich mit seinem Boot am Ufer aufhält und trotz des Unglücksfalles das Ufer samt Boot verläßt, eines echten Begehungsdelikts schuldig wäre, obwohl man hier wohl einhellig eine bloße unterlassene Hilfeleistung annehmen würde. Überspitzt gesagt wären ansonsten Konstellationen denkbar, in denen der Täter schlichtweg alles, was er am Leibe trägt, zur Rettung eines anderen am Unglücksort zurücklassen müßte, um einem (versuchten) echten Begehungsdelikt zu entgehen, eine Schlußfolgerung, die ersichtlich in § 323 c StGB keine Stütze findet. Allein das Argument, daß insoweit noch keinerlei rettende Kausalität vorhanden ist, vermag zu einer dem angemessenen Lösung führen. Dies bestätigt in letzter Konsequenz auch R o x i n[547] , wenn er anschließend erwähnt, daß man, wenn ein hilfsbereiter Dritter noch nicht aufgetreten ist, wohl erst von einer Vorbereitungshandlung sprechen könne.

Hier wäre allerdings daran zu denken, aus diesem Argument heraus eine Differenzierung danach zu treffen, ob die potentiellen Rettungsmittel im Eigentum des Täters stehen oder nicht[548]. Dies zwar nicht, wie oben, unter dem Blickwinkel der Abschirmung des eigenen Herrschaftsbereichs, sondern unter dem der freien Verfügungsbefugnis über das Eigentum (*Fall 8*). Es bedürfte dann aber

---

542 Tenckhoff, JuS 1976, S. 530, spricht vom Fehlen einer *Rettungs*handlung.

543 Tenckhoff, JuS 1976, S. 530; Küper, Grund- und Grenzfragen, S. 79.

544 In beiden Fällen bringt der Täter ja klar seinen Willen, der Verpflichtung nicht nachkommen zu wollen, zum Ausdruck und vollendet daher mit Schröder, JuS 1962, S. 86/87, das echte Unterlassungsdelikt.

545 Engisch-FS, S. 389 f..

546 I. 1. a): Fehlende Rettungskausalität aus Sicht des Täters.

547 Engisch-FS, S. 390.

548 So kann man Ranft, JuS 1963, S. 344, auch verstehen.

einer Begründung dafür, warum der Täter nur in seinem Eigentum stehende potentielle Rettungsmittel, nicht jedoch alle anderen wegnehmen oder vernichten dürfte, eine Begründung, die über den Weg der Rettungskausalität nicht möglich ist. Für sie kommt es eben, wie bereits dargelegt, nicht auf irgendwelche Eigentumsverhältnisse an.

Aber auch dann, wenn man nicht dem Weg über die Rettungskausalität folgt, stünde diese Lösung im Widerspruch zur Gesetzeslage. Denn § 145 Abs. 2 Nr. 2 StGB[549] stellt die Beseitigung, Veränderung oder Unbrauchbarmachung von zur Hilfeleistung bei Unglücksfällen oder gemeiner Gefahr bestimmten Rettungsgeräten oder anderer Sachen unter Strafe. Es bedarf dabei ersichtlich keiner bereits eingetretenen Gefahrenlage, es handelt sich um ein abstraktes Gefährdungsdelikt[550]. Hier wird also unter Strafe gestellt, daß allein schon die Möglichkeit, einen anderen im Falle einer Gefährdung retten zu können, vereitelt wird. Ausdrücklich nicht unter Strafe gestellt ist somit, daß der Täter andere als die dazu bestimmten Rettungsmittel vernichtet. Es ist aber kein Grund ersichtlich, warum ein Unterschied bestehen soll zwischen dem Fall, daß der Täter *ohne konkrete Gefahrenlage* die Rettungsmittel zerstört, um diese bei Eintritt der Gefahr, und dem, daß der Täter sie *bei Vorliegen einer Gefahr* zerstört, um sie bei Eintreffen Hilfswilliger unbrauchbar zu wissen. In beiden Konstellationen wäre ja eine Kausalität des Verhaltens für den eingetretenen Schaden anzunehmen. Im letzteren Fall wäre aber der Täter, wollte man ein echtes Begehungsdelikt bereits durch die bloße Zerstörung, also ohne Vorhandensein anderer Hilfswilliger, annehmen, allein wegen eines abstrakten Gefährdungsdelikts strafbar. Daß dem Sekunden später eintreffenden Hilfswilligen die diesem vorher zugängliche Rettungsmittel nun nicht mehr zur Verfügung stehen, ist allein Folge der Tatsache, daß jedermann schlichtweg zu jeder Bosheit 'berechtigt' ist, die nicht unter Strafe gestellt ist. Sicherlich verstößt ein solches Verhalten gegen das Gebot, das Leben anderer zu achten. Doch heißt dies nicht, daß dadurch gleichzeitig ein erfolgsqualifiziertes echtes Begehungsdelikt vorliegt, denn nur der Abbruch rechtsguterhaltender Kausalitäten, nicht schlichtweg die Zerstörung jedes dem Rechtsgut potentiell hilfreichen Zustandes ist auch unter Strafe gestellt.

Augenscheinlich ist die Lösung dieser Fälle deswegen nur auf dieselbe Weise wie im Falle der selbst gesetzten Rettungskausalität zu suchen. Sobald oder so-

---

549 „§ 145. Mißbrauch von Notrufen und Beeinträchtigung von Unfallverhütungs- und Nothilfemitteln. (...) (2) Wer absichtlich oder wissentlich (...) 2. die zur Verhütung von Unglücksfällen oder gemeiner Gefahr dienenden Schutzvorrichtungen oder die zur Hilfeleistung bei Unglücksfällenen oder gemeiner Gefahr bestimmten Rettungsgeräte oder andere Sachen beseitigt, verändert oder unbrauchbar macht, wird mit Freiheitsstrafe bis zu zwei Jahren oder mit Geldstrafe bestraft, wenn die Tat nicht in § 303 oder § 304 mit Strafe bedroht ist. (...)."

550 Tröndle, StGB, Rdnr. 6 zu § 145.

fern eine taugliche Rettungskausalität selbständig ohne ein weiteres Verhalten *des Täters* auf das Opfer hinwirkt, stellt sich deren Abbruch als ein Verbotsverstoß und mithin als Begehungstat dar. Solange dies nicht der Fall ist, bewegt sich der Täter insoweit noch im Bereich des echten Unterlassungsdelikts.

bb) angesichts eines hilfsbereiten Dritten

Ist dagegen ein hilfsbereiter Dritter am Tatort, so liegt in dessen Person bereits eine Rettungskausalität. Diese kann aber nicht nur durch Hindern des Hilfswilligen mittels Gewaltanwendung diesem gegenüber, sondern vielmehr auch durch 'Gewaltanwendung' gegenüber jedem Rettungsmittel, das diesem zur Verfügung steht und von dem sich der Rettungswillige nicht offensichtlich abgewandt hat, abgebrochen werden[551]. R o x i n hingegen erkennt nur dann eine Strafbarkeit aus § 323 c StGB an, wenn mehrere Boote bzw. Telefone oder sonst andere Rettungswege zur Verfügung stehen[552]. Er stützt sich auf die Überlegung, daß, sofern die zerstörten oder beseitigten Rettungsmittel in seinem Eigentum stehen, dieses Verhalten nur der Verweigerung eigener Hilfe dienen kann, ohne dadurch die Rettung durch andere zu vereiteln.

Dies ist aber m.E. nicht unzweifelhaft, denn das Verhalten dient nicht nur der Verweigerung eigener Hilfe[553], sondern in Anbetracht eines herbeieilenden Dritten der Vernichtung des Rettungsmittels[554]. Daß der Hilfswillige stattdessen auf ein anderes Hilfsmittel zurückgreifen kann, läßt allenfalls den Erfolg ent-

551 Armin Kaufmann, Dogmatik, S. 203; Ranft, JuS 1963, S. 343; Stoffers, Schwerpunkt der Vorwerfbarkeit, S. 308; ders., JA 1994, Heft 6, S. 46; Samson, Welzel-FS, S. 600; so auch Engisch, Gallas-FS, S. 182; Jakobs, Strafrecht AT, S. 216, der sich allerdings auf die „Duldungspflicht" aus § 34 StGB beruft.

552 Engisch-FS, S. 390/ 391.

553 Baumann-*Mitsch*, Strafrecht AT, § 15 Rdnr. 30, behandelt daher diese Konstellation auch unter der 'omissio libera in causa' als dort zu prüfender Vorfrage nach dem Vorliegen eines Begehungsdelikts durch die Handlungsvereitelung.

554 Oder, wie es Tenckhoff, JuS 1976, S. 530, ausdrückt, dem „Hintertreiben" einer anderen Rettungshandlung; anders sieht dies wohl Samson, StV 1991, S. 185, der in einem Fall, in dem sich einer von zwei löschbereiten Feuerwehrleuten dadurch seiner Verpflichtung entzieht, daß er die Spritze beschädigt oder selbst nicht zur Vornahme der gebotenen Tätigkeit bereit ist und der zweite daher keine Möglichkeit hat, den Brand zu löschen: Für seine strafrechtliche Haftung sei es gleichgültig, ob er die faktischen Rettungsmöglichkeiten beseitige oder durch die Demonstration seiner Rettungsunwilligkeit die Resignation des anderen bewirke. - Dies ist aber nur dann richtig, wenn der Täter Garant ist, da er dann in beiden Fällen aus dem unechten Unterlassungsdelikt haftet. Ansonsten aber bleibt es dabei, daß er im ersteren Fall eine fremde Rettungskausalität durch Vernichtung des Rettungsmittels zerstört, im zweiten lediglich einen eigenen notwendigen Rettungsbeitrag nicht vornimmt (dazu unten 2. a)).

fallen mit der Folge, daß dann der Täter wegen Versuchs eines echten Begehungsdelikts zu bestrafen wäre.

cc) Fazit

Bei der Beurteilung der Vernichtung bestehender effektiver Rettungsmöglichkeiten kommt es allein darauf an, ob dadurch eine selbständige taugliche Rettungskausalität, sei sie im Opfer selbst oder in der Person des Dritten angelegt, abgebrochen wird oder nicht. Daher ist, wenn das Opfer sich selbst retten kann, eine Vernichtung dieser Möglichkeit durch ein Verhalten des Täters echte Begehung, dagegen, wenn ein Verhalten des Täters zur Rettung notwendig wäre, dessen Nichtvornahme bloß echtes Unterlassen. Sobald hilfsbereite Dritte vorhanden sind, stellt sich demgemäß jede Vernichtung diesen offenstehender Rettungsmöglichkeiten als echtes Begehen dar.

d) Zusammenfassendes Fazit

Die aktive Vereitelung fremder Rettungsbemühungen ist immer dann, wenn der Täter eine in einem Dritten oder dem Opfer bereits angelegte selbständige taugliche Rettungskausalität abbricht, echtes Begehen. Dies kann geschehen durch gewaltsame Hinderung der Hilfsbereiten, durch Täuschung oder Drohung sowie durch Vernichtung der diesen offenstehenden Rettungsmöglichkeiten. Wenn rettungsbereite Dritte selbständig ihr Vorhaben aufgeben, liegt dagegen nur eine Teilnahme oder, sofern lediglich ein notwendiger Rettungsbeitrag unterlassen worden ist, ein bloßes echtes Unterlassen vor.

2. durch Passivität

Wie aber, wenn der Täter sich dem Hilfsbereiten gegenüber passiv verhält, jedoch einen für das Gelingen der Hilfeleistung notwendigen Rettungsbeitrag nicht vornimmt, *Fälle 10 und 11*?

a) Unterlassen eines notwendigen Rettungsbeitrages

Dieser Fallkonstellation ist eigen, daß der Täter zwar selbst die dem Opfer dienende Hilfeleistung unterläßt, jedoch auch die Rettungsbemühungen Dritter dadurch ‘abbricht’, daß er einen dafür notwendigen Beitrag nicht leistet (*Fälle 10 und 11*). Es handelt sich also um einen Fall, in dem sowohl ein reines echtes Unterlassungsdelikt im Hinblick auf die Rettung des Opfers vorliegt, aber daneben ein echtes Begehungsdelikt wegen Abbruchs einer Rettungskausalität im Raume steht.

Blickt man auf die bereits erarbeitete Formel der selbständigen tauglichen Rettungskausalität, so fällt auf, daß es sich in der vorgegebenen Konstellation gerade noch nicht um eine solche handelt. Bei Wegdenken irgendeinen Verhaltens des Täters bleibt diese Rettungsbemühung, also die Rettungskausalität, eine untaugliche. Die Weigerung des Täters, seinen Beitrag zu leisten (*Fall 10*), unterfällt also einzig dem echten Unterlassungsdelikt[555].

Klarstellend ist hinzuzufügen, daß auch im *Fall 11* keine andere Bewertung angebracht ist, da zwar der Täter seine Hilfeleistung durch Tun verweigert, es aber gerade unerheblich ist, durch welche Handlungsform § 323 c StGB verwirklicht wird. Es handelt sich also dabei, wenn man so will, um ein echtes Unterlassungsdelikt durch Tun.

b) Verantwortlichkeit aus Eigentum und Besitz

Während also feststeht, daß derjenige, der den Zugriff auf seinen Herrschaftsbereich durch Einwirken auf den Hilfswilligen vereitelt, sich eines echten Begehungsdelikts schuldig macht, dagegen derjenige, der einen Zugriff lediglich nicht ermöglicht, nur aus einem echten Unterlassungsdelikt heraus strafbar ist, bleibt noch fraglich, ob sich nicht in den *Fällen 10 und 11* aus der Verantwortlichkeit aus Eigentum und Besitz, namentlich aus § 904 BGB, eine andere Beurteilung ergibt. Die Frage ist also hier, ob neben der, nicht aus § 904 BGB, sondern aus den Grundlagen des Strafrechts folgenden Verpflichtung, den Gebrauch eigener Rettungsmittel *zu dulden*, auch die Pflicht besteht, sie *zur Verfügung zu stellen*.

Eine solche Verpflichtung ergibt sich jedoch nicht unmittelbar aus dem Strafgesetz, insbesondere nicht aus § 323 c StGB[556]. Allenfalls könnte sich eine solche Verpflichtung aus einer Garantenstellung dergestalt ergeben, daß derjenige, der im Besitz von effektiven Rettungsmitteln ist, zugleich Garant für das bedrohte Rechtsgut wäre. Es ist jedoch anerkannt, daß die rein tatsächliche Möglichkeit zur Erfolgsabwendung allein keine Garantenstellung begründet[557]. Erst dann, wenn dem Adressaten eine explizite Pflicht auferlegt worden ist, folgt aus dieser Pflicht die Garantenstellung. Eine spezielle Rechtspflicht des Eigentümers besteht aber nur dann, wenn von seiner Sache selbst eine Gefahr

---

555 Armin Kaufmann, Dogmatik, S. 187; Stoffers, Schwerpunkt der Vorwerfbarkeit, S. 311/ 312; Sch-Sch-*Stree*, Vorbem. §§ 13 ff., Rdnr. 159; Kühl, Strafrecht AT, § 18 Rdnr. 20; im Ergebnis auch Engisch, Gallas-FS, S. 182.

556 Stoffers, Schwerpunkt der Vorwerfbarkeit, S. 312.

557 BGHSt 30, S. 391.

ausgeht[558]; andernfalls begründet das Eigentum an Rettungsmitteln keine Garantenpflicht[559].

Da es daher gerade an einer Pflicht zur Aushändigung effektiver Rettungsmittel fehlt, bleibt es allein bei einer Verantwortlichkeit aus einem echten Unterlassungsdelikt. Dabei kann es dann auch keinen Unterschied machen, ob der Täter im Fall des verschlossenen Bootshauses lediglich die Herausgabe des Schlüssels verweigert oder diesen wegwirft (*Fälle 10 und 11*). Es handelt sich dabei zwar um ein echtes Unterlassungsdelikt durch Tun, ändert aber nichts daran, daß nur ein notwendiger Rettungsbeitrag unterlassen worden ist.

c) Fazit

Unterläßt der Täter lediglich einen notwendigen Rettungsbeitrag, so unterfällt diese Vereitelung fremder Rettungsbemühungen durch Passivität dem Tatbestand des § 323 c StGB. Eine darüber hinausgehende echte Begehung fällt schon deswegen aus, weil allein dadurch, daß der Rettungsbeitrag notwendig ist, noch keine selbständige taugliche Rettungskausalität gegeben ist. Anderes ergibt sich auch nicht aus rechtlichen Duldungspflichten, da diese keine Verantwortlichkeit gegenüber möglichen Nutznießern statuieren.

3. Ergebnis

Die Vereitelung fremder Rettungsbemühungen läßt sich mit Hilfe der Figur der Rettungskausalität zuverlässig danach beurteilen, ob durch das Verhalten des Täters eine bereits selbständige taugliche Rettungskausalität abgebrochen wird oder nicht.

Dies gilt sowohl für den Fall, daß dem Opfer selbst Rettungsmöglichkeiten zur Selbsthilfe genommen werden, als auch für den, daß Dritte die Hilfeleistung entweder aufgrund gegen sie oder gegen potentielle Hilfsmittel gerichtete Gewalt oder durch Täuschung, Drohung oder Untersagung abbrechen. Werden Dritte dagegen lediglich dazu angestiftet, die Hilfeleistung abzubrechen, sind immer noch sie selbst Täter, nicht der Anstifter.

Unterläßt der Hilfspflichtige lediglich einen notwendigen Rettungsbeitrag, geht seine Strafbarkeit nicht über § 323 c StGB hinaus. Dies auch dann, wenn er die Bereitstellung von Hilfsmitteln, deren Gebrauch er zivilrechtlich zu dulden hat, verweigert.

---

558 Landscheidt, Zur Problematik der Garantenpflichten, S. 83.

559 Landau, Diss. 1976, S. 191.

II. Zusammenfassung

Der Abbruch fremder Rettungskausalitäten bestimmt sich, ebenso wie der selbstgesetzter Rettungskausalitäten, danach, wann eine selbständige taugliche Rettungskausalität ohne weiteres Verhalten des Täters auf das Opfer zuläuft.

Daher ist der Abbruch solcher, bereits von dritter Hand gesetzter, Kausalitäten ebenso ein echtes Begehungsdelikt wie der Abbruch natürlicher Kausalitäten.

Greift der Täter in fremde Rettungsbemühungen ein, so bleibt es bei der Abgrenzungsformel mit der Folge, daß dann, wenn das angezeigte Verhalten Dritter selbständig tauglich auf das Opfer zulaufen würde bzw. das Verhalten des Opfers selbst selbständig tauglich ist, ein echtes Begehungsdelikt gegeben ist.

Demgemäß liegt in der gewaltsamen Hinderung Dritter an deren Rettungsbemühungen immer ein Abbruch einer Rettungskausalität, unabhängig davon, ob es sich um ein Abhalten vom eigenen Machtbereich handelt oder nicht. Eigentums- oder Herrschaftsverhältnisse spielen keine Rolle.

Handelt es sich allerdings lediglich um eine Anstiftung des Rettungswilligen zur Abstandnahme von eigenen Rettungsbemühungen, so bleibt der Angestiftete Herr des Geschehens mit der Folge, daß sich die Strafbarkeit nach den allgemeinen Regeln richtet, der Täter also entweder wegen Anstiftung zum echten Unterlassungsdelikt oder, wenn der Angestiftete eine bereits gesetzte Rettungskausalität abbricht, wegen Anstiftung zum echten Begehungsdelikt strafbar ist.

Täuscht dagegen der Täter den Rettungswilligen oder droht er diesem, so bedient er sich dessen als Tatwerkzeug, verwirklicht also zunächst ein echtes Unterlassungsdelikt in mittelbarer Täterschaft, oder, bei bereits gesetzter Rettungskausalität, ein echtes Begehungsdelikt. Daneben bricht er jedoch auch eine aus seiner Sicht selbständig taugliche Kausalität in der Person des Hilfswilligen ab, so daß er zudem originär ein echtes Begehungsdelikt durch die Täuschungs- bzw. Drohungshandlung erfüllt.

Schweigt der Täter hingegen und bricht der Hifswillige seine Rettungsbemühungen ab, weil ihm eine vermeintlich notwendige Information, die der Täter geben könnte, fehlt, so liegt die Herrschaft über das Geschehen immer noch in dessen Händen. Die Beurteilung, wie er sich strafbar gemacht hat, hängt dann von der Würdigung der ihm zur Verfügung stehenden Erkenntnisse ab. Der Schweigende hingegen hat nicht etwa Tatherrschaft kraft überlegenen Wissens, sondern unterläßt schlicht einen notwendigen Rettungsbeitrag.

Vernichtet der Täter bestehende effektive Rettungsmöglichkeiten bzw. -mittel, so ist zunächst zu unterscheiden, ob hilfsbereite Dritte zugegen sind.

Sind sie es nicht, so stellt sich die Vernichtung der Rettungsmöglichkeiten gegenüber dem Opfer nur dann als echtes Begehungsdelikt dar, wenn das Opfer selbständig in tauglicher Weise von ihnen hätte Gebrauch machen können. Andernfalls bleibt das Vernichten innerhalb des Bereichs des echten Unterlassungsdelikts.

Sind dagegen hilfsbereite Dritte anwesend und haben sie die Hilfsbereitschaft nach außen angezeigt, so liegt schon in der Vernichtung der Rettungsmöglichkeiten eine echte Begehungstat.

Bleibt schließlich der Täter schlicht passiv, so ist selbst dann, wenn ihn zivilrechtlich eine Duldungspflicht trifft, lediglich ein notwendiger Rettungsbeitrag nicht erbracht. Darin liegt aber nur die Erfüllung eines echten Unterlassungsdelikts.

D. Vereitelung fremder Rettungsbemühungen ohne eine Handlungspflicht

Entsprechend der oben unter 2. Abschn. C. angestellten Ausführungen ist auch hier zu untersuchen, ob sich aus der Tatsache, daß der Rettungswillige keiner Hilfspflicht unterliegt, eine andere Beurteilung desjenigen rechtfertigt, der dessen Bemühungen vereitelt. Dazu dienen zur Veranschaulichung

Fall 12: A nimmt die von B in den Postlauf gegebene Anzeige eines nicht anzeigepflichtigen Vergehens aus dem Postlauf zurück.

Fall 13: A nimmt die von B in den Postlauf gegebene Anzeige eines nicht anzeigepflichtigen Vergehens auf dessen Bitten hin aus dem Postlauf zurück.

Fall 14: A bringt den B durch Hingabe von Geld dazu, eine von diesem bereits verfasste Anzeige eines nicht anzeigepflichtigen Vergehens nicht in den Postlauf zu geben.

I. Fallgruppen

Die zu erörternden Fallgruppen sind hier ebenso sinnvollerweise in die des aktiven Eingreifens des Täters bzw. dessen schlichte Passivität zu unterscheiden. Dabei ist schon grundsätzlich wieder voranzustellen, daß sich nach der hier vertretenen Lösung keine Unterschiede zu den oben gefundenen Ergebnissen ergeben können mit der Folge, daß ein dort nur nach oder akzessorisch zu einem echten Unterlassungsdelikt zu bestrafendes Verhalten hier straflos ist, eine echte Begehungstat, wie im *Fall 12* die Beihilfe zum nicht anzeigepflichtigen Delikt (auch durch den Anzeigenden, *Fall 13*), im übrigen gegeben ist.

Für die Fälle der physischen Einwirkung auf den Erfolgsabwendungswilligen findet das entsprechende Ergebnis, daß der Hindernde eine Rechtsgutsverletzung in Form einer echten Begehung begeht, dann auch überwiegende Zustimmung[560]. Im übrigen liegt hier der von Ranft[561] angeführte Grund gegen die Konstruktion einer mittelbaren Täterschaft, da ansonsten der Hintermann mangels Rechtspflicht straflos wäre. Wenn und soweit der Täter den Erfolgsabwendungswilligen von seinem Machtbereich abhalten will, kann sein Handeln allerdings nach den oben dargestellten Grundsätzen gem. § 34 StGB gerechtfertigt sein, in davon nicht umfaßten Fällen ist er auf die zivilrechtliche Ersatzpflicht desjenigen, dem die Erfolgsabwendung zugute kommt, angewiesen.

Für die „Abstiftung" des Erfolgsabwendungswilligen (*Fall 14*) ergibt sich ebenso wie oben und entgegen Armin Kaufmann[562] nichts anderes: Die Anstiftung ist akzessorisch zur Haupttat, diese ist aber nicht strafbar[563]. Für den Fall einer bereits bestehenden Rettungskausalität und der Anstiftung zur Rückgängigmachung derselben hingegen bleibt es bei dem oben gefundenen Ergebnis, daß dann seitens des Rücknehmenden ein echtes Begehungsdelikt und seitens des Anstiftenden eine entsprechende Anstifterstrafbarkeit begründet wird.

Liegt dagegen Täuschung oder Drohung vor, so fällt zwar ein an sich durch mittelbare Täterschaft herbeigeführtes Delikt aus, jedoch ist ein echtes Begehungsdelikt wegen des unmittelbaren Abbruchs der rettenden Kausalität verwirklicht.

In Fällen des bloßen Schweigens bleibt es weiter bei der Straflosigkeit, da zwar ein notwendiger, jedoch nicht gebotener Rettungsbeitrag unterlassen wird.

Betrachtet man weiter die Verhinderung effektiver Rettungsmöglichkeiten, so ist die Lösung ebenso gleichläufig: Schlägt der Täter dem Opfer, also beispielsw. dem im Hochwasser auf sein Haus zuschwimmenden Hund, die Tür zu, so ist er wegen einer Sachbeschädigung bei Ertrinken des Hundes strafbar. Öffnet er hingegen diese lediglich nicht, so bleibt er straflos.

Vernichtet der Täter potentielle Erfolgsabwendungsmittel, so ist er straflos, jedoch nach einem echten Begehungsdelikt zu bestrafen, wenn er dies angesichts eines Erfolgsabwendungsbereiten tut, selbst wenn es sich um in seinem Eigentum stehende Dinge handelt[564].

Schließlich ist dann, wenn der Täter lediglich einen notwendigen Beitrag zur Erfolgsabwendung verweigert, ein strafloses Verhalten anzunehmen.

---

560 Roxin, Engisch-FS, S. 395.

561 JuS 1963, S. 343.

562 Dogmatik, S. 195 ff..

563 Roxin, Täterschaft und Tatherrschaft, S. 522.

564 Roxin, Engisch-FS, S. 395.

II. Zusammenfassung

Knapp zusammengefaßt ist bei Verhinderung von Erfolgsabwendungsbemühungen Dritter, ohne daß dazu eine Rechtspflicht bestünde, eine Beurteilung gleich den für das Vorliegen einer Hilfspflicht gefundenen Ergebnissen vorzunehmen, wobei das dort etwa strafbare echte Unterlassen hier straflos bleibt.

E. Zusammenfassung des zweiten Abschnitts

Der Abbruch fremder, von dritter Hand gesetzter Rettungskausalitäten ist, da eine selbständige taugliche Rettungkausalität ohne weiteres Verhalten des Täters auf das Opfer zuläuft, ebenso ein echtes Begehungsdelikt wie der Abbruch natürlicher Kausalitäten.

Greift der Täter in fremde Rettungsbemühungen ein, ist nach dieser Abgrenzungsformel ein echtes Begehungsdelikt gegeben, wenn das angezeigte Verhalten Dritter selbständig tauglich auf das Opfer zulaufen würde bzw. das Verhalten des Opfers selbst selbständig tauglich ist.

In der gewaltsamen Hinderung Dritter an deren Rettungsbemühungen liegt ungeachtet zivilrechtlicher Eigentumsverhältnisse immer ein Abbruch einer Rettungskausalität vor.

Bei einer Anstiftung des Rettungswilligen zur Abstandnahme von eigenen Rettungsbemühungen richtet sich die Strafbarkeit nach den allgemeinen Regeln, so daß der Täter entweder wegen Anstiftung zum echten Unterlassungs- oder echten Begehungsdelikt strafbar ist.

Bei Täuschung oder Drohung des Rettungswilligen verwirklicht der Täter zum einen ein echtes Unterlassungsdelikt in mittelbarer Täterschaft, oder, bei bereits gesetzter Rettungskausalität, ein echtes Begehungsdelikt. Daneben bricht er eine aus seiner Sicht selbständig taugliche Kausalität in der Person des Hilfswilligen ab und erfüllt originär ein echtes Begehungsdelikt durch die Täuschungs- bzw. Drohungshandlung.

Bei bloßem Schweigen des Täters unterläßt dieser schlicht einen notwendigen Rettungsbeitrag, die Herrschaft über das Geschehen liegt weiterhin in den Händen des Rettungswilligen.

Sind bei Vernichtung bestehende effektive Rettungsmöglichkeiten bzw. -mittel durch den Täter hilfsbereite Dritte nicht zugegen, so stellt sich dies nur dann als echtes Begehungsdelikt dar, wenn das Opfer selbständig tauglich von ihnen hätte Gebrauch machen können. Sind ersichtlich hilfsbereite Dritte, so liegt bereits in der Vernichtung der Rettungsmöglichkeiten eine echte Begehungstat.

Bei schlichter Pasivität des Täters ist ungeachtet zivilrechtlicher Duldungspflichten lediglich ein notwendiger Rettungsbeitrag nicht erbracht und nur ein echtes Unterlassungsdelikt erfüllt.

Gleiches gilt grundsätzlich hinsichtlich der Hinderung Dritter an der Erfolgsabwendung ohne Rechtspflicht, wobei anstelle eines dort etwa strafbaren echten Unterlassens hier Straflosigkeit tritt.

Dritter Abschnitt
Der fahrlässige Abbruch einer Rettungskausalität

Da die unterschiedliche subjektive Stoßrichtung des Täters keine Auswirkung auf die objektive Tatbestandsmäßigkeit einer Tat hat, ist der Abbruch rettender Kausalitäten insoweit auch bei Fahrlässigkeits- gleich den Vorsatztaten zu behandeln. Jedoch stellt sich im Fahrlässigkeitsbereich die Frage nach einer möglichen Rechtfertigung u.U. anders als bei Vorsatztaten. Daher ist im folgenden die Diskussion darauf konzentriert, inwieweit sich der fahrlässige Abbruch rettender Kausalität unter bestimmten Voraussetzungen auf die Rechtswidrigkeit auswirkt. Grundsätzlich bedarf es dazu zunächst eines Eingehens speziell auf die Hintergründe der Möglichkeit oder Unmöglichkeit einer fahrlässigen Verwirklichung von Gebotsverletzungen. Denn vorgreiflich der weiteren Erörterungen geben diese den dogmatischen Ausgangspunkt für die Annahme bestimmter Rechtfertigungsgründe.

A. Betroffene Konstellationen

Auch hier ist die Erörterung getrennt danach zu führen, ob die 'unachtsam' abgebrochene Rettungskausalität aufgrund einer Handlungspflicht gesetzt worden ist oder nicht. Zugrunde liegen der Diskussion

Fall 1: A sieht den im See zu ertrinken drohenden B, meint jedoch fälschlicherweise, der B winke ihm nur fröhlich zu, und geht weiter. B ertrinkt.

Fall 2: Der A schwimmt auf den zu ertrinken drohenden B mit einer Rettungsleine zu, verliert diese jedoch aus Unachtsamkeit auf halbem Weg. B ertrinkt schließlich.

Fall 3: Der A wirft dem im See zu ertrinken drohenden B eine Rettungsleine zu, die auf diesen zutreibt. Infolge einer Unachtsamkeit (er will den B durch Zeichen auf die Leine aufmerksam machen) läßt A die Leine aus den Händen gleiten. B kann nun nur die nicht gesicherte Leine ergreifen und ertrinkt.

Fall 4: Wie Fall 3, doch verliert A die Leine, weil er seinem des Weges kommenden Freund zuwinkt.

Fall 5: C will dem zu ertrinken drohenden B zu Hilfe eilen. A stellt diesem versehentlich ein Bein, beide stürzen und sind so verletzt, daß sie den B nicht mehr retten können. B ertrinkt.

B. Aufgrund einer Handlungspflicht gesetzte Kausalitäten

Nach allem bisher Vorgebrachten ist zwar an dem Grundsatz festzuhalten, wonach der Hilfspflichtige, wenn er eine selbständige taugliche Rettungskausalität, die unabhängig von seinem weiteren Verhalten auf das Opfer hinwirkt, abbricht, insoweit tatbestandlich ein echtes Begehungsdelikt verwirklicht. Während aber für die Vorsatzfälle eine Rechtfertigung dieses Verhaltens nach § 34 StGB abzulehnen ist und nur bei Vorliegen der Voraussetzungen des § 17 StGB eine Entschuldigung bejaht werden kann, stehen hier noch weitere, dort nicht relevante Aspekte in Frage. Denn aus der, noch näher zu definierenden, Schlechterfüllung des Rechtsgutsrettungsversuchs könnten sich, wie bereits angedeutet[565], spezielle Konsequenzen im Hinblick auf die Rechtfertigung ergeben.

I. Abbruch selbst gesetzter Rettungskausalitäten

Auch hier ist zu Beginn der fahrlässige Abbruch selbst gesetzter Rettungskausalitäten zu beleuchten. Allem voran steht dabei die für etwaige Wertungen bedeutsame Frage, ob die lediglich fahrlässige, weil sorgfaltslose Vornahme einer mangelhaften Rettungshandlung nicht schon das Vorliegen eines echten Unterlassungsdelikts ausschließt[566]. Bei der zunächst, entsprechend der oben für den Fall des Vorsatzes gewählten Differenzierung, zu behandelnden Diskussion der fahrlässige Rückgängigmachung einer gebotenen Rettungskausalität drängt sich dabei die Untersuchung der fahrlässigen Nicht- oder Schlechterfüllung des Gebotes zum wertungsmäßigen Vergleich mit dem fahrlässigen Abbruch der Rettungskausalität auf.

1. Die fahrlässige Nichterfüllung des Gebotes

Vorab ist klarzustellen, daß die fahrlässige Nichterfüllung der gebotenen Handlung (*Fall 1*), sofern sie nicht ausdrücklich als solche unter Strafe gestellt ist (z.B. in § 138 Abs. 3 StGB[567], „Leichtfertigkeit"), zur Folge hat, daß eine

---

565 S.o. 2. Abschn. B. V. 1..

566 Armin Kaufmann, Dogmatik, S. 115.

567 „§ 138. Nichtanzeige geplanter Straftaten. (...) (3) Wer die Anzeige leichtfertig unterläßt, obwohl er von dem Vorhaben oder der Ausführung der rechtswidrigen Tat

Strafbarkeit aus dem echten Unterlassungsdelikt ausscheidet. Derjenige also, der sorgfaltswidrig eine gebotene Handlung nicht vornimmt, etwa, weil er in fahrlässiger Weise das Vorliegen der Voraussetzungen einer Hilfeleistungspflicht verkennt, bleibt hinsichtlich § 323 c StGB[568] straflos[569]. Dies kann einmal durch fahrlässiges Nichterkennen der Gefahrenlage selbst erfüllt werden, so, wenn der Spaziergänger das verzweifelte Winken eines Ertrinkenden für einen Gruß hält und daher weiter seines Weges geht, ohne sich näher Gedanken darüber zu machen[570]. Zum anderen fallen darunter Fälle der fahrlässigen Verkennung der Lage nach deren Prüfung, beispielsw., wenn der Spaziergänger das Winken zwar als Hilferuf erkennt, aber fahrlässig annimmt, dem Ertrinkenden werde bereits von einem anderen geholfen[571]. Es wird also jeweils zumindest subjektiv die Möglichkeit einer Gebotserfüllungspflicht in Erwägung gezogen. Armin Kaufmann ist aber insoweit zu widersprechen, als es sich dabei schon um ein *Handeln* mit „Gebotserfüllungstendenz" handeln soll[572]. Wenn er sich nämlich zum Beweis dessen darauf stützt, daß ja in der Prüfung der Lage, die letztlich zur fahrlässigen Ablehnung des Gebotenseins einer Handlung führt, bereits der erste Schritt zur Erfüllung des Gebotes liege, so berücksichtigt er nicht, daß dies bei der vorsätzlichen echten Unterlassung auch der Fall ist. Erst nach Bejahung des Gebotenseins einer Handlung entscheidet sich dort der Täter zur Unterlassung, ebenso aber auch, wenn er zu diesem Schluß fahrlässig ge-

---

glaubhaft erfahren hat, wird mit Freiheitsstrafe bis zu einem Jahr oder mit Geldstrafe bestraft."

568 Nicht natürlich auch hinsichtlich etwaiger anderer dadurch verwirklichter Straftatbestände, wie z.B. OLG Köln, NJW 1991, S. 764 f.: Nichtvornahme eines Hausbesuchs des telefonisch informierten Arztes trotz Kenntnis der diesen indizierenden Umstände ist fahrlässige Körperverletzung gem. § 230 StGB a.F.; ebenso OLG Düsseldorf, NStZ 1991, S. 531: Fahrlässige Körperverletzung durch Unterlassen einer verspätet bei der Geburt erscheinenden Hebamme; BGH, JA 1987, S. 210 ff.: durch Unterlassen verwirklichte Körperverletzung im Amt bei Nichteinleiten der erforderlichem Maßnahmen nach eingehendem Notruf.

569 Hruschka, Bockelmann-FS, S. 425, geht sogar so weit, daß er eine Fahrlässigkeit verneint, wenn die Unkenntnis von der Gefahrenlage nicht zurechenbar sei. Diese Zurechenbarkeit setze nämlich voraus, daß der Täter die Unkenntnis hat vermeiden können und vermeiden müssen, was beim schlichten Spaziergänger nicht der Fall sei, dagegen aber beispielsweise bei einem Bademeister. Die Zurechenbarkeit im letzteren Fall ergebe sich aber nicht aus einer Garantenstellung. - Diese Differenzierung überzeugt nicht, denn der eine wie der andere handelt angesichts des Gebotes fahrlässig. Die in dieser Argumentation liegende Intention, den Unwertgehalt beim Fußgänger zu vermeiden, wird schon dadurch herbeigeführt, daß ein solches, 'objektiv' fahrlässiges Verhalten eben schon gar nicht strafbar ist.

570 Ähnlicher Fall bei Armin Kaufmann, Dogmatik, S. 173.

571 Ähnlicher Fall bei Grünwald, Mayer-FS, S. 299.

572 Dogmatik, S. 173; dagegen ebenso Grünwald, Mayer-FS, S. 299.

langt. Er *handelt* in beiden Fällen gerade nicht, insofern kann m.E. auch kein *Handeln* mit Gebotserfüllungstendenz vorliegen. Außerdem bliebe schwer begründbar, weshalb der Täter im Falle vorsätzlicher Unterlassung trotzdem zunächst mit Gebotserfüllungstendenz gehandelt haben soll. Daß er im Falle der Fahrlässigkeit eine Handlung nach vorheriger Prüfung sorgfaltspflichtwidrig unterläßt, ist vielmehr Folge dieser Form des subjektiven Tatbestandes und weniger schon Beginn einer Gebotserfüllung.

Armin Kaufmann[573] meint aber seine Argumentation für das Ergebnis zu benötigen, wonach derjenige, der *ohne Prüfung* der Lage die Unglücksstelle verläßt, den Tatbestand des „quasi-vorsätzlichen Unterlassungsdelikts" (§ 323 c StGB) erfüllt habe, auch wenn er dabei darauf vertraue, daß die tatsächlichen Voraussetzungen seiner Hilfspflicht nicht gegeben seien. Denn der Täter halte es nach wie vor für möglich, daß die tatbestandsmäßige Situation gegeben sei, er sei mithin in vollem Umfang handlungsfähig und habe es unterlassen, die Hilfeleistung zumindest zu versuchen. Bei genauer Betrachtung zeigt sich aber, daß hier zwei Formen des subjektiven Tatbestandes genannt sind, die einander ausschließen: Das lediglich fahrlässige Nichterkennen der Voraussetzungen der Hilfspflicht und das bedingt vorsätzliche Unterlassen der gebotenen Hilfeleistung. Beides bezieht sich auf die tatbestandsmäßigen Voraussetzungen der Hilfspflicht, hier des Unglücksfalles. Man kann aber nicht nicht billigen, daß ein Unglücksfall vorliegt, und zugleich doch billigen, daß er vorliegt, sondern es liegt entweder das eine oder das andere vor. Wer fahrlässig einen Menschen für Jagdwild hält und auf ihn schießt, kann nicht gleichzeitig für möglich halten, daß es sich bei dem Ziel um einen Menschen handelt. Die Schlußfolgerung im Fall ist daher entgegen Armin Kaufmann, daß es der Täter gerade für nicht möglich hält, daß eine tatbestandsmäßige Situation gegeben ist, und er darauf vertraut. Der Täter ist auch in diesem Fall wegen lediglich fahrlässiger Nichterfüllung des Gebotes straflos.

2. Die fahrlässige Schlechterfüllung des Gebotes

Hingegen soll von fahrlässiger Schlechterfüllung der gebotenen Handlung gesprochen werden, wenn der Täter *in Ausführung der Handlung* fahrlässig handelt und daher der von ihm erhoffte (nicht gebotene[574]) Erfolg ausbleibt (*Fall 2*). Erst darin liegt als sog. „Han-deln mit Gebotserfüllungstendenz"[575] eine Gebotserfüllung, wenn auch eine fehlgeschlagene. Schon daraus, daß den echten Unterlassungsdelikten keine Erfolgsqualifizierung zugrunde liegt, ergibt sich die Straflosigkeit dieses Verhaltens im Hinblick auf das echte Unterlassungsde-

573 Dogmatik, S. 174.
574 Seelmann, JuS 1995, S. 285.
575 Armin Kaufmann, Dogmatik, S. 114.

likt, und diesmal nicht wegen Vorliegens einer (nicht strafbewehrten) Fahrlässigkeit, sondern allein deswegen, weil dem Gebot Folge geleistet worden ist. Dagegen Armin Kaufmann[576]: Es liege eine fahrlässige echte Unterlassung vor. Er erkennt aber den von ihm behandelten Einwand Fingers, mit dem er sich auseinandersetzt, nicht an, wonach ein Ungehorsamsdelikt nicht vorliege, und beruft sich darauf, daß die bestmögliche Gebotserfüllungshandlung gefordert werde[577]. Dies ist m.E. aber erst dann wahr, wenn im Straftatbestand auch von Fahrlässigkeit die Rede ist. Was Armin Kaufmann zu begründen sucht, ist ein fahrlässiges echtes Unterlassungsdelikt, das es de lege lata nicht gibt. Liegt aber entgegen Armin Kaufmann keine, wenn auch nicht strafnormwidrige, Gebotsverletzung, sondern gerade eine Gebotserfüllung vor, so kann die Konstruktion einer fahrlässigen echten Unterlassung auch nicht als dogmatische Stütze dienen.

Darüber hinaus ist aber noch nicht entschieden, ob die fahrlässige Schlechterfüllung in bezug auf ein echtes Begehungsdelikt von Bedeutung sein kann, es sich also nicht nur um den mangelhaften Gebotserfüllungsversuch, sondern darüber hinaus um eine mangelhafte Gebotserfüllung dergestalt handelt, daß das Opfer größeren Schaden nimmt, als es ohne das Handeln des Täters genommen hätte[578]. Sobald also neben der fehlgeschlagenen Gebotserfüllung ein Abbruch einer rechtsguterhaltenden Kausalität vorliegt, die Position des Opfers sich damit also verschlechtert, ist dieses Verhalten auf eine fahrlässige Begehungstat hin zu überprüfen (dazu unten II.).

3. Die fahrlässige Rückgängigmachung der Erfüllung des Gebotes

Geht man nun von den bereits im Rahmen des vorsätzlichen Abbruchs der Rettungskausalität gewonnenen Erkenntnissen aus, so wäre, bricht der Täter durch eine fahrlässige Handlung eine von ihm selbst gesetzte, selbständig tauglich auf das Opfer hinwirkende Kausalität ab (*Fall 3*), z.B. bei dem daraufhin eintretenden Tod des Opfers eine fahrlässige Tötung anzunehmen. Doch erscheint es hier aus, zugegebenerweise dogmatisch insoweit irrelevanten, Strafwürdigkeitserwägungen heraus zumindest bedenklich, daß sich derjenige, der sich von vornherein der Hilfspflicht entzieht, geringerer Strafe ausgesetzt sieht als der, dem in Erfüllung seiner Hilfspflicht (in der Gesamtbetrachtung) eine Unachtsamkeit unterläuft, die zu keinem anderen Ergebnis führt als die von vornherein mangelhafte Gebotserfüllung.

---

576 Dogmatik, S. 172 ff..

577 Dogmatik, S. 176.

578 S. dazu Maiwald, Jescheck-FS, S. 413 ff..

a) Ausschluß des objektiven Tatbestandes?

Anders als im Falle einer vorsätzlichen, nicht gerechtfertigten Rückgängigmachung eigener Rettungshandlungen liegt ja hier nach wie vor eine „Gebotserfüllungstendenz“ vor, die die zuvor insoweit abgelehnte Möglichkeit einer ‘Neutralisierung’ des bereits Geschehenen nach Roxin in einem anderen Licht nochmals diskussionswürdig erscheinen läßt. Denn im Gegensatz zur Roxinschen Argumentation zum vorsätzlichen Abbruch, dem eine Handlung zugrunde liegt, die den Gebotserfüllungsversuch bereits verlassen hat, liegt hier, aus der Gesamtbetrachtung heraus, noch immer eine Gebotserfüllung vor, die, weil sorgfaltswidrig ausgeführt, zwar letztlich nicht zum (erhofften) Ziel führt, aber dennoch ebenso wie die von vornherein mangelhafte Hilfeleistung straflos sein könnte.

Da es einem aber nach der hier vertretenen Ansicht verwehrt ist, die Handlung und deren Kausaliät für den Eintritt eines Erfolges nach der subjektiven Seite des Täters zu differenzieren, kann man nunmehr tatbestandlich nicht anders entscheiden als bereits oben: Wer eine selbständige, taugliche Rettungskausalität abbricht, und sei es nur sorgfaltswidrig, der hat *insoweit* den objektiven Tatbestand des entsprechenden Begehungsdelikts verwirklicht.

aa) Ausschluß der Pflichtwidrigkeit?

Es bietet sich jedoch, um zu dem (als erwünscht unterstellten) Ergebnis der Straflosigkeit zu gelangen, an, den für das Vorliegen des objektiven Fahrlässigkeitstatbestandes nach h.M. notwendigen Pflichtwidrigkeitszusammenhang näher zu untersuchen: Danach scheidet eine objektive Zurechnung des kausal eingetretenen Erfolges aus, wenn dieser auch bei pflichtgemäßem Verhalten eingetreten wäre[579].

Zwar bezieht sich die Pflichtmäßigkeit auf das konkrete Verhalten des Täters, im Fall also auf das Verhalten, das zum Abbruch des rettenden Kausalverlaufs führt. Aber es ist doch so, daß dann, wenn der Täter die Hilfeleistung selbst nur ‘fahrlässig’ schlecht und damit im Ergebnis erfolglos ausführt, er dem Gebot nachgekommen ist und damit grundsätzlich ‘pflichtgemäß’ gehandelt hat. Unter diesem Blickwinkel könnte somit argumentiert werden, daß es dann an einem Pflichtwidrigkeitszusammenhang fehlen könnte. Allerdings steht dieser Überlegung bereits ein systematisches Argument entgegen: Denn unter dem ansonsten pflichtgemäßen Verhalten ist das Verhalten während der konkreten Pflichtverletzung zu verstehen[580], nicht das vor diesem liegende; denn dieses war nicht etwa fahrlässig mangelhaft, sondern sogar erfolgreich. Würde man aber die Prü-

---

579 Tröndle, StGB, Rdnr. 17c vor § 13.
580 Maiwald, Jescheck-FS, S. 421.

fung der Pflichtwidrigkeit auf das Verhalten in der Gesamtbetrachtung ausdehnen, so wäre dem Tatbestandsstrafrecht, das sich gerade auf eine konkrete Handlung bezieht[581], der Boden entzogen.

bb) Sozialadäquates Verhalten?

Auch der Gesichtspunkt des sozialadäquaten Verhaltens hilft hier nicht weiter: Denn der Täter verhält sich zwar, wenn und soweit die fahrlässige Rückgängigmachung einer Rettungskausalität noch im Zuge der Rettungsbemühungen stattfindet, im weitesten Sinne normgemäß, nur passen die zur Begründung dieses nicht explizit geregelten tatbestandsausschließenden Merkmals herangezogenen Fälle Ihrer Grundstruktur nach nicht. Danach wird als tatbestandsausschließend nur solches Verhalten gewertet, das üblicherweise gefährlich und dennoch gewohnheitsrechtlich als geschichtlich geworden im Einklang mit der Sozialordnung stehend anerkannt ist[582]. Davon kann aber vorliegend nicht die Rede sein, zumal zum einen Rettungsbemühungen nicht generell als gefährlich einzustufen und darüber hinaus nicht gewohnheitsrechtlich anerkannt, sondern sogar gesetzlich geboten sind.

cc) Fazit

Im Ergebnis ist also auch bei fahrlässiger Rückgängigmachung selbst gesetzter Rettungskausalitäten jedenfalls die objektive Tatbestandsmäßigkeit gegeben, da ein Pflichtwidrigkeitszusammenhang vorliegt und von einem sozialadäquaten Verhalten nicht ausgegangen werden kann.

b) Ausschluß der Rechtswidrigkeit

Bricht nun der Täter die Rettungskausalität (fahrlässig oder vorsätzlich) ab, um eine vermeintlich effektivere Rettung zu ermöglichen, so greift, wie bereits erörtert[583], die rechtfertigende Norm des § 34 StGB nicht ein, allenfalls kommt dem Täter ein Verbotsirrtum zugute. Das kann jedoch generell nicht gelten, wenn der Täter aus bloßer Unachtsamkeit den Abbruch der rettenden Kausalität bewirkt, er also den subjektiven Rechtfertigungstatbestand nicht erfüllt, führt aber nicht unbedingt automatisch zum Vorliegen eines rechtswidrigen Handelns.

Zu berücksichtigen ist nämlich, daß sich der Täter, wenn er sich normgemäß verhält und Hilfe leistet bzw. leisten will, gerade so benimmt, wie es allgemein von ihm erwartet wird. Eine der Besonderheiten der hier für den vorsätzlichen

---

581 Tröndle, StGB, Rdnr. 4 zu § 15.

582 Allg. Tröndle, StGB, Rdnr. 12 vor § 32.

583 2. Teil 1. Abschn. F. I..

Abbruch selbst gesetzter Rettungskausalitäten gefundenen Lösung ist die, daß der Täter, begründet durch die streng objektive Betrachtung des Sachverhalts, unter Umständen bereits eine selbständig taugliche Rettungskausalität gesetzt hat, ohne diese überhaupt als solche zu erkennen. Wenn er nun während seiner Rettungsbemühungen, ohne sich dessen bewußt zu sein, bereits eine solche rechtsgutrettende Kausalität in Gang gesetzt hat und diese nunmehr *im Zuge weiterer Rettungsbemühungen* wieder abbricht, so liegt der Gedanke nahe, dieses Verhalten unter dem Gesichtspunkt des erlaubten Risikos als einen die Rechtswidrigkeit ausschließenden Unterfall der sozialen Adäquanz zu prüfen.

Soweit ersichtlich, sind Fälle der vorliegenden Art noch nicht ausdrücklich unter diesem Blickwinkel betrachtet worden. M a i w a l d hat sich zwar der Frage des erlaubten Risikos im Rahmen von Rettungshandlungen ausführlich gewidmet[584], sie jedoch m. E. im hier entscheidenden Punkt nicht behandelt. Denn er bespricht ausschließlich die Problematik der fahrlässigen Rechtsgutsverletzung durch die Rettungshandlung, ohne allerdings danach zu differenzieren, ob dies durch den Abbruch selbst gesetzter Rettungskausalitäten oder durch den natürlicher Kausalitäten geschieht.

Im Vergleich zu den allgemein anerkannten Kategorien sind jedoch Parallelitäten zu erkennen, die es nahelegen, diesen Fall als weiteren Anwendungsfall anzusehen: Denn wenn beispielsw. sog. 'Ausreißer' bei der Produktion von Massenware nicht zu einer strafrechtlichen Haftung führen[585], so doch deswegen, weil sie zwar kaum zu vermeiden sind, der soziale Nutzen dieser gefahrgeneigten Handlung jedoch nicht entbehrt werden kann[586]. Etwas anders, aber prinzipiell gleichartig, stellt sich der hier zu lösende Fall dar: Zwar hat der Täter nur eine Rettungshandlung vorzunehmen, doch bringt es seine strafrechtliche Verpflichtung mit sich, daß er sich dieser Pflicht nicht entziehen darf. Dann aber darf ihm nicht die Tatsache vorgeworfen werden, daß er bei einem Verhalten, zu dem er gewissermaßen 'genötigt' wird, Fehler begeht, solange er sich objektiv noch im Rahmen seiner Verpflichtung bewegt. Gestützt wird diese Betrachtungsweise durch das Faktum, daß er ja gänzlich straflos bliebe, erfüllte er seine Gebotserfüllungspflicht von vornherein schlecht. Ebenso wie in allen anderen Fällen des erlaubten Risikos ist also auch hier eine Gesamtbetrachtung anzustellen und zu untersuchen, ob der Täter grundsätzlich das ihm Gebotene versucht zu erfüllen und in dieser Erfüllung generell normwidrige Fehlleistungen ausnahmsweise nicht rechtswidrig sind, wenn die "(Verhaltensweise), (..) trotz ihrer rechtsgutsverletzenden Wirkung nicht so schwerwiegend aus der so-

584 Jescheck-FS, S. 413 ff..

585 Tröndle, StGB, Rdnr. 13 vor § 32.

586 Maiwald, Jescheck-FS, S. 411/412.

zialen Ordnung (herausfällt), daß sie das Recht bei Strafe verbieten müßte"[587]. Vergleicht man nun die Fälle einer fahrlässigen Schlechterfüllung mit denen der fahrlässigen Rückgängigmachung selbst gesetzter Rettungskausalitäten, so ist zwar der eintretende Taterfolg im zweiten Fall kausal auf den Rettungswilligen zurückzuführen. Doch ist evident, daß auch hier sämtliche andere Merkmale, die zuvor die Straflosigkeit der fahrlässigen Schlechterfüllung begründet haben, vorliegen. Und gerade aus diesem Grunde fällt ein solches Verhalten noch nicht aus der sozialen Ordnung heraus, sondern bewegt sich vielmehr noch innerhalb der (die Straflosigkeit der fahrlässigen Schlechterfüllung umfassenden) Sozialordnung. Da aber trotzdem die Tatbestandsmerkmale gegeben sind, ist eine entsprechende Korrektur über die Figur des erlaubten Risikos vorzunehmen, wenn die Folge der Situation einer fahrlässigen Schlechterfüllung entspricht und nicht darüber hinaus geht. Entscheidendes Merkmal der fahrlässigen Schlechterfüllung ist dabei, daß sich die Position des Opfers, verglichen mit dem status quo ante, nicht verschlechtert, sondern sich lediglich nicht verbessert hat.

Wenn und soweit der Täter also objektiv in Erfüllung des Gebotes eine selbst gesetzte, selbständig taugliche Rettungskausalität abbricht, kann dieses Verhalten aus dem Gesichtspunkt des erlaubten Risikos ausnahmsweise straflos sein.

4. Umschlagen in eine rechtswidrige Fahrlässigkeitstat

Als Konsequenz bleibt aber im Gegenschluß festzuhalten, daß der Abbruch selbst gesetzter Rettungskausalitäten einmal dann, wenn er nicht mehr allein im Zuge der eigenen Gebotserfüllung vorgenommen wird, gleich dem vorsätzlichen Abbruch zur Strafbarkeit aus dem Begehungsdelikt führen muß (*Fall 4*). Denn mit 'Verlassen' der Gebotserfüllung im weitesten Sinn entfällt die subjektive Komponente der Rechtfertigung gem. dem erlaubten Risiko. Ebenso, wie bei den Fällen der Erzeugung von Massenerzeugnissen bei sog. 'Ausreißern' die Rechtswidrigkeit nur dann nach den Grundsätzen des erlaubten Risikos entfällt, wenn diese nahezu unvermeidbare Folge der Massenproduktion sind, beschränkt sich der Unrechtsausschluß hier auf die entsprechende erlaubte Handlung und deren Zielsetzung. Aus dieser Schlußfolgerung ergeben sich zwar praktische Schwierigkeiten einer solchermaßen anzustellenden Bewertung eines konkreten Sachverhalts, an der grundsätzlichen Richtigkeit kann dies jedoch m.E. nichts ändern.

Zum anderen kann der Abbruch selbst gesetzter Rettungskausalitäten dann nicht gerechtfertigt sein, wenn das entscheidende Merkmal für die Annahme des

---

[587] Küper, Grund- und Grenzfragen, S. 81.

erlaubten Risikos, das lediglich schlecht erfüllte Gebot bei Beibehaltung des status quo ante, nicht erfüllt ist. Macht der Täter also nicht ausschließlich die von ihm selbst gesetzten Kausalitäten zunichte, liegt eine rechtswidrige Handlung vor.

5. Ergebnis

Der fahrlässige Abbruch selbst gesetzter Rettungskausalitäten ist in Form der fahrlässigen Nichterfüllung des Gebotes nicht unter Strafe gestellt, und zwar weder beim fahrlässigen Nichterkennen einer Gebotserfüllungssituation, noch beim fahrlässigen Verkennen der Handlungspflicht.

Die fahrlässige Schlechterfüllung stellt bereits eine Gebotserfüllung dar, sofern dem Gebot tatsächlich mit Gebotserfüllungstendenz Folge geleistet worden ist.

Die fahrlässige Rückgängigmachung des Gebotserfüllungsversuchs ist dagegen tatbestandsmäßig eine Straftat, da der objektive Tatbestand nicht unter Berufung auf sozialadäquates Verhalten abgelehnt werden kann. Ebenso ist auch ein Pflichtwidrigkeitszusammenhang gegeben. Jedoch kann von einem erlaubten Risiko ausgegangen und die Rechtswidrigkeit verneint werden, wenn der Täter im Zuge der Rettungsbemühungen fahrlässig eine zuvor von ihm begründete Rettungskausalität abbricht und lediglich den status quo ante wiederherstellt.

Verläßt der Täter hingegen den Bereich der Gebotserfüllung oder verschlechtert er die Position des Opfers verglichen mit der vor seinem eigenen Einschreiten, so ist er grundsätzlich nach dem fahrlässigen Begehungsdelikt zu bestrafen.

II. Der Abbruch bestehender Rettungskausalitäten

Weiter bleiben noch Konstellationen zu untersuchen, in denen der Täter fahrlässig bereits bestehende Rettungskausalitäten, namentlich die Rettungsbemühungen Dritter, abbricht, sei es zum einen durch eine mit der Gebotserfüllung nicht in Zusammenhang stehende, sei es durch eine der Gebotserfüllung dienende Handlung.

1. Natürliche 'Rettungs'-Kausalitäten

Um diese Fallgruppe eingehend beurteilen zu können, ist zunächst der Grundfall zu beleuchten, in dem eine 'rettende' Naturkausalität auf das Opfer hinwirkt und vom Täter fahrlässig abgebrochen wird. Erst dann können die Fälle der Hinderung Dritter sachgemäß erörtert werden.

So betreffen Abbrüche von schlichten Naturkausalitäten, in denen der Retter in Ausführung der Rettungshandlung eine Rechtsgutsverletzung so bewirkt, daß er beispielsw. im Rahmen des § 323 c StGB bei Wiederbelebungsversuchen die Herzmassage dergestalt vornimmt, daß das Opfer an dadurch sorgfaltswidrig hervorgerufenen Rippenbrüchen stirbt, nicht die Problematik des Abbruchs einer rettenden Kausalität und sind regelmäßig allein nach § 34 StGB zu beurteilen.

Anders, wenn der Täter z.B. die auf den zu ertrinken Drohenden zutreibende Holzplanke, eine quasi 'rettende' Naturkausalität, bei seinen Rettungsbemühungen versehentlich ablenkt. Liegt dabei die Motivation des Täters nicht in der Erfüllung eines Gebotes oder einer nicht gebotenen Erfolgsabwendung, so ist unkompliziert von einer fahrlässigen und nicht gerechtfertigten Begehungstat auszugehen. Angenommen aber, auch hier geschähe dies aufgrund eines Handelns mit Gebotserfüllungs- bzw. Erfolgsabwendungstendenz, so liegt es nahe, die oben gefundenen Ergebnisse der Rechtfertigung qua erlaubtem Risiko ebenso auf diesen Fall anzuwenden und zu folgern, daß auch dann eine Straflosigkeit eintreten muß. Es liegt aber zur oben geführten Argumentation ein entscheidender Unterschied vor: Während dort die rettende Kausalität vom Täter selbst gesetzt worden ist und lediglich, in Anlehnung an den Neutralisierungsgedanken R o x i n s , die vor Eingreifen des Handelnden bestehende Lage wiederhergestellt wird, verändert hier der Täter die Situation endgültig. Zwar ist dieser Gedanke im Tatbestandsbereich u.a. deswegen abgelehnt worden, weil nach der hier vertretenen Ansicht eine 'Neutralisierung' einer bereits gesetzten Kausalität nicht möglich ist. Dies hindert jedoch nicht, im Rahmen der Rechtfertigung, der Wertungsgesichtspunkte zugrunde gelegt werden können, zu einem anderen Ergebnis zu kommen. Und das Ergebnis der Annahme des erlaubten Risikos in Fällen des fahrlässigen Abbruchs selbst gesetzter Kausalitäten gründete allein auf der Erkenntnis, daß eine fahrlässige Schlechterfüllung eines Gebotes selbst straflos ist. Die aus dieser Erkenntnis gewonnene Rechtfertigung kann jedoch nicht auf Sachverhalte ausgedehnt werden, die außerhalb der eigenen Gebotserfüllung des Täters liegen. Insoweit muß es bei den allgemeinen Regeln bleiben, die Motivation des Täters findet dort allein in der Strafzumessung Berücksichtigung.

Der Täter ist also im Fall hinsichtlich § 323 c StGB straflos, da er insoweit nur fahrlässig eine Hilfeleistung schlecht ausgeführt hat. In bezug auf die abgebrochene Kausalität bleibt es bei der Bestrafung nach dem entsprechenden fahrlässigen echten Begehungsdelikt.

2. Vereitelung fremder Rettungsbemühungen

Wie aber, wenn lediglich rettungsbereite Dritte anwesend sind und durch eine fahrlässige Handlung des Täters deren Rettungsbemühungen vereitelt werden?

a) Fahrlässiges Einwirken auf Dritte

Zunächst kann der Täter die Rettungsbemühungen Dritter dadurch verhindern, daß er fahrlässig gewaltsam auf den Hilfsbereiten einwirkt (*Fall 5*).

Nun hat dort aber der Täter, objektive wie subjektive Sorgfaltspflichtverletzung vorausgesetzt, ebenso wie oben und entsprechend dem vorsätzlichen Fall eine aus seiner Sicht selbständig taugliche Rettungskausalität abgebrochen, und es führt insoweit kein Weg daran vorbei, ihn aus einem fahrlässigen echten Begehungsdelikt gleich dem Abbruch 'rettender' Naturkausalitäten haften zu lassen. Denn auch wenn dieses Ereignis im Zuge eigener Rettungsbemühungen des Täters stattfände, so würde ein Eingreifen des erlaubten Risikos trotz Handelns mit Gebotserfüllungs- bzw. Erfolgsabwendungstendenz ebenso ausscheiden, da der Täter nicht entsprechend den erarbeiteten Grundsätzen lediglich den status quo ante bewirkte, sondern im Gegenteil eine fremde und damit bereits unabhängig von seinem Handeln bestehende Rettungskausalität abbräche.

b) Abstandnahme Dritter wegen Gebotserfüllung

Ferner müssen aber solche Fälle besonders beachtet werden, in denen durch die begonnene Erfüllung des Gebotes das Opfer selbst oder Dritte davon abgehalten werden, selbst rettend einzugreifen, wenn also beispielsw. der Arzt ein falsches Medikament verabreicht, das zwar selbst nicht zum Tode des Patienten führt, jedoch diesen davon abhält, einen anderen Arzt aufzusuchen[588], oder im von A r m i n K a u f m a n n gebildeten Fall[589] derjenige, der auf einer Bergwanderung einen Absturz des Opfers beobachtet hat, bei seinen Rettungsbemühungen fahrlässig erfolglos bleibt und ein rettungsbereiter Dritter jedoch aufgrund des Tätigwerdens des Täters nicht Hilfe leisten kann. Dieser Fallgruppe ist eigen, daß der Täter andere durch eine schlichte Gebotserfüllung, sei diese auch fahrlässig schlecht erfüllt, von weiteren Rettungsbemühungen abbringt.

Dort eröffnet sich in fast identischer Weise die Frage nach einer möglichen Rechtfertigung. Denn bereits für die vorsätzliche Variante dieses Handelns ist festgestellt worden, daß in diesen Fällen eine Garantenstellung begründet worden ist[590], die nunmehr zur Annahme eines unechten fahrlässigen Unterlassungsdelikts durch Tun führen muß, und für die fahrlässige kann tatbestandlich

---

588 Seelmann, JuSL 1987, S. 35.

589 Dogmatik, S. 184.

590 2. Teil 2. Abschn. C. 3. b).

nichts anderes gelten. Entgegen Seelmann, der ja eine angeblich 'hypothetische' Kausalität für diese Fälle ablehnt[591], liegt hier also nach wie vor ein Tun vor, das zu einem tatbestandsmäßigen unechten Unterlassungsdelikt führt.

Doch stellt sich hier die Frage des erlaubten Risikos im Gegensatz zu den bereits abgehandelten Fällen anders, da zwar einerseits nicht der status quo ante lediglich wiederhergestellt wird (grundsätzlich keine Rechtfertigung), jedoch die Tathandlung zugleich eine nur fahrlässige Schlechterfüllung des Gebotes ist (Straflosigkeit): Der Täter bleibt also hinsichtlich der Folgen für das Opfer mit Blick auf § 323 c StGB straflos. Soll er nun dennoch aus Fahrlässigkeit nach §§ 222, 13 StGB haften, nur weil ein rettungsbereiter Dritter zur Stelle gewesen wäre? Dies kann m.E. nicht sein, und das aus systematischen Erwägungen heraus: Bleibt der Täter beim echten Unterlassungsdelikt, das nur vorsätzlich begangen werden kann, bei dessen fahrlässiger Schlechterfüllung straflos, so ist nicht zu erklären, warum er dennoch haften sollte, wenn und soweit er Dritten die Gebotserfüllung nur durch seine eigene abschneidet. Das erlaubte Risiko, das zuvor noch als Rechtfertigungsgrund für die Rückgängigmachung selbst gesetzter Rettungskausalitäten erarbeitet worden ist, muß aus denselben Gründen auch hier einschlägig sein: Die Hilfeleistung wird dem Täter abverlangt, die fahrlässige Schlechterfüllung daher straflos gestellt. Die Strafbarkeit aber dann quasi über Umwege, die der Täter zudem nicht beeinflussen kann, doch zu begründen, wäre systematisch verfehlt. Dem zu erwartenden Gegenargument, auch hier habe der Täter ja nicht nur den status quo ante hergestellt, kann damit entgegengetreten werden, daß zum Zeitpunkt, zu dem die Rettungsbemühungen Dritter verhindert worden sind, noch keinerlei Verbesserung der Situation des Opfers zu erwarten war. Denn dem Opfer stand zwar auch der rettungsbereite Dritte zur Verfügung, doch war der Täter zu diesem Zeitpunkt in ebenso tauglicher Weise zur Stelle. Erst zum Zeitpunkt der fahrlässigen Schlechterfüllung hätte ein Dritter dem Opfer besser zur Seite stehen können. Doch da war ja bereits kein rettungbereiter Dritter und mithin keine in diesem angelegte Rettungskausalität mehr vorhanden. Wenn nun diese beiden Zeitpunkte in der Weise zusammenfallen, daß der Täter eine fahrlässig schlechte Gebotserfüllungshandlung vornimmt und gleichzeitig fahrlässig verkennt, daß Dritte in wirksamerer Weise helfen könnten, so ist trotzdem keine andere Sichtweise veranlaßt. Das Augenmerk ist gleichsam auf die Schlechterfüllungshandlung zur richten, eine Rechtfertigung aus dem Gesichtspunkt des erlaubten Risikos gegeben.

---

[591] So auch für diesen Fall, JuSL 1987, S. 35.

c) Fazit

Im Ergebnis ist also der fahrlässige Abbruch fremder Rettungsbemühungen tatbestandliches Fahrlässigkeitsdelikt, jedoch dann nach der Rechtsfigur des erlaubten Risikos gerechtfertigt, wenn er allein durch eine fahrlässige Schlechterfüllung des Gebotes bewirkt wird.

3. Ergebnis

Der fahrlässige Abbruch bereits bestehender Rettungskausalitäten ist grundsätzlich nicht als erlaubtes Risiko gerechtfertigt, es bleibt bei der Abgrenzung nach dem status quo ante. Lediglich in Fällen der Verhinderung fremder Rettungsbemühungen richtet sich die Frage der Rechtfertigung nach den Grundsätzen des erlaubten Risikos danach, ob eine fahrlässige Unterbrechung eines in einem Dritten angelegten rettenden Kausalverlaufs vorliegt oder dies lediglich durch eine begonnene Hilfeleistung bewirkt wird, die gleichzeitig oder in der Folge fahrlässig schlecht ausgeführt wird. Im zweiten Fall greift ausnahmsweise der Rechtfertigungsgrund des erlaubten Risikos, im ersten Fall dagegen ist der Täter, da er nicht lediglich den status quo ante herstellt, ebenso nicht gerechtfertigt.

III. Zusammenfassung

Der fahrlässige Abbruch rettender Kausalitäten ist grundsätzlich aus dem entsprechenden fahrlässigen Begehungsdelikt strafbar. Er ist allerdings gerechtfertigt, wenn er als Handeln mit Gebotserfüllungs- bzw. Erfolgsabwendungstendenz dergestalt vorgenommen wird, daß lediglich der status quo ante hergestellt wird. Dies gilt sowohl uneingeschränkt beim Abbruch einer zuvor selbst gesetzten Rettungskausalität als auch dann, wenn der Täter andere von weiteren Rettungsbemühungen durch seine Hilfeleistung abhält und diese selbst fahrlässig schlecht erfüllt.

Werden in allen übrigen Fällen im Zuge der Gebotserfüllung fremdgesetzte bzw. natürliche Kausalitäten abgebrochen, so ist der Täter nach dem entsprechenden fahrlässigen echten Begehungsdelikt strafbar und nicht aufgrund eines erlaubten Risikos gerechtfertigt.

C. Ohne Handlungspflicht gesetzte Kausalitäten

Bricht der Täter fahrlässig und nach den zuvor dargestellten Grundsätzen tatbestandlich strafbar eine Rettungskausalität ab, die er oder ein Dritter ohne ihn dazu verpflichtende Normen eingeleitet hat, so kann dieses Verhalten nicht strengeren Maßstäben als denen des Abbruchs gebotener Rettungskausalitäten unterworfen werden. Mithin bedarf es auch hier einer Korrektur über den Ausschluß der Rechtswidrigkeit. Allerdings ist der Anknüpfungspunkt nicht das erlaubte Risiko im Rahmen gebotener Handlungen, sondern vielmehr das erlaubte Risiko im Rahmen *nicht einmal gebotener* Handlungen. Denn wenn schon der erste Fall dadurch gerechtfertigt erscheint, daß die fahrlässige Schlechterfüllung straflos bliebe, dann muß dies erst recht hier gelten, wenn bereits die Nichteinleitung einer Erfolgsabwendung straflos wäre. Aber auch hier ist entsprechend ein Handeln mit Erfolgsabwendungstendenz zu verlangen, da ansonsten eine fahrlässige Begehungstat aus den oben dargestellten Erwägungen heraus gegeben ist. Klarzustellen ist erneut, daß die den Erwägungen zugrunde liegende Straflosigkeit der generellen Untätigkeit hier, im Gegensatz zum vorsätzlichen Delikt, ebenso nur zum Rechtswidrigkeitsausschluß, nicht zum Tatbestandsausschluß führt.

D. Zusammenfassung des dritten Abschnitts

Die lediglich fahrlässige Nichterfüllung oder fahrlässige Schlechterfüllung des Gebotes ist, von den gesetzlich geregelten Ausnahmen abgesehen, straflos.

Der fahrlässige Abbruch selbst gesetzter Rettungskausalitäten kann nur dann nach den Grundsätzen des erlaubten Risikos gerechtfertigt sein, wenn dies im Zuge eigener Rettungsbemühungen des Täters mit Gebotserfüllungstendenz geschieht und ausschließlich der status quo ante hergestellt wird.

Der fahrlässige Abbruch bereits bestehender Rettungskausalitäten ist, wenn die fahrlässige Handlung unmittelbar zum Abbruch führt, tatbestandliches Begehungsdelikt und auch nicht nach den Grundsätzen des erlaubten Risikos gerechtfertigt, da nicht lediglich der status quo ante hergestellt wird.

Bewirkt der Täter allerdings den Abbruch von Rettungsbemühungen Dritter ausschließlich durch die bloße Vornahme der gebotenen Handlung und erfüllt er diese jedoch fahrläsisg schlecht, so greift hinsichtlich der im Raume stehenden fahrlässigen unechten Unterlassungstat das erlaubte Risiko als Rechtfertigungsgrund ein.

Dasselbe gilt a maiore ad minus für das Handeln mit Erfolgsabwendungstendenz in Fällen nicht gebotener Rettungskausalitäten.

ZUSAMMENFASSENDE BETRACHTUNG

A. Überblick

1. Eine der Grundlagen des Strafrechts ist die Erkenntnis, daß jedes Rechtsgut in seinem Bestand von unendlich vielen rechtsguterhaltenden Kausalitäten abhängt. Lösen sich zwei dieser Kausalitäten dergestalt ab, daß die eine an die Stelle der anderen tritt, so greift die zweite quasi rettend ein. Dies ist unentwegt der Fall und gewissermaßen naturgegeben, wenn und soweit dieser Verlauf typisch für das jeweilige Kausalgefüge des betroffenen Rechtsguts ist. Von strafrechtlich eminenter Bedeutung sind daneben aber diejenigen Kausalverläufe, die in atypischer Weise eingreifen, also nicht dem dem Rechtsgut innewohnenden Kausalgefüge zugehörig sind. Werden sie von Menschenhand angestoßen, liegt ein rechtsgutrettender Kausalverlauf im strafrechtlichen Sinne vor.

Ausgehend von diesen Prämissen und angesichts der weiter feststellbaren Tatsache, daß das Strafrecht ausschließlich aus ge- oder verbietenden Imperativen besteht, soll entweder ein rechtsgutrettender Kausalverlauf erzeugt (Gebot) oder darf ein rechtsguterhaltender nicht abgebrochen werden (Verbot). Entsprechend der normwidrigen Handlung handelt es sich entweder um echte Unterlassungs- oder um Begehungsdelikte. Im Rahmen dieser Zweiteilung stellt das sog. unechte Unterlassungsdelikt eine normwidrige Begehungstat dar, abgebrochen wird dort ebenso eine rechtsguterhaltende Kausalität, nämlich die dem Rechtsgut qua Garantenstellung beigeordnete Garantenkausalität.

Losgelöst von der Frage der Deliktsverwirklichung und der Art des mißachteten Imperativs ist die Frage der Natur des zugrunde liegenden Verhaltens. Einzig deswegen, weil sich das Strafrecht an den Menschen richtet, bedarf es eines menschlichen Verhaltens, und ein solches liegt permanent vor, sei es als reine Passivität (Nichttun), sei es als Aktivität (Tun). Weiterer Abgrenzungen und etwaiger Ausschließungen verschiedener spezieller Verhaltensformen aus dem strafrechtlichen Handlungsbegriff bedarf es aus dogmatischer Sicht nicht, um diese Grundlagen der Strafbarkeit darzulegen. Es genügt die Feststellung, daß es sich um ein In-Kontakt-Treten des Menschen mit der Außenwelt handelt.

Im Rahmen der Erfolgsdelikte sind zweierlei Formen der Kausalität für die strafrechtliche Dogmatik zu unterscheiden: Einmal die rein mechanische Kausalität im physikalischen Sinne, bei deren Vorliegen immer nur ein echtes Begehungsdelikt in Betracht kommt, zum anderen eine rein rechtliche Kausalität, die einen Abbruch einer rechtsguterhaltenden Kausalität mit dem Eintritt des Erfolges verknüpft und die ebenfalls ein solches Begehungsdelikt, allerdings ausschließlich in Form eines unechten Unterlassungsdelikts, begründet. Nur dann, wenn keinerlei Kausalität in diesem Sinne gegeben ist, kommt ein echtes Unterlassungsdelikt in Betracht.

2. Anhand dieser Erkenntnisse sind die Fallgruppen des Abbruchs rettender Kausalverläufe einheitlich und systemkonform lösbar.

In der Fallgruppe des Abbruchs vom Täter selbst gesetzter Rettungskausalitäten kommt es allein darauf an, ob diese Kausalität selbständig tauglich auf des Rechtsgut zuläuft. Nur dann, wenn es noch eines weiteren Zutuns durch den Täter bedarf, liegt noch kein verbotener Abbruch einer solchen Kausalität vor, sondern allenfalls die Nichtvornahme einer gebotenen Handlung. Diese Grundsätze gelten daher auch in den Fällen passiver Sterbehilfe durch Abschalten eines Reanimators. Eine erwünschte Straflosigkeit der behandelnden Ärzte kann mithin nur durch entsprechende Korrekturen bzw. Ergänzungen der §§ 211 ff. StGB herbeigeführt werden. Darüber hinaus umfaßt die Lösung auch die unter dem Stichwort omissio libera in causa diskutierte Fallgruppe, auch hier wird eine rechtsguterhaltende Kausalität durch den Garanten selbst abgebrochen.

Dieser Lösungsweg ist auch auf die Fälle des Abbruchs von dritter Hand in Gang gesetzter Rettungskausalitäten anwendbar. Aus Sicht des Täters stellt der hilfsbereite Dritte, wenn und soweit er am Tatort anwesend ist, eine potentielle Rettungskausalität dar, die bereits zum Kausalgefüge der das bedrohte Rechtsgut determinierenden Kausalitäten gehört. Angesichts dessen ist allein nach den allgemeinen Regeln zu entscheiden, ob der Täter durch sein Eingreifen die Haupttat selbst oder durch einen anderen begeht oder ob der helfende Dritte diese Voraussetzungen erfüllt mit der Folge einer schlichten Teilnahmehandlung durch den Täter.

3. Diese Grundsätz gelten ebenfalls im Rahmen fahrlässiger Delikte. Dort ist weitergehend der einem Gebotstatbestand innewohnende schwerwiegendere Eingriff in die Freiheit des Einzelnen zu beachten und zu fragen, in welchen Konstellationen ein dennoch gerechtfertigtes Verhalten vorliegt. Die weitgehend anerkannten Fälle des rechtfertigenden erlaubten Risikos sind dabei auf solche Fallgruppen auszudehnen, in denen der Täter im Rahmen eines Handelns mit Gebots- bzw. Erfolgsabwendungstendenz ausschließlich eigene Rettungskausalitäten fahrlässig abbricht und damit lediglich den status quo ante wiederherstellt. Ist letzteres nicht der Fall, so führt an der Rechtswidrigkeit des Abbruchs kein Weg vorbei. Differenziert zu behandeln ist aber die Begründung einer Garantenstellung durch den Ausschluß Dritter von der Erfolgsabwendung, wenn diese selbst fahrlässig schlecht ausgeführt wird. Auch in diesem Fall ist das erlaubte Risiko als Korrektiv ansonsten unbilliger Konsequenzen heranzuziehen.

B. Auswirkungen

1. Wenn auch die Rechtsfigur des Unterlassens durch Tun als Kernstück dieser Abhandlung in ihrer bisher vertretenen Form in manchen Teilen durch die hier getätigten Ausführungen kritisch behandelt worden ist, so besteht jedenfalls nach alledem Einvernehmen mit deren Grundaussage, wonach das Unterlassen durch Tun möglich und begründbar ist.

Allerdings wird die Möglichkeit der Neutralisierung eigener Rettungsbemühungen abgelehnt und mit der absoluten Schutzwürdigkeit aller selbständigen und tauglichen rechtsgutserhaltenden und -rettenden Kausalitäten eine pragmatische Lösung versucht, die dementsprechend zu meist unterschiedlichen Ergebnissen führt. Neu ist dabei die Qualifikation der Garanten- als rechtsguterhaltende Kausalität und die damit verbundene Möglichkeit, zum einen die Eigenschaft des unechten Unterlassungsdelikts als Begehungsdelikt zu begründen und damit zum anderen die Handlungsvereitelung des Garanten unkompliziert strafrechtlich zu bewerten.

Während die hier dargelegten dogmatischen Grundlagen in dieser Form nicht überwiegend anerkannt sind und daher durchaus kritisch diskutiert werden mögen, scheint doch ein wesentlicher Unterschied zur bisherigen Herleitung der Rechtsfigur des Unterlassens durch Tun evident und schwerwiegend genug, um Anhänger zu finden: *Während dort ein Umschlagen in eine echte Begehungstat erst bei Eintritt in das **Vollendungs**stadium angenommen wird, liegt die hier vertretene Grenze bereits in der tauglichen **Beendigung** des Gebotserfüllungsversuchs.*

Angesichts dessen versteht sich diese Arbeit als weiterer Diskussionsbeitrag zur Fortentwicklung dieser Rechtsfigur als weiteren überzeugenden Schritt hin zu deren endgültigen Akzeptanz.

2. Gewissermaßen als Reflex haben die Ausführungen einen weiteren Anwendungsfall des erlaubten Risikos aufgezeigt und damit implizit verdeutlicht, daß es an der Grenze von echten Begehungs- zu echten Unterlassungsdelikten eines Korrektivs bedarf, da die kodifizierten Instrumente zur sachgerechten Beurteilung von Wertungskollisionen dort nicht ausreichen. *Der fahrlässige Abbruch selbst gesetzter Rettungskausalitäten ist nach den Grundsätzen des erlaubten Risikos gerechtfertigt, wenn durch ein Handeln mit Gebotserfüllungstendenz lediglich der status quo ante wiederhergestellt wird bzw. dann, wenn Rettungsbemühungen Dritter durch eine lediglich fahrlässige Schlechterfüllung des Gebotes verhindert werden.*

Auch insoweit bleibt zu wünschen, daß dieser Problembereich intensiver diskutiert und mit Hilfe exakterer Kriterien bzw. Fallgruppen lösbar sein wird.

A N H A N G 1

Darstellungen:

Darstellung 1:

BESTAND EINES RECHTSGUTS

I-----------------------Rechtsguterhaltende Kausalität------------------------------>
>--------> * (Abbruch)
I---------Rechtsgutrettende Kausalität--------------------------------->
/ \
/ \

ohne menschlichen Eingriff	aufgrund menschlichen Eingriffs
NATURKAUSALITÄT	RETTUNGSKAUSALITÄT

Darstellung 2:

UMFANG DER HANDLUNGSFREIHEIT

/	\
FREIHEIT ZU HANDELN (positive Handlungsfreiheit, zu handeln, wie man will)	FREIHEIT NICHT ZU HANDELN (negative Handlungsfreiheit, nicht in bestimmter Weise handeln zu müssen)
wird durch VERBOT kaum beschränkt	wird durch GEBOT ganz beschränkt
Freiheit ./. Verbot = ∞ ./. 1	Freiheit ./. Gebot = 0

Darstellung 3:

AHNDUNG DES KAUSALITÄTSABBRUCHS
Schutzgut „Leben“; Verbot, dieses zu verletzen;
erhalten z.B. durch die Kausalitäten:
1) Achtung des Lebens durch einen anderen-->
2) Straßenverkehrsgerechtes Verhalten--->
3) Nichtgefährdung durch nicht straßenverkehrsgerechtes Verhalten------------->
4) Nichttötung durch einen anderen--->
Abbruch der Kausalität:
-------> * 1) Verstoß gegen einen nicht konkretisierten Grundsatz, nicht strafbar
-------> * 2) Verstoß gegen Verbot, abstraktes Gefährdungsdelikt, Tätigkeit, § 316 StGB
-------> * 3) Verstoß gegen Verbot, konkretes Gefährdungsdelikt, Erfolg, § 315c StGB
-------> * 4) Verstoß gegen Verbot, Verletzungsdelikt, Erfolg, § 212 StGB

Darstellung 4:

ERFOLG
Verstoß:
1) Begehungsdelikt:
a) Erfolgsdelikt
rechtsguterhaltende Kausalität Abbruch Erfolg
---------------------------------------> * .... t
einschl. Garantenkausalität Verknüpfung
b) Tätigkeitsdelikt
rechtsguterhaltende Kausalität Abbruch = ‘Erfolg’
---------------------------------------> * = t

2) Unterlassungsdelikt:
rechtsgutgefährdende Kausalität kein Abbruch = ‘Erfolg’
**t
keine Verknüpfung notwendig

Darstellung 5:

EINSCHRÄNKBARKEIT DER HANDLUNGSFREIHEIT
/ durch ein \
Verbot, eine rechtsguter- Gebot, eine rechtsgut-
haltende Kausalität abzu- rettende Kausalität her-
abrechen: beizuführen:
VERBOT GEBOT
(Du sollst nicht .. (Du sollst ..
| |
Verstoß: Verstoß:
BEGEHUNG UNTERLASSUNG
/ \ |
Tätigkeits- Erfolgs- Tätigkeitsdelikt
delikt delikt |
| / \ |
| /durch \ |
| / \ |
| Abbruch einer Abbruch ei- |
| sonstigen rechts- ner Garanten- |
| guterhaltendenkausalität |
| Kausalität | |
| | | |
„ECHTES“ „UNECHTES“ „ECHTES“
BEGEHUNGS- UNTERLASSUNGS- UNTERLASSUNGS-
DELIKT DELIKT DELIKT

Darstellung 6:

VERHALTEN
/ \
echtes Unterlassungsdelikt Begehungsdelikt
(Unterlassen im weiteren Sinn) / \
/ \ Tätigkeitsdelikt Erfolgsdelikt
Tun Nichttun / \ / \
Tun Nichttun / \
/ \
echtes Begehungsdelikt unechtes Unterlassungsdelikt
/ \ (Unterlassen im engeren Sinn)
Tun Nichttun / \
Tun Nichttun

Darstellung 7:

```
                      GEBOTSERFÜLLUNGS-/
                  ERFOLGSABWENDUNGSVERSUCH
Gebotserfüllung:

                                    I        fehlgeschlagen
I---------------------------------- I ----------------------- - - - - - - - -   -   -
             unbeendet              I          untauglich
                                    I ---------------------------------------->*
                                                 tauglich       Rechtsguts-
                               Beendigung           =             rettung
                                   =             geschützt          =
                               Vollendung                      'Vollendung'
                                   =
                             Gebotserfüllung

nicht gebotener Erfolgsabwendungsversuch:

                                    I        fehlgeschlagen
I-----------------------------------I ----------------------- - - - - - - - -   -   -
             unbeendet              I          untauglich
                                    I ---------------------------------------->*
                                                 tauglich       Rechtsguts-
                               Beendigung           =             rettung
                                 =               geschützt          =
                               Vollendung                      'Vollendung'

Erfolgsabwendung:

                                    I        fehlgeschlagen
I-----------------------------------I ----------------------- - - - - - - - -   -   -
             unbeendet              I          untauglich
                                    I ---------------------------------------->*
                                                  tauglich      Rechtsguts-
                               Beendigung            =            rettung
                                                  geschützt         =
                                                                Vollendung
                                                                    =
                                                             Erfolgsabwendung
```

ANHANG 2

Auszug aus dem AE-Sterbehilfe[592]:

§ 214: Abbruch oder Unterlassung lebenserhaltender Maßnahmen

(1) Wer lebenserhaltende Maßnahmen abbricht oder unterläßt, handelt nicht rechtswidrig, wenn

1. der Betroffene dies ausdrücklich oder ernstlich verlangt oder

2. der Betroffene nach ärztlicher Erkenntnis das Bewußtsein unwiederbringlich verloren hat oder im Falle eines schwerstgeschädigten Neugeborenen niemals erlangen wird oder

3. der Betroffene nach ärztlicher Erkenntnis sonst zu einer Erklärung über Aufnahme oder Fortführung der Behandlung außerstande ist und aufgrund verläßlicher Anhaltspunkte anzunehmen ist, daß er im Hinblick auf Dauer und Verlauf seines aussichtslosen Leidenszustandes, insbesondere seinen nahe bevorstehenden Tod, diese Behandlung ablehnen würde, oder

4. bei nahe bevorstehendem Tod im Hinblick auf den Leidenszustand des Betroffenen und die Aussichtslosigkeit einer Heilbehandlung die Aufnahme oder Fortführung lebenserhaltender Maßnahmen nach ärztlicher Erkenntnis nicht mehr angezeigt ist.

(2) Abs. 1 gilt auch für den Fall, daß der Zustand des Betroffenen auf einem Selbsttötungsversuch beruht.

---

[592] AE-Sterbehilfe, S. 11.

FSC
www.fsc.org
MIX
Papier | Fördert gute Waldnutzung
FSC® C083411

Kolibri 360 GmbH
Ferdinand-Jühlke-Straße 7
99095 Erfurt, Deutschland
produktsicherheit@kolibri360.de

Druck:
CPI Druckdienstleistungen GmbH
im Auftrag der
Kolibri 360 GmbH
Ferdinand-Jühlke-Str. 7
99095 Erfurt